第五卷

海南历史文化

HAINAN
HISTORY & CULTURE

主　编　闫广林

副主编　刘复生　李长青

社会科学文献出版社
SOCIAL SCIENCES ACADEMIC PRESS (CHINA)

主　　　编　闫广林

副　主　编　刘复生　李长青

编辑部成员　闫广林　刘复生　张朔人　李长青
　　　　　　张　睿

文 字 校 对　沈　琦

主办：海南省海南历史文化研究基地
　　　海南大学海南历史文化研究基地

卷首语

　　一部海南岛的历史，其主体就是一部大陆人口的移民史，一部大陆文化的影响史，一部大陆文化与岛屿文化相互交融的历史。

　　由于移民有各朝各代，来源有闽粤桂等，身份有士工农商，在文化和地理的双重影响之下，落籍在本岛四处的村落家族组织以及由村落家族组织组成的地域单元，或质朴淳厚，或平淡温和，或勇于进取，或坚韧不拔，个性非常突出，特征相当鲜明，的确是一个值得研究的地方文化现象。

　　宏观来看，各异其趣的海南各府各县在两千年的历史长河中，又形成了一种共性——共同的集体意识、共同的文化期待与共同的发展梦想。这个梦想，就是对大陆文化的自觉的认同和向往。所以，冼夫人率领民众归附大陆王朝，王弘海上奏疏请在琼州增设科举考场，丘濬也曾经把海南比喻为畿甸般的京城郊外，把海南说成是在异域的神州赤县，"兹甸也，居岭海之尽处，又越其涯而独出，别开绝岛千里之疆，总收中原百道之脉者也"，"天地盛大流行之气，始于北而行于南"。

　　后来的辛亥革命、琼崖纵队和天然橡胶事业相继表明，海南与祖国大陆一直持续着同呼吸、共命运的关系。在实现中华民族伟大复兴的中国梦的今天，海南能够从自己的地方文化中汲取什么正能量？能够编织什么样的梦想？曹锡仁教授的《"一带一路"战略框架下的海南机遇与选择》，周伟民教授的《织造"海南梦"实现"中国梦"》以及诸位专家的论文，或许能够给我们一些启迪。

目　录

本卷特稿

"一带一路"战略框架下的海南机遇与选择

曹锡仁

怎么理解"一带一路"国家新战略

共建丝绸之路经济带和 21 世纪海上丝绸之路（以下简称"一带一路"）是我国在世界多极化和经济全球化背景下的重大国家战略，这一重大战略的提出，得到诸多国家的积极响应和国际社会的高度关注。问题在于，如何理解国家这一重大战略？这一战略对于海南来讲，带来了怎样的历史新机遇？海南应当如何去把握这一历史机遇推动国际旅游岛的建设？这些都是本文所关注的问题。

要准确理解"一带一路"战略，首先应当明白"一带一路"指的是什么。在本文看来，"一带一路"实际上是中华民族在历史上所形成的文明成果的现代回忆与认定。自两千多年前秦始皇建立了大一统的中央集权的中华帝国以后，中华民族就在这片土地上繁衍生息。中华民族如何与外部世界交流？两千多年来，形成了中华民族与外部世界交流的若干条陆上通道和海上通道。陆上通道，往北通过黑龙江进入远东和西伯利亚；再往西一点就是通过内蒙古进入俄罗斯的南部和西南部，这两条路线后来慢慢地萎缩，在近代有一次复苏，那就是晋北人、陕北人和部分河北人开发的走西口道路，实际上也是一条路线。现在讲的丝绸之路经济带讲的是另外三条：一条是通过中亚经过俄罗斯进入波罗的海；一条是经中亚、南亚进入波斯湾、地中海；一条是经南亚，通过印度洋至东非。

以前我们不是海洋民族，是内陆民族，但是在海洋和大陆的互动中，我们这个民族也创造很多了文明交流和互动的路线，主要是五条：一是往东北经白令海峡进入北美。二是往东跨过台湾海峡，进入美洲。三是经过菲律宾进入南太平洋。再两条路就是现在所谓的21世纪海上丝绸之路，一条是沿着东南沿海的近海过印度洋，进入地中海，直到东非。还有一条是经过南海过马六甲海峡进入南太平洋。今天我们讲"一带一路"本来有十条文明互动的通道，但是保留下来的最灿烂辉煌的是陆上的三条和海上的两条，最彻底的、最根本地表达了中华文明和世界文明的互动。整个人类文明从人类一诞生开始，尤其是进入农业文明以后，人类文明始终是互动的，海上和陆地丝绸之路把人类文明最大的板块统一和联系起来，成为一种文明互鉴的经典，这种交互推动的文明成果，人类至今还没有很好地总结。

不管是陆地丝绸之路还是海上丝绸之路，与其他的文明板块比较，最大的不同点就在于它是互鉴、发展的一种文明，而这种文明形成了今天我们所说的中国西部文明和南海文明。这两种文明和地中海文明、中东文明相比，一个最大的特点是，两千年来这两条文明带上很少有战争，很少有掠夺，是一种和平共处、共赢发展的典范，是人类文明的一个典范。这样一种人类文明的成果为我们破解现代化进程中的困境，破解人类的纠结，走向和平发展，提供了很好的启发，所以，它更深远的意义在于创造一种新的文明。从具体的战略来讲，"一带一路"战略起码有两个重要意义：一是在政治上革新全球的治理模式；二是在经济上应对世界多极化和经济全球化，解决区域经济一体化的互动问题。在这个层面来理解"一带一路"，就不仅仅是具体的增长复苏问题，而是人类共同面对我们存在的难题、生存困境所展示出来的全球战略。

"一带一路"战略与海南机遇

中央三部委已经公布了《推动共建丝绸之路经济带和21世纪海上丝绸之路的愿景与行动》（以下简称《愿景与行动》），着重强调三个方面的共建重点：第一，互联互通；第二，投资贸易自由化或者便利化；第三，文化交流和文明互鉴。在《愿景与行动》里提到海南的地方有三处：一处是在"合作机制"中强调了包括"博鳌亚洲论坛"在内的平台建设性作用；一处是在"中国各地方开放态势"中强调加大海南国际旅游岛开发开放力度；还有一处是加强上海……海口、三亚等沿海城市港口建设。那么，我们应当怎样研判海南面临的机遇呢？

首先是我们能感觉到的机遇。中国现在有四个自由贸易区，而海上丝绸之路打造的核心区是福建，在这样的背景下，我们海南能感觉到的机遇是什么呢？一是我们在地理意义上的战略位置可能给我们带来机遇。二是因为《愿景与行动》里讲到加大国际旅游岛开发和开放的力度，实际上，在开发和开放的问题上给我们提出了新要求。三是从行政区划来讲，我们是南海海疆的行政管辖人，在这里隐藏着大量的机遇。四是从节点来看，因为中国海上丝绸之路有无数个节点，现在许多省份及城市都在宣布是海上丝绸之路的出发地，其实是共有的出发点，海南算一个，在这个出发点上可能给我们带来一些机遇。

其次是我们分析到的机遇。一是互联互通对海南提出新要求。互联互通虽然主要是解决国家间的"线"和"带"上的重大投入，但对海南提出了倒逼的要求，这可能给我们带来互联互通方面的一个机遇。二是投资贸易的便利化对海南提出了新的期待。多年来，海南有很多的机会，也做了很多努力，取得了了不起的成就，但是在投资贸易便利化方面我们并没有走在全国的前列，反而因产品、资源等因素的制约，海南还不是国家层面的自由贸易区。《愿景与行动》对投资贸易便利化着墨很多，这将对海南形成倒逼，创造机遇，否则有可能被边缘化。三是文化的交流给海南旅游的拓展提供了新的视野。现在都在讨论游轮游、沿线游，寻求将海上丝绸之路沿线国家旅游资源串起来的方法，这将给海南带来实实在在的机遇。四是为发挥海南对外文化交流和公共外交的作用提供了新的空间。除了国家层面的统一安排外，各地区、各区域都可以寻找到发挥作用的空间，必须主动有为才能把握。五是"一带一路"可能使六大战略定位得到大发酵。2009 年底，国务院颁发了《推进海南国际旅游岛建设发展的若干意见》，提出了海南六大战略定位，到今天，不管是什么提法，都没有超出六大战略定位，六大战略定位可能在"一带一路"的战略背景下，加快发酵，起码是延伸。

海南怎样抢抓"一带一路"战略机遇

海南如何抢抓机遇，有几个方面的事情可以做。

一是我们应该冷静地判断、准确地定位，把机遇变成发展现实。挑战与机遇并存，但机遇与挑战并不是完全对等的。现在的机遇很多，而挑战则更严峻，"一带一路"对我们提出了更严格更严峻的要求。现在"一带一路"战略成为中国的国家全球战略，在这样的背景下，各省区市都积极参与，如果我们不准备好，不凝聚力量，不找准定位，没有冷静的判断，海南可能会掉队，丧失机会。

二是针对互联互通的要求，把海南快速建成区域子中心的交通枢纽，这是海南实实在在能做的。《愿景与行动》里已经对加快海口、三亚的沿海港口建设提出了要求，必须尽快发力展开行动。在"一带一路"互联互通的大格局下，海南现有的条件、设施、基础都远远不够，应该放眼新战略，做出新动作。

三是对接投资贸易自由化，把海南变成海洋开发自由贸易区先行的示范区。通过建设海洋开发自由贸易区，促进海南与周边国家和地区的投资贸易走向便利化和最大自由化。

四是推动实施南海海洋旅游新战略，打造旅游产业升级版。

五是放大博鳌效应，实施走出去和请进来双向战略，使海南深度融入丝绸之路经济群。

六是加快实现国际旅游岛战略定位的诉求，加快打造南海保障基地，南海保障基地在六大战略定位中排在第五位，但在实施中自觉度有待提升。

七是启动琼籍华侨同心战略，整合资源，寻找合作的新天地。海南是中国第三大侨乡，有300万华侨，200多万集中在海上丝绸之路的沿线国家和区域，这个资源对海南来说是独一无二的，要用足琼籍华侨的资源，使之成为推动海南融入"一带一路"战略的助推器。

八是为了提供科技、智力支撑，应该加快推动海洋大学的筹建，为海南融入"一带一路"战略解决人才瓶颈问题，为海南的持续发展提供智力支撑。

　　总之，"一带一路"战略在全球意义上，在对国家的意义上，在对海南的意义上，都具有不同层面的含义。但这个价值是关联的、一体的，它有利于海南把握住外面的发展方向，使外面朝着更加开放、更加国际化的方向发展，从而使海南实现快速腾飞的大梦想。

（作者单位：海南大学）

织造"海南梦"，实现"中国梦"

周伟民

2012 年 11 月 29 日，习近平总书记率新一届中央领导集体参观国家博物馆《复兴之路》展览时，向全世界宣示了中华民族伟大复兴的中国梦。

中国梦是一条精神纽带，是 13 亿中国人民的共同愿景，鼓舞着每个中国人奋发向上。这一条精神纽带把无数的梦想汇集到一起，每一省市自治区都在逐梦、织梦和圆梦，从而组成了中国梦。

2012 年 12 月 20 日召开的海南省委理论研讨会上，省委书记罗保铭同志饱含深情地说，我觉得我们也有个"海南梦"，就是科学发展，绿色崛起，度假天堂，幸福家园。

这个梦想是全体海南人民对幸福生活的期盼，也是"中国梦"的一个组成部分。

根据罗保铭同志的阐释，海南梦可以分解成四个部分；这四部分的梦想，是海南人民千百年来的憧憬和理想，也是海南人民千百年来所进行的伟大历史创造。因此，在海南岛的历史发展过程中都可以找到切实的根据；也因此，今天海南人民追逐的海南梦，有着坚实的骨气和历史的底气！

"海南梦"是"发展梦"

海南人民的"发展梦"，即是海南要实现科学发展。

科学发展观是中国共产党对社会主义建设规律、社会发展规律和自身执政规律的新的认识。根据胡锦涛同志在党的十七大报告《高举中国特色社会主义伟大旗帜，为夺取全面建设小康社会新胜利而奋斗》中所阐释的，科学发展观的第一要义是发展，核心是以人为本，基本要求是全面协调可持续性，根本方法是统筹兼顾。

科学发展观是立足社会主义初级阶段基本国情，总结我国发展实践，借鉴国外发展经验，适应新的发展要求提出的重大战略思想。归根结底，这一战略思想也是中国历史发展的必然。

联系到海南岛的历史发展，这正如本书各个市县历史发展过程所体现的，海南历史的发展能达到今天提出的科学发展的高度，是一个长期的历史过程，是经历过发育、成长和形成科学发展的一个漫长的过程。

在这个漫长的历史过程中，许多历史事实，证实了海南各族人民有着强烈的向心力和凝聚力。

历史上海南传统的社会，直到明、清，乃至稍后的民国时期，在不同的历史朝代中，存在不同于居王朝中心位置民族的语言、宗教、政权方式和社会结构。长时间使用海南话、黎语、临高语、回辉语、哥隆语以及诸多像富马语等很小的语言岛中的语言。操不同语言的族群又有自己虔诚的宗教信仰。而像黎族的"黎峒"制度和社会结构，有别于中央王朝推行的社会秩序。在海南地区，尽管如清朝一样实行严格管理，直到强行"改土归流"，但这些"蛮荒"的文化，总是难以达到中央王朝的"礼仪"化程度。

但是，随着社会经济的发展，各族人民都有共同的向心力和凝聚力。这些有着不同语言、宗教、政权方式和社会结构的地方社会，不可避免地与国家之间产生越来越多的渗透、杂糅，不断地将中央政权的要求和国家的文化加以吸收并内化为自己的文化。如黎族，在历史上是母系中心社会，因而没有父系谱系和父系祖先祭祀。宋代仍然有女性中心的母系氏族社会孑遗。周去非《岭外代答·海外黎蛮》记："峒中有王二娘者，黎之酋也，夫之名不闻。家饶于财，善用其众，力能制服群黎，朝廷赐封宜人，琼管有令于黎峒，必下王宜人，无不帖然。二娘死，女亦能继其业。"同样，也就在宋代，随着国家权力的进入，地方社会或是为了寻找新的权威来源，或是为了适应新的社会状况，有些领导人以父系为中心向朝廷捐纳官位。这样，出现了父子相继的谱系。如范成大《桂海虞衡志》记载淳熙元年（1174）十月，海南黎区中有生黎洞首王仲期率其傍人归化，于是琼管司"犒赐遣归"。同时，"琼守图其形状衣制上经略司"，衣制的描述颇详。特别强调了"盛饰"中的"悉跣足"。但是，其中有位名叫王居则的却跟其他黎首不同，他"青布红锦袍束带麻鞋"，并"自云祖父宣和中尝纳土补官，赐锦袍云"。① 说明自己是男性谱系。到了清代，钱以垲撰《岭海见闻·黎人》时说："黎长官有古罐，称为祖父传物。"② 土酋为了适应中央政权权力的扩张而逐渐地将女性祖先演变为父子相继的男性谱系。这证明，海南社会从自然形成的母氏中心逐步发育、成长为男性中心社会，社会形态也随着逐渐改变。

中央政府对黎区教育事业非常重视。乾隆六年（1741）二月二十五日广东按察使臣潘思榘的奏章说："崖、陵、昌、感、儋、万、定七州县，黎人最多……黎人就学从师，本属便易"，"令该州县官酌量地方远近，设立义学，择本地贡生生员品学兼优之士，令其实心教诲。所需膏火，即照民人义学酌量支给"。经过遍地义学的礼乐教化，黎族老百姓"渐摩礼仪，化导转移"。同时，"黎人与民人贸易往来，语言相习，并有通晓官音者"。③ 于是，社会在急剧发展变化中。

这样的历史举例，证明海南岛上各市县，特别是黎族、临高语族聚居的市县或乡镇，在历史过程中不断地表现出向往中央政权的民族性趋向；尽管底层民众中仍顽强地保留了本民族的精神依归，如黎族聚居地中的峒主庙等，但清醒的头人出于各民族团结、共同发展的愿望，以各种形式和途径"归化"，民族间的亲和力不断增强，各民族不断创造性地将国家文化内化成自我文化。在这个漫长历史过程中，民族聚居的地方社会表现出明显的转变，但并不因此而湮没或泯灭各民族的主体性。所有这些，都归结到社会历史发展总体趋向于国家民族团结的一体性，也是为后来的科学发展凝聚民心和社会力量，也因此奠定了历史骨气和底气。

1950 年 5 月，海南全岛解放，社会全部革新，整个新中国突飞猛进；但是，长期以来，海岛作为国防前哨，成为一个全封闭的海岛，发展缓慢！

---

① （宋）范成大撰《范成大笔记六种·桂海虞衡志》，孔凡礼点校，中华书局，2002，第160 页。

② （清）钱以垲撰《岭海见闻》，程明点校，广东高等教育出版社，1992，第 57 页。

③ 《〈清实录〉与清档案中的广东少数民族史料汇编》，广东人民出版社，2011，第 41 页。

党的十一届三中全会以后,实行改革开放政策。海南建省办经济特区,原先封闭的海岛变成全国对外开放的前沿,经济快速发展。经过几代人的努力,南海边上的这片改革开放的热土,团结了岛内外的广大干部群众,坚韧不拔、艰苦奋斗、实干苦干,用心血和汗水不断走向"逐梦之旅"。

2015 年,建设国际旅游岛上升为国家战略恰好五年。这五年正是海南的改革创新、坚持发展的情怀、坚守发展的生态底线,实现 GDP 提速翻番,旅游收入年均增速高达 19%,关乎百姓幸福指数的城乡居民收入增长又快于经济增速的五年,形成了一种经济增幅和质量上快于全国、高于全国、好于全国的发展新常态。海南省政治、文化、社会和生态文明建设等各方面都取得进展。

海南科学发展的"发展梦",已经离我们越来越近!

"海南梦"是"绿色梦"

上文所述"发展梦"与这里说的"绿色梦"是完全吻合的。因为科学发展和绿色崛起所要走的路径是一致的。进一步说,科学发展要处理好人与自然的关系,这与绿色发展是一致的。

在人与自然和谐相处方面,海南人民特别是黎族人民积累了丰富的经验。黎族聚居地约占海南岛面积的一半,千百年来都是山清水秀、空气清新。这是因为黎族人民总结出了一套人与自然相和谐的经验,概括说来有三点:一是敬畏和敬仰大自然,黎族人民从来不以人的力量去违背自然的法则。二是黎族人民遵循人要理解自然、顺应自然和回归自然的理念。三是要师法自然。因为黎族人民遵循这样的历史经验,所以聚居地始终是绿色常在、生意盎然!

在海南岛聚居的汉族和其他世居民族也都从切身利害中知道保护绿色植被的重要。至今在海南岛上保留了许多碑刻,证明历代汉族人民利用植物以利民生。民国十一年(1922)琼山县县长吴邦安发布的《琼山县公署布告(第一百零四号)》即是一例。布告全文如下:

> 为布告事。案据县属丰华图龙头村民蔡以信、蔡以郁、蔡开爵、蔡开江、蔡琼国、蔡琼清、蔡邦玉等呈称:"窃民等世居丰华图龙头

村，地处滨海，村前有田数亩，每遇潮吞波涨之时，田禾失收。前清康熙年间，先人有鉴于此，特造筑岸塝，并栽培海木一带，俾得根深蟠结，坚固土壤，以作保障。历年以来，免水势冲决岸塝。讵知近来邻村人等往往窃伐，倘不呈请禁止，难免尽伐无存，一旦潮流涨大，势必至于岸塝崩陷，田禾不得收获，粮赋亦将无归。迫得沥情呈请钧察，准予出示严禁，嗣后无论何人，不得窃伐，以维海木而固堤基。不胜感激之至。"等情前来，除批揭示外，合行布告，仰该处人民一体知照。须知该处堤岸海木系为防御水患，岂可任意窃伐。自示之后，倘敢仍前盗伐，一经拿获，定行按法惩办。其各凛遵毋违，切切此布。

一议日间空手采枯者，罚钱贰仟文。一议挟斧斤伐者，罚钱伍千文。

一议如夜间窃伐者，罚银壹拾大员。一议载船来盗伐者，再加重罚。

中华民国十一年五月十三日蔡家全众立

县长　吴邦安

县长吴邦安据龙头村蔡姓村民反映的情况，说是该村因为处于滨海，地势低洼，遇潮时田地被潮浸泡而失收。在康熙年间，先人种植海木（即红树林），"根深蟠结，坚固土壤，以作保障。历年以来，免水势冲决岸塝"，保住农田收成。但现在却有人偷伐红树林，于是出此布告严禁。

这通碑刻，有力地证明乡村居民及地方政府都知道保护红树林等植物的重要性，也即保护绿色的重要性。其他如《万宁青皮林禁碑》等也都一样。

因为地方政府和群众保护好红树林等绿色资源，如海口市 2014 年打造东寨港 12 万亩红树林湿地等，海南省的生态环保质量一直保持着良好的态势。国家领导人曾在视察海南时指出："生态环保也是生产力，是绿色财富，保护好红树林等宝贵资源，既是为国家，也是让大家共享好的生态环境。"为此，海南省提出："要坚持保护生态环境不动摇，在这过程中，我们要注意把生态保护与生态建设、生态修复、生态利用相结合，实现经济效益和社会效益双丰收。"① 在这样认识的基础上,海南省始终坚持以绿色生态理念引领科学发展,将绿色理念贯穿于科学发展全过程,海南省 18 个市县(不含三沙市)的生态环境状况指数等级为优良,森林植被稳步增长,森林覆盖率达到 61.9%,全省建立了自然生态系统、珍稀濒危野生动植物、自然景观和地质遗迹等保护资源景观的自然保护区 49 个,其中国家级 9 个、省级 23 个、市县级 17 个。

这些成果的取得,是因为省委省政府坚持省第六次党代会所确立的"坚持科学发展,实现绿色崛起"发展方向和奋斗目标,把环境作为发展基本要素,良好的生态环境是先进、可持久的生产力,是一种稀缺资源。

今天,整个海南岛,登高远眺,鹦哥岭等近 50 个自然保护区古木参天,苍翠碧绿,是一望无涯的绿色海洋;回眸城市,街头树木绿荫成行,万绿园等公园里绿草如茵;乡村里树木繁荣、风景幽雅、空气清新、生机盎然……绿色而又美丽的海南,寄托着无数人绿色的梦想。

绿色崛起是中国梦的"海南篇"。因为省第六次党代会确定的坚持走以人为本、环境友好、集约高效、开放包容、协调可持续发展的绿色崛起之路,完全符合党的十八大描绘的"努力建设美丽中国、实现中华民族永续发展"的宏伟蓝图。

"海南梦"是"天堂梦"

海南国际旅游岛建设上升为国家战略,目标是将海南岛建设成世界人民旅游的天堂。

把海南岛建成旅游天堂一说,并不是从现代开始的。无独有偶,抗日战争胜利以后,宋子文主政广东,组建了一个"海南岛计划委员会",制定了一份《海南岛的经济发展》的报告,其中提出了"再造海南岛成为'太平洋的天堂'"。②

把海南岛建成人们向往的天堂,是历史上海南人民的强烈愿望。但是这个"天堂"是什么样子?为什么受人们追捧?回答这个问题,最为集中

---

① 《海口大力书写生态环保新篇章》,《海南日报》2014 年 6 月 5 日第 A05 版。
② 美国斯坦福大学胡佛研究院内藏"宋子文档案"第 29 盒第 18 档的第二份档案。原文为英文:"THE PARADISE OF THE PACIFIC"。

的表现是明代海南人丘濬的一篇名作《南溟奇甸赋》。

丘濬的海内外影响这里姑且不说。他学术成就的根基却是在海南奠定的。他生于海南、长于海南，24岁以前从未离开过海南。对这样一位在荒僻的海岛上成长起来的任国子监祭酒的人士，京都人都觉得很奇怪！也因此而不断有人询问个中缘故。为了回答人们的好奇，他在1477年写成了《南溟奇甸赋》一文。[①] 丘濬的回答，在客观上说明了海南岛的生态环境优美和人文环境和谐，是一个天堂式的好地方。

因为是赋体，文中的叙述是随作者的形象思维而跳跃式发展。也因为丘濬在24岁离开海南，还来不及走遍海南岛，只是据生活、读书在岛北时的理解写出。即使是这样，他描述的海南已经具备了"天堂"的大框架了！这里对丘濬的这篇赋，叙事略作调整，句子稍为删削，做出复述。

海南岛的地势、气候、动植物资源以及农林牧渔等构成的自然生态环境非常优美、奇特。

海南岛的山川地貌，如果联系到丘濬的《五指参天》诗，海南的地势是造物主当初依照"天似穹庐"的模型塑造的。中央高山，依层次低下。这个穹庐似的海岛，能撑起半壁天的是五指山，是隆起的核心，然后向外围逐级下降，自内而外是山地、丘陵、台地、平原。而最外围的平原平坦到无险可固守，易受敌人的攻击。至于气候，这个热带海岛，阳光充足，仿佛太阳家族一辈子的积蓄都一下子释放出来，所以阳明之气盛而且运行不息。土壤的性质十分特殊，其中生长的物品既多瑰奇又有殊相。木乃生水（甘蔗），树或出酎（醇酒），面包于椰（砂糖椰子），豆荚于柳（落叶乔木），竹或肖人之面，果或像人之手（佛掌）。还有草木终年不凋谢，鲜花四季怒放，所有植物都有文采而且芬芳。动物更是无奇不有。那些羽色美丽、叫声铿锵而又只在海南岛才生长的丹凤，成双成对地栖息在学校的屋檐上，七彩的鹦鹉在树上啄食，鼬鼠和火鸠在树梢上飞舞，马在果林里奔腾。陆产川游，诡象奇形，种类不可胜数。大海里的贝大得像玉斗一样，海里的大螃蟹出波而爬附在石缝之中，多种多样的鳅鱼堆满了河汉，大鱼的皮可以容刀，大蚌的壳可用来盛酒。这里什么都有，"有自然之器具，有粲然之文绣"。

---

① 《丘濬集》第9册，海南出版社，2004，第4456～4462页。

　　人文环境方面，这里自古以来没有战争。气候条件好，物产丰盛，养蚕一年收八次茧，农田里种有多种稻谷，山上长着丰富的薯芋，水广鱼多。所在之品非一，可食之物孔多。不但兼有华夷之所产，而且也具备南北之所有。因为一年稻谷可以三熟，家家户户都丰盛满仓。"通衢绝乞丐之夫，幽谷多耆老之丈"，整个社会"民生存古朴之风"。海岛上物产非常丰富，"天下之所常有者，兹无不有。而又有其所素无者，于兹生焉"。但是，这里唯独没有老虎，故夜里睡觉不关门，也不会发生冲突的事情（"无触藩之虞"，"触藩"，"羝羊触藩"，发生冲突）。岂不是"上天"有意让生活在海南岛的人民长久安康吗？

　　最后，对海南的生态环境和人文环境做出概括，指出原因有二：一是它跟雷州和廉州仅一水之隔，而生态完全不同；二是它跟中国北方地区相去万里之遥，却气息相通，人文相同。谁又能知道"上天"的深意？这不就是造就了天堂的奇特吗？

　　在15世纪中叶，世界上、人世间能找到这样好的地方吗？这不是当时的天堂又是什么？

　　五百多年前丘濬描绘海南岛这个天堂，现在，海南岛上散布着许多令人向往的景区，构成新的旅游天堂。诸如南山文化旅游区、大小洞天道教旅游区、天涯海角旅游区、热带天堂森林公园、呀诺达雨林文化旅游区、甘什岭槟榔谷海南原住民文化旅游区、南湾猴岛猕猴自然保护区、兴隆热带植物园、博鳌亚洲论坛、海口火山口旅游区等等。随着国际旅游岛上升为国家战略政策效应持续扩大。一批新的旅游业态如邮轮假期、直升机旅游、婚礼旅游等不断涌现，诸如离岛免税购物游，一年四季不断上演的各种传统或时尚的节庆活动，清水湾、神州半岛、龙沐湾、陵水海洋主题公园、国际旅游岛先行试验区、海口观澜湖旅游小镇、澄迈台湾风情小镇等一大批项目加快建设。海南正在借助国际旅游岛建设的政策效应，向中外游客度假天堂的目标奋力推进。

"海南梦"是"家园梦"

　　把海南建成幸福家园，在海南的历史上有着厚实的底气！海南岛上历代的居民，都珍惜海南的自然环境并不断地丰富和充实人文环境，将自己居住的家园修整好，过好自己的每一天。

海南岛上先后迁入的世居民族是黎族、汉族、回族、苗族、临高语族和哥隆语族。这些族群一般都是同族聚居在一起，也有少数是不同族群聚居的。聚居地形成各个居民点，即"村"。村子里面各家各户和谐相处，共同构成美好家园。

最早进入海南岛的黎族，大多数聚居在中西部山区和丘陵地带。他们的村子就散落在山区盆地、河谷台地上，也有少数在滨海平原中。黎族的村子，一般靠近耕地、河川、溪流、山岭及森林。这样便于生产劳作，便于灌溉和汲取饮用水，也便于取得燃料、建房材料和狩猎。同时，村子的地势要高而且有一定坡度，可以防潮防湿，雨天把脏杂物都冲到田地里去，村子里的卫生条件比较好。

村子里的住宅间距随意，各户一般都用竹枝或树枝圈围成一个小小院子。黎族的传统是子女长大后都独立建起家庭，所以小家庭占多数。村子里除了建起船形屋或金字形屋的茅草房作为主房外，还建有隆闺、谷仓、土地庙、竹楼、晒谷场、牛栏、猪舍等。

黎族的村子和黎户，过去人们由于不了解而产生许多错觉。1928年10月，广东南区善后公署参谋长黄强一行，深入五指山地区考察后，在一次讲演中一一予以批驳。他说，五指山下一带男人的体格非常雄健，妇女的容貌十分端庄美丽。五指山地势高旷，空气清新，树木繁荣，风景幽雅，居住十分宜人，人们都心情舒畅，身体健康，安居乐业。黄强指的是黎族的美好家园。

汉族迁入后，大都聚族而居，一般是同一姓氏聚居，或是几个姓在先后迁入居住在一起而形成村落。

村落往往建在平原或坡地，村子四周种上刺竹、芭蕉和仙人掌。村子前面有水塘；另外还有清洁的水源即老井。都建祠堂，纪念迁琼始祖。村子里面的民居多是砖木结构。每户人家的房子，一般由正屋、横屋、围墙、门楼或门厅组成，围成开敞的院落，正屋一侧或两侧建有横屋，两屋之间一般留有廊道。每户都有庭院。

汉族村落，至今仍保留不少关于倡导爱护村落美好环境和移风易俗内容的"奉官示禁碑"。如清道光十八年（1838）的海口市美兰区灵山镇东湖村潘仙庙的《博茂图奉县示禁碑》、清光绪七年（1881）海口市龙华区新坡镇沃坡村委会四队的《奉官示禁以正风俗碑》等,都是针对村子里的游手好闲之辈。他们"俯仰无聊,行为暧昧","种种扰害,为祸不浅",所以立碑示禁,目的在"非但止人之邪心,正欲一其风俗也"。示禁的内容都很具体,深具针对性,以此来达到让这些为祸之徒"务宜洗心革面,遵守禁条","遵依国法"。让村子里人人都"耕食凿饮,同歌郅治之休"。

正因为海南人家园的美好,明代正德年间任琼州知府的方向有诗:"刺竹芭蕉乱结村,人家犹有古风存。相逢尽道年来好,不见催科夜打门。"(《海南风景》之二)没有官府催交赋税,也许在方向任内暂时实行。不过,他诗中的描述是值得称道的。

以前,苗族都居住在高山地区,一般是一个山头一个村落。村落由一种姓氏或多种姓氏组成,前者居多。村子周围竹子围绕,中间开一门进出。民居都依山坡建造,各家毗邻。民居多是泥涂墙、草盖顶的房屋,竹木结构。横向布置多为三间式样,中间是客厅和厨房,两侧为居室,前端一侧建一小房,用来放置农具、杂物或养鸡。

三亚羊栏镇的回辉、回新两个村子是回族聚居村,不与他族杂居。村落布置严谨。民居内部是典型的伊斯兰风格,布置古雅整齐,陈设齐全完备。

临高语族自春秋、战国之际迁入海南以后,就喜欢同姓聚居,一个村落往往只有一个姓氏。村子规模一般是几十户至几百户。村前或村后立有土地庙。民居建构大体与汉族相同。临高语族的民居非常注重屋顶瓦垄的数目,垄数一般分为十一、十三、十五三种,每间房都必须相等。如果出现不等的情况时,则认为此屋不吉祥,不宜住人。一般是单家独院的民居,但临高县博厚区的民居却用串堂屋形式建筑。

秦末汉初迁入海南的哥隆语族,他们居住在昌化江下游两岸。北岸有13个自然村,南岸有41个自然村。多是同姓聚族而居。一般是小家庭结构,儿子长大后结婚独立成家。现在的民居都是砖木结构,一般为三间,中间是堂屋,不住人,用于供奉祖先、神灵、祭祀和接待宾客,左右两间做卧房或厨房。

海南岛是一个多民族聚居的海岛,除了上述世居的6个语族以外,先后迁入的民族还有许多。多民族和谐相处,共同建设美好家园。但此前还仅仅是开始,还称不上真正意义上的"幸福家园"。

面向未来，省委书记罗保铭同志用"七个更"来描述民生工作的努力方向——"让群众享有更好的教育、更稳定的工作、更满意的收入、更可靠的社会保障、更高水平的医疗卫生服务、更适用的居住条件、更优美的环境"。

罗保铭又说："未来的海南可能比不上北京、上海等大城市的大富大贵，但一定会是小康温馨、生态宜居、百姓幸福指数较高的美好家园。"指明了建设幸福家园的方向。

实现"海南梦"是一个漫长的历史过程，"海南梦"是一个一个成就叠加的结果，"钉钉子往往不是一锤子就能钉好的，而是要一锤一锤接着敲，直到把钉子钉实钉牢"。正是本着这样的"钉钉子"的精神奋斗下去，才能实现"海南梦"。

海南的梦想，是构筑在一部海南岛历史发展的坚实基础上的！

海南的梦想，是构筑在省委省政府科学明晰的发展思路上的！

海南的梦想，是构筑在凝聚了全体海南人民的最大公约数的共识愿景上的。

归根结底，"海南梦"是一个方向，是指向一个清晰的理念和伟大的目标——中华民族伟大复兴的中国梦！

（作者单位：海南大学）

海洋文化

海上丝绸之路变迁与海南海洋文化发展

张朔人

20 世纪 80 年代前，中国学者对"中西交通史"、"南洋交通史"、"海交史"等展开研究，即是后来的"海上丝绸之路"。20 世纪 80 年代后，为了推动东西方全面对话，维护世界和平，联合国教科文组织决定对"丝绸之路"进行国际性的全面研究。1987～1997 年，启动"Integral Study of the Silk Roads：Roads of Dialogue"，即"丝绸之路"：对话之路综合项目。① 此后，舶来的"海上丝绸之路"一词，正式为中国学者所使用。

南海水域是海上丝绸之路的重要通道，海南在海上丝绸之路中发挥了积极作用。近代之后，西方殖民者以鸦片为"商品"、坚船利炮为武器，武力打开中国国门，晚清政府一步一步地走向半殖民地的深渊之际，也是海上丝绸之路衰退之时。千百年来官方主导的海上丝绸之路逐步退让给民间，为海南东南亚移民提供了方便，这也为琼籍华侨反哺故土提供了条件。

总体来看，海上丝绸之路航线的变迁，推动了海南地区开发，促进了海南海洋文化的发展。

一 海上丝绸之路航线变迁

历史上，以南海为中心的海上丝绸之路通道在以海南岛为分界的西部、东部和南部三个水域上先后交替进行：一是秦汉时期，以合浦、徐闻港为始发港及以北部湾水域为主体的西线通道。二是唐代中后期，以广州

---

① 陆芸：《近 30 年来中国丝绸之路研究述评》，《丝绸之路》2013 年第 3 期。

为始发港及以海南东部水域为主体的东线通道。三是以永兴岛为核心的南部水域，至迟在唐代就已经显现，宋代逐渐成为重要通道，随明代郑和下西洋而达到极盛。海南成为南海丝绸之路东、西、南航线的重要门户所在，该通道自西向东的转移，对海南产生了至为深远的影响。

（一）西部航线

吞并六国之后，为了"利越之犀角、象齿、翡翠、珠玑"，秦始皇发动了对岭南地区的军事攻势。"使尉屠睢发卒五十万为五军……三年不解甲弛弩"，在史禄的指挥下"以卒凿渠而通粮道"，解决了五军"无以转饷"① 的实际问题，不久南越平。秦始皇三十三年（前214），设置南海、桂林、象郡，② 开始了中原王朝对北部湾一带区域的王化治理。此时，海南则属于象郡的外徼。③ 这说明，秦王朝对南部开疆拓土过程中，呈现出浓厚的经济色彩。

秦、汉都城位于关中，因"瘴疠盛行"和南岭阻隔，与南越及海外联系十分不便。灵渠开通，使得关中—秦岭—汉中—洞庭湖—湘江—灵渠—湘桂走廊—鬼门关—南流江—北部湾水域的通道成为可能。

西汉武帝至平帝元始中，在今天北部湾地区，以"日南障塞、徐闻、合浦"为起点港口的海上贸易，日益繁盛。"黄支国……多异物，自武帝以来皆献见"，在"大珠至围二寸以下"等诸多奇珍异宝的吸引下，自汉武帝始，政府组织"译长"、"应募者""赍黄金杂缯"，以"市明珠、璧流离、奇石异物"和"欲耀威德"④ 为主要目的汉代政府贸易团体，活跃在东南亚一带。与此同时，"其海南诸国，大抵在交州南及西南，居大海中洲上……自汉武已来朝贡，必由交趾之道"。⑤ 这条集政府贸易与王朝朝贡路径为一体的水上路线，被称为"海上丝绸之路"。即便在东汉时期，政府也为恢复这一通道做出了积极的努力。建初八年（公元83年）"帝以侍中会稽郑弘为大司农。旧交趾七郡贡献转运，皆从东冶（今福州市）泛海

---

① （汉）刘安：《淮南子》，《诸子集成》（七），中华书局，1954，第323页。
② （汉）司马迁：《史记》，中华书局，1959，第2967页。
③ （明）唐胄：《正德琼台志》卷3《沿革考》，上海古籍书店，1964。
④ （汉）班固：《汉书》，中华书局，1964，第1671页。
⑤ （后晋）刘昫：《旧唐书》卷41，中华书局，1975，第1750页。

而至，风波艰阻，沉溺相系。弘奏开零陵、桂阳峤道，自是夷通，遂为常路"。① 可见两汉王朝对该条线路的重视程度。

西汉时期，依赖季风条件进行远洋航行条件已经具备。北部湾海域在大气环流和季风的影响下，秋冬盛行东北季风，春末至夏盛行西南季风。东北季风期间，西风漂流明显，且水域西部海岸线（今越南海岸线）的流速要高于东部水域（海南西部海岸线），主航线西移明显。在春末至夏季，西南季风盛行之际，此海域内在东北方向漂流影响之下形成环流。近海南西部沿海水域的流速最低。回合浦、徐闻两港船只，选择远离海南西部地区近海航道是可行的。②

（二）东部航线

尽管"三国以后，广州成为海上丝绸之路始发港"，③ 航线东移倾向较为明显。但是，这条航线正式东移还是在唐代中期大庾岭开通之时。

此前，人们不断探索经由琼州海峡，加强广州港和西部航线的联系。然而，由于"'鳣（鳅）鱼喷气，水散于空，风势吹来，若雨耳……'交趾回，乃舍舟，取雷州缘岸而归，不惮苦辛，盖避海鳅之难也"，④ 也就是说鲨鱼游弋在琼州海峡，使得这一努力无法实现。广州港发展对外贸易，只有另辟蹊径。

中原经济中心的南移，使以"灵渠"为主要交通枢纽的西部通道逐渐衰落，而以广州为中心的对外贸易港口日益兴盛。唐朝开元十六年（728），张九龄鉴于"以载则曾不容轨，以运则负之于背。而海外诸国，日以通商，齿革羽毛之殷，鱼盐蜃蛤之利，上足以备府库之用，下足以赡江淮之求"。⑤ 横亘中原与广州之间大庾岭的开通，以广州为中心的对外港口，开始代替了合浦和徐闻的部分职能。既能"备府库之用"，又能"赡

---

① （宋）司马光：《资治通鉴》，文渊阁《四库全书》，第 305 册，商务印书馆，1983，第 51 页。
② 张朔人：《汉代海南置罢郡历史研究》，《海南大学学报》（人文社会科学版）2011 年第 5 期。
③ 司徒尚纪：《海南文化特质、类型和历史地位初探》，载《琼粤地方文献国际学术研讨会论文集》，海南出版社，2002，第 537 页。
④ （唐）刘恂：《岭表录异》卷上，文渊阁《四库全书》，第 589 册，第 83 ~ 84 页。
⑤ 张九龄：《曲江集》卷 17《开凿大庾岭路序》，文渊阁《四库全书》，第 1066 册，第 186 页。

江淮之求"的广州港，经海南东部海域直下南洋的远洋航线，逐渐成为王朝对外交通的主要路线。

> 广州东南海行，二百里至屯门山，乃帆风西行，二日至九州石。又南二日至象石。又西南行三日，至占不劳山，山在环王国东二百里海中。①

根据韩振华先生的考证，这则文字事实上是欧阳修转引了唐德宗（780～805 年在位）时的宰相贾耽（730～805）"曾询问各国来使，写成《皇华四达记》"中《广州通海夷道》的一段文字。所谓"九州石"即为今文昌市东北部海域中的"七洲列岛"，而"象石"并非今万宁市大洲岛（旧称独州岭），实为今天"西沙群岛"。"占不劳山"即今越南中圻的占婆岛；"环王国"即为占婆国，在今越南中部。②

从时间上来看，大庾岭的开通和"广州通海夷道"之间，前后相继。海南东线沿海多处优良港湾，成为这条路径上主要的补给站和停泊所，因而紧密了海南岛与内地的联系。

（三）海上丝绸之路南部航线

1. 海南岛南部航线早期情况

唐天宝（742～756）年间，鉴真和尚第五次东渡日本，因台风而到达海南，在《唐大和上东征传》的记述中，万安州首领冯若芳曾掳掠波斯商人为奴：

> 每年常劫取波斯船二三艘，取物为己货，掠人为奴婢。其奴婢居处，南北三日行，东西五日行，村村相次，总是若芳奴婢之住处也。③

航行于南部海上航线的波斯商人，因遭遇台风而留居海南，载之于《太平广记》，该记转引唐代房千里在《投荒杂录》中记述的唐代振州民陈武振之故事：

---

① （宋）欧阳修：《新唐书》卷43下《地理志》，中华书局，1975，第1153页。
② 韩振华：《我国南海诸岛史料汇编》，第30～31页。
③ 〔日〕真人元开：《唐大和上东征传》，中华书局，1979，第68页。

陈武振者，家累万金，为海中大豪。犀、象、玳瑁，仓库数百。先是，西域贾漂泊溺至者，因而有焉。海中人善咒术，俗谓得牟法。凡贾船经海路，与海中五郡绝远，不幸风飘失路，入振州境内，振民即登山披发以咒诅，起风扬波，舶不能去，必漂于所咒之地，武振由是而富。[①]

由上述二则史料可知，本岛南部的航线活跃着波斯商人的身影。据此，可以得出海南岛南部航线，至少在唐代中期以前便已存在。

2. 宋元时期的基本情况

（1）对南海的认识。马六甲海峡—海南岛南部水域—福建泉州等港口的航线，经过唐代中后期及"南舶往来"的长期实践，两宋之际，人们对南海水域水流状况也有了一定的认识："交阯洋中有三合流，波头喷涌而分流为三：其一南流，通道于诸蕃国之海也；其一北流，广东、福建、浙江之海也；其一东流，入于无际，所谓'东大洋'海也。"[②]

元代的汪大渊就"万里石塘"（即指今包括东、西、中、南沙在内的南海）的地脉指出：

一脉至爪哇；一脉至渤泥及古里地闷；一脉至西洋遐昆仑之地。盖紫阳朱子谓"海外之地与中原地脉相连者"，其以是欤。观夫海洋，泛无涯涘，中匮石塘，孰得而明之？避之则吉，遇之则凶。[③]

汪氏的记录表明，是时的人们对南海的地理形势有着一定的了解，并指出南海活动的危险性。

（2）"华光礁1号沉船"。[④] 宋代造船技术和远洋航海能力有着显著提高。今天，海南省博物馆中陈列的"华光礁1号沉船"，为人们了解该时期造船、航海技术提供某种参照。

沉船遗址于1996年由琼州市潭门镇渔民发现。华光礁又名觅出礁，位于西沙群岛中部靠南，露出水面的礁石围成了东西16海里，南北5海里，

---

① （宋）李昉：《太平广记》卷286《幻术三·陈武振》，《丛书集成三编》，台湾新文丰出版公司，1996，第70~167页。

② （宋）周去非：《岭外代答》，文渊阁《四库全书》，第589册，第399页。

③ （元）汪大渊：《岛夷志略·万里石塘》，雪堂丛刻本。

④ 海南省博物馆：《海南省博物馆陈列展览大纲》之"华光礁I号沉船及出水文物陈列"，2014。

水深 20 米的湖泊，为过往船只提供了一处天然避风港。但在其内外分布着数十个大小不等的暗礁带，涨潮若隐、退潮若现，极易造成船只搁浅或触礁沉没，不利航行。

中国历史博物馆水下考古工作研究室，于 2007 年 3 月、4 月，对该遗址进行较为完整的水下考古发掘，出水的遗物以瓷器为主，主要包括福建德化窑青白系产品、仿建窑的黑釉器物、南安窑青釉系器物、磁灶窑黑釉器物、景德镇窑青白系产品，此外还发现少量青铜残片、铁器、铜钱等。

"华光礁 1 号"从泉州港出发，在西沙群岛沉没，也说明沉船是行驶在向西的海上丝绸之路航线上，前往东南亚甚至更远的地方。毫无疑问，沉船的遗迹和遗物是中国南宋时期海外贸易的重要史迹，为研究海上丝绸之路及了解 12 世纪中叶中国商品出口与生产状况提供了大量实物资料。

3. 明代的朝贡贸易与郑和下西洋

所谓朝贡，即是指在确立宗藩关系之后，藩属国需要在一定的时期内，派遣使臣携带表文、贡品前往宗主国进行朝觐活动，并接受宗主国的指令和回赠。这既是一种政治活动，也是一种经济交流。

入明之后，明太祖朱元璋十分重视与南海周边诸国的交往，并与之建立了一个"高度自治"、"松散的互利的"[①] 宗藩关系。这一政策极大地推动了南海诸国的朝贡贸易，海南在其中的地位、作用因之而凸显。

（1）经由本岛朝贡。海南在明代外番朝贡中，起到了重要作用（参见表1）。

表1　南海诸国经由海南的朝贡情况

国　别	内　容	资料来源
暹罗国	洪武七年暹罗斛国使臣沙里拔来朝贡方物，自言……去年八月舟次乌诸洋，遭风坏舟漂至海南，达本处官司，收获漂余苏木、降香、兜罗绵等物来献	《明太祖实录》卷88，第 1564～1565 页
	洪武三十年、正统十年、天顺三年继贡象物	《正德琼台志》卷 21《番方》
	弘治八年，挨瓦等六人，舟被风飘至琼州府境，广东按察司以闻，命给之口粮，俟有进贡夷使，还令携归本国	《明孝宗实录》104，第 1901 页

---

① 南炳文:《明太祖对待南海周边诸国政策初探》,《历史教学》2011 年第 18 期。

续表

国 别	内 容	资料来源
占城国	宣德四年贡方物；正统二年又贡、十二年贡象、十四年贡方物；天顺七年贡白黑象；成化七年贡象、虎，十六年又贡虎；弘治十七年贡象；正德十三年又贡……	《正德琼台志》卷 21《番方》
	天顺四年七月，副使究村则等奏："蒙本国王差委、同王孙进贡。至崖州，与象奴先来……"	《明英宗实录》卷 317，第 6608 页
满刺加	弘治十八年贡五色鹦鹉	《正德琼台志》卷 21《番方》
？	（嘉靖）文昌海面当五月，有大风飘至船只，不知何国人。内载有金丝鹦鹉、墨女、金条等件……	（明）顾岕：《海槎余录》，第 21 页

表 1 中所列文昌海事件，应属于外番贸易之列。在上述 16 则朝贡例子中，占城国便有 10 次之多。明代，外番朝贡十分踊跃，从而形成较为独特的朝贡贸易。那么海南作为东南亚诸国朝贡的中转站，究竟止于何时？道光《万州志》曰：

> 今海外诸国入贡道路，有昔由广东而今由福建、广西者，有径由广东省会者，近均不由琼州。①

《万州志》成书于道光八年（1828），文中的"今"所指的时间是道光时期。其实，在对明代和清代早期府志进行梳理过程中，明代经由本岛的朝贡皆重复唐氏志的记述内容。② 这表明至迟在正德之后，南海诸国入贡道路，不再以琼州为中转。其原因与嘉靖之后倭寇与海盗竞相扰动，海南周边海域不靖有着直接关系。

（2）对朝贡周期的修订。洪武十七年（1384），明太祖命有司"凡海外诸国入贡，有附私物者，悉蠲免其税"，③ 该项规定是政治性质的朝贡转变为经济行为的主要推力。对于番国朝贡周期，尽管明太祖多有三年一贡④的明确指令，但利益所在，各国竞相来朝。

---

① （清）胡端书：《道光万州志》卷 4《海防略·边海诸国》，广东省中山图书馆藏。
② （明）欧阳璨：《万历琼州府志》卷 8《海黎志·海夷》，第 251～253 页；（清）焦映汉：《康熙琼州府志》卷 8《海黎志·边海诸国》，第 751～752 页。
③ 《明太祖实录》卷 159，台湾"中央研究院"历史语言研究所校印，第 2459～2460 页。
④ 《明太祖实录》卷 88，第 1564～1565 页；卷 100，第 1696～1697 页；卷 170，第 2584 页；卷 198，第 2971 页；卷 201，第 3011 页。

根据规定，"凡番贡多经琼州，必遣官辅护"；"各遣指挥、千百户、镇抚护送至京"。① 毫无疑问，"遣官辅护"保护了贡献者的利益，同时也加大了海南地方的开支。为了改变这一局面，正统二年（1437），琼州知府程莹奏章曰：

> 占城国每岁一贡，水陆道路甚远，使人往复，劳费甚多，乞依暹罗等国例：三年一贡。至是，占城国使臣遣沙怕麻叔等陛辞，上命赍敕谕其国王曰："王能敬顺天道，恭事朝廷，一年一贡，诚意可嘉。比闻王国中，军民艰难，科征繁重，朕视覆载一家，深为悯念。况各番国俱三年一贡，自今以后，宜亦如之"。②

至此，占城国每岁一贡的局面才得到扭转。

（3）郑和下西洋。从明成祖永乐三年（1405）到明宣宗宣德八年（1433）的 28 年间，郑和奉皇帝之命，打造大批宝船、坚船、大船，七次率领强大船队（每次五六十艘，载两万多人），携带大量礼物和商品，巡航南海，访问东南亚、印度洋沿岸 30 多个国家和地区，最远处到达红海与非洲东海岸。这是明王朝海外活动的旷世之举，在中国历史上和世界历史上都没有先例。其影响之大，自明以来，一直"远播外番"，"莫不盛称"。③

毫无疑问，郑和七下西洋，对南海诸岛、对南海周边诸国有了更清晰的认识。这一举措表明，南海丝绸之路的水上路径成为明清王朝朝贡和海外贸易的官方通道，环绕在海南岛东部、南部的水域也随之成为其重要组成部分。

二 海上航线转移对海南的影响

（一）推进海南整体开发

1. 西部、北部开发

秦汉之际，海南的汉族人口迁移是经过西部航线从雷州半岛过琼州海峡，到达临高、儋州一带，并以此为据点，沿水路途径一路向岛的北部、

---

① （明）唐胄：《正德琼台志》卷 21《海道·番方》。
② 《明英宗实录》卷 31，第 623～624 页。
③ （清）张廷玉：《明史》卷 304《郑和传》，中华书局，1974，第 7767 页。

东部移民；另一路向岛的南部推进。武帝元封元年（前110），设珠崖、儋耳两郡十六县，随着汉郡县的设立，郡县官员、家人、随从及大量的军队入琼，开启了历史第一次由政府组织的、大规模的人口迁移。郡县设置主要分布在岛的西北和北部，所以此时的移民人口亦分布于此。

考古发现为我们提供了大量的佐证材料。1964年、1972年在临高县城北郊和调楼区抱才乡发现三个汉代军用炊具的铜釜，[①] 1982年在今东方市沿海新龙区不磨乡也发现类似的铜釜；1984年在乐东汛培乡发现西汉"朱卢执刲"，[②] 大量与军事有关汉朝文物在岛的西北部出土，表明秦汉时期的中原移民是以此为落脚点，是在军队的保护下进行的。

汉人南迁推进了海南的早期开发，同时对先居民黎族人构成了巨大的威胁，所以，早期黎汉冲突较为激烈。高昂的行政经营成本，促使王朝政治从广置郡县到珠崖之弃。

两晋之际，中原局势动荡，士族纷纷南迁，引发了中国历史上大规模的移民潮。这一现象对海南也产生一定的影响。"魏晋以后，中原多故，衣冠之族，或宦或商，或迁或戍，纷纷日来，聚庐托处"。在儋州以及琼山西部一带流行的官语，"即中州正音者，缙绅士大夫及居城厢者类言之"，[③] 最早起源可能与此次南迁有着某种关联。

南朝、隋之际，广东高凉（今广东高州市）俚人大姓冼氏之女——冼夫人及其家族势力的崛起，开启了岭南地方势力有组织移民海南、经营海南之先河。由于冼夫人"世为南越首领……自此政令有序，人莫敢违"，[④] 所以在俚人中具有一定的号召力。琼州海峡两岸聚集在冼夫人旗帜下的俚人日众，这为岭南俚人大规模迁入海南提供了条件。

鉴于冼夫人对统一岭南所做出的贡献，隋文帝赐临振县1500户为其汤沐邑，并赠其子冯仆（是时已亡）为崖州总管。冯冼家族实际上成为海南的直接管理者和统治者，于是大量已经汉化的俚人，作为冯冼家族的族人、士兵、奴婢、随从等纷纷涌入海南。这些汉化俚人的进入，迫使黎族人向岛中部收缩，新移民纷纷占据岛周围的台地。

---

① 司徒尚纪：《海南岛历史上土地开发研究》，海南出版社，1992，第26页。
② 海南黎族苗族自治州：《自治州地方志通讯》1985年第2期。
③ （清）李熙：《琼山县志》卷2《舆地四·方言》，民国重印本，第29~31页。
④ （唐）李延寿：《北史》卷91《列女传》，中华书局，1974，第3005页。

唐代政府对于海南的地方控制有了明显加强，行政机构设置上数量比前代有了较大突破，政府官员以及驻军的人数有着相应的增加。唐朝贞元五年（789），置琼州下都督府，领琼、崖、儋、振及万安五州二十二县。大量郡县的设置，为数甚重的流官及其随从，占据着本岛移民的重要成分。此外，在琼山一带驻军近1000人，大量官兵的入琼，突破岛西北的狭窄生存空间，以北、东南部等地为移入重点，推动了海南的开发。

五代十国时期，中原世家大族为躲避战祸，纷纷自发移民本岛。"五季之末，神州陆沉。大夫君子，避乱相寻。海门一带，比屋如林"。是时中原大家世族，纷纷迁往儋州，其中有羊、杜、曹、陈、张、王、许、谢、黄、吴、唐、赵等十二姓氏，他们"或以仕隐，或以戍谪"，散居在顿积港和德义岭之间沿海台地上，以种蔗为业。①

2. 东北部开发

海上丝绸之路向本岛东部水域转移，尤其是宋室南渡后政治中心向东南方向移动，对外经济交流通道重心也随之开始由广州转向浙闽一带，"在南宋时，地位差不多可以和广州相抗"②的泉州港的发展，便是这一趋势的突出表现。东移航线由广东水域向台湾海峡拓展，从而将东南沿海与本岛东部联系起来，进而对海南的人口迁徙路径和区域开发都产生了重要影响。

南宋时期，海南移民以福建人为主体，与是时的国内环境有着密切关联。"靖康之难"时金人南下，导致中原人口大量南迁，由北方迁移到南方的人口不下百万，"四方之民云集两浙，两浙之民百倍常时"。③ 大量中原人口向闽东南这一背山面海的狭窄平原地带迁入，这无疑给迁入地带来巨大的人口压力。为了生存，海外移民成为其不二选择，其中就有不少人落籍海南。根据王俞春先生对历代各姓迁琼先祖（共176人）祖居地和迁入地的统计表④分析比较，可以得出如下结论：除了祖籍不明的12人之外，闽籍迁琼共97人，占总数的59%；而两宋时72人迁入，除5人的祖籍不明外，福建籍有50人，约占75%，其中福建莆田籍已超过是时外来

---

① 王国宪：《民国儋县志》，台湾成文出版社影印，1974，第19、36页。

② 白寿彝：《中国交通史》，商务印书馆影印，1993，第143页。

③ 杨子慧：《中国历代人口统计资料研究》，改革出版社，1996，第762页。

④ 海南迁琼先民研究会编《海南先民研究》第1辑，内部出版物，2001，第48页。

人口的半数。闽人迁入地在文昌、琼山等岛的东部及东北部有 47 人之多，占总数的 70%。从落籍原因方面考察，迁居、避难的 12 人，占 18%；其余则因"授命"与"授任"而落籍。如此之众的同籍乡民，在同一时期移入同一个地点，因"授命"与"授任"而落籍，似乎有悖于常识。对此可能的解释是，家族修谱所奉行"为尊者讳"的原则，模糊了先民来琼的最初动因。但有一点可以肯定，依托着这条东移航线，以地缘关系为特点的福建人开发海岛东北部的时代到来。闽籍人士的大量移入，改变了岛内西部人口过密，东部人口稀少的人口分布，有利于琼岛东部开发。

3. 中西部地区开发

如前文所述，汉朝置罢郡的举措，并没有改变黎人环岛临海而居的空间结构。黎族人放弃岛西北临高一带，源自魏晋南朝时期岭南俚人的大规模迁入。梁朝大同年间（534～545），儋耳千余峒俚人归附冼夫人，[①] 这一史实表明，在梁朝之前已经有大量俚人南迁。隋唐时期，冯冼家族成为海南的实际主宰，俚人纷纷占据岛的北、东南及西南临海地区，迫使黎人内迁。到两宋时期，来自漳、泉的闽南人以文昌为主要迁入地，闽人的加入，使得黎人在此处的优势丧失殆尽。至此，汉外黎内的环岛型民族空间分布格局正式形成。后来的移民，由于沿海周边基本开发完毕，按照波浪式推进的方式，沿着江河溯源而上，不断向内迁移，进一步压缩黎族人活动空间，不断使黎人向五指山地区收缩。

如果说汉人在海南从沿海平原、河谷、丘陵逐步向中部山区拓展的话，黎族人便是沿着这条线从四周向腹里退却。退却不是黎族人自愿选择，而是经历了铁农具与"刀耕火种"之间的多次较量的最终结果。在这一过程中，有很多的汉化为黎的事例，但是更多的是黎人转化为"汉人"，即所谓的熟黎，而这些"汉人"很快加入了向山区扩展的行列。

（二）对本岛经济的影响

1. 宋代经济的急速发展

借助航线东移，本岛以沉香、槟榔为主体的贸易得到了急速发展，并成为国内贸易中的重要商品之一。

---

① （唐）李廷寿：《北史》卷 91《列女传》，第 3005 页。

宋神宗元丰三年（1080），琼管体量安抚使朱初平奏章中指出：泉福、两浙、湖广来船，载着金银布匹，价值万余贯；高化（高州、化州）来船，载着米包、瓦器、牛畜等，不过一二百贯。① 从侧面印证了西部航线式微，东部航线所蕴藏的巨大经济效益。宋代仅槟榔一项，"琼管收其征，岁计居什之五"。② 航线东移使得本岛外贸经济急速发展，从而为本岛财政提供了重要保证。

2. 对外港口的初步形成

入明之后，随着本岛在国际交流中地位的提升，岛内的港口职能也有明确的分工，并随之向专门化方向转变（参见表2）。

表 2　明代岛内主要涉外港口功能分布

州　县	港　口	位　置	主要功能及其变迁
琼山	海口港	县北 10 里，海口都	官渡自此达海北
	神应港	县北 10 里，渲州都	旧名白沙津，聚舶之地
	小英港	城西北 10 里	近岁海口、白沙二港浅塞，广舟多泊于此
	烈楼觜	县西北 30 里烈楼都	海边。海南地接徐闻，此最近，舟一朝可返
文昌	大贼澳	县东 100 里青蓝都	铜鼓岭之东。海贼船湾泊处
	铺前港	县西 150 里迈犊都	为海商舟航集处。嘉靖后，为李茂等聚众出海之所；万历后，平澳党，设巡检司
	北崎澳	县北 160 里海傍	水深山崎，颇堪泊舟
会同	冯家港	县东北 70 里太平都	港门曲折，外多石栏。商舶至此须土水手驾舟
乐会	博敖港	县东 10 里博敖浦边	中有大石拦阻倭船，俗呼圣石
儋州	干冲港	州西 40 里高麻都	潮长深，方可泊舟
万州	港门港	州东 20 里通化都	又曰小海港。港门崎起南北二门，虽通舟，颇险。上有小庙，一石船三番神，商舟往来，祷之灵应。嘉靖三年，飓风起，石神忽不见
陵水	桐栖港	县南 15 里	即咸水港。商船番舶泊于此，内为备倭军船厂

---

① （宋）李焘：《续资治通鉴长编》卷 310，中华书局，1979，第 8 页。
② （宋）周去非：《岭外代答》，文渊阁《四库全书》，第 589 册，第 454 页。

续表

州　县	港　口	位　置	主要功能及其变迁
崖州	毕潭港	州东 100 里三亚村南	占城贡船泊此
	大蛋港	州西南 3 里	客商泊舟于此
	望楼港	州西 80 里	番国贡船泊此

资料来源：（明）唐胄：《正德琼台志》卷 5《山川上》、卷 6《山川下》；（明）欧阳璨：《万历琼州府志》卷 3《地理志·山川》，第 35～55 页。

定安县深居内陆，无通海之港，其他三州九县皆有港口。总体来看，本岛西部的儋州、昌化、感恩等州县的港口，需要在涨潮的情况下才能顺利进出，从而降低其实际使用效率。而北部、东北部、东部及南部的港口利用率较高，且产生了一定的职能分工。加强岛内与广东省的联系，所以官渡是海口港的职责所在；当然，府城是全岛的政治和经济中心，神应港及小英港则多有商船停泊，"帆樯之聚，森如立竹"。①

东北部的文昌地区，在嘉靖、万历之初多为海寇所据，从而成为祸害本岛的澳党所在地。万历之后，随着李茂等党羽的消灭，并在铺前港设置巡检司，加强对其管理，商船活动随之正常化。

尤其值得关注的是，崖州各港口的功能分布：在州西的大蛋港，是客商云集之地；距离州西 80 里之望楼港，番国贡船主要在此获得补给；在州东百里三亚村南滨海的毕潭港（今三亚河入海处），则专门为占城国朝贡泊舟之地。

三　余论

通过海上丝绸之路航线变迁研究，不难发现西线通道给海南的影响是巨大的。从秦到南宋的 1500 年间，西线通道在海南的早期开发中起到了沟通和桥梁的作用。源源不断的中原人口流入，使得海南不断受到中原先进文化以及先进生产力的冲击。

海南的封建化过程，是伴随着中原移民潮的到来而同时进行的。中原

---

① （明）丘濬：《丘文庄公集》卷 5《学士庄记》，载《四库全书存目丛书》，集部第 406 册，齐鲁书社，1997，第 359 页。

移民的入住，结束了黎族独占海南的局面，形成了黎里汉外环岛人口分布的态势，这为海南的封建化提供了人力支持；与汉人一道南下的还有中原的铁制农具，它的使用和进一步推广，改变了海南"刀耕火种"的原始生产方式，提高了生产效率。

航线东移，以福建人为主体移民的迁入，使得本岛东部、东南部这一重湿地带得到了开发，为海南整体开发奠定了基础，环岛经济带就是在这一背景下形成的。同时善于与海洋打交道的闽籍移民入迁，为后来的海外移民做好铺垫。

事实上，南海海上丝绸之路路径变迁，一直是围绕着海南东西两大水域展开的。东西航线的更替，更多的是从该路径在王朝的朝贡体系、商贸路径选择上所占的比重而言；以朝代的划分来断定航线的转移，则相对模糊。因为，航线移到本岛东部水域的时候，西部航线仍然对本岛有着一定的影响。就其内容来看，西部航线对本岛的影响，主要是将王朝意志通过流官、军队等加以具体化。与之相比，东部航线则更多地体现出经济上的价值。也正是在两条航线交替、互动过程中，具有区域特色的海南文化才逐步形成。

（作者单位：海南省历史文化研究基地）

口述史视野下的陵水疍民及其歌唱文化*

张巨斌　刘　锋

疍民是汉族的一个特殊群体，他们在传统社会大多都是以船为家、以水为生计，且被视为贱民，不准上岸、不准与陆地民通婚，属于社会最低等的贱民阶层。由于传统史料对他们的记载很少，从口述史的视角对疍民及其歌唱文化进行梳理，有助于我们对这一特殊族群的了解与认识。本文以陵水疍民为研究对象，并对其歌唱文化进行简要分析。

一　口述历史的理论方法

所谓口述历史，简单地说就是通过笔录、录音、录像等手段记录历史事件当事人或者目击者口述凭证的史学方法或途径。就搜集历史的途径或记录历史的方法而言，口述史在人类社会的应用可追溯至上古时代，希腊史家希罗多德（Herodotus）、中国史家司马迁等皆广泛应用口述历史，这一趋势一直延续到中古及近代。例如，19 世纪法国史学家米什莱（Jules Michelet）在书写《法国革命史》时就援引了大量来自大众的口头证据。

现代意义上的口述历史，主要指运用现代录音、录像设备收集当事人或知情者口述资料的史学方法或途径。就人类记录历史的方法途径而言，经历了物传—言传—文传—音传—像传的演进。在语言出现以前，只能是物传，从遗物看历史；语言发明以后，增加了言传，从口耳相传中获得历

---

* 本文是 2014 年教育部人文社会科学研究项目（14YJA760050）与 2014 年海南省哲学社会科学规划课题（HNSK14 - 123）的阶段性成果。

史知识；文字发明以后，增加了文传，以文字记录历史；录音、录像设备发明以后，记载历史的工具又增加了音传、像传。

从历史记录的广度而言，口述历史提供了相当广阔的空间。人类活动无比繁富，即使再详细的文献、档案，也只能记录下极其微小的一部分。人们生活中所见、所历、所闻的种种活动、认知，不一定都能载入史册。以往的档案、文献，比较偏重于记录社会上层的活动，偏重于社会精英的活动，偏重于政治方面的活动，对普通民众的生活，特别对经济、生活、文化、娱乐、民俗等活动记录较少。即使有，也多为枯燥的统计数据，缺少有血有肉的个案记录。在普通民众史、社会生活史、妇女史、少数民族史、城市史、社区史、灾难史、文化史等日益受到重视的今天，口述历史可以驰骋的空间很大，它可以给那些原来在历史上没有声音的普通人留下记录，可以给那些在传统史学中没有位置的事件开拓空间。从某种意义上可以说传统史学主要是统治阶级、精英人物的领地，口述历史则向民众敞开了大门，有一种史学向下的趋势。随着科学技术的进一步发展，有人预测，口述史学将成为未来治史的主要方法。

现代口述史学兴起于欧美，在英文中叫 Oral History，或者称 History by Word of mouth。这个术语最初是由美国人乔·古尔德于 1942 年提出来的，之后被美国现代口述史学的奠基人、哥伦比亚大学的阿兰·内文斯教授加以运用并推广。1948 年，哥伦比亚大学"哥伦比亚口述历史研究处"的建立，标志着现代口述史学的产生。从 1960 年至 1966 年，全美相继建立了90 个研究口述历史的专门机构。1967 年，美国成立了全国性的口述历史机构——口述历史协会（OHA）。为口述历史学术上的交流和推进提供了平台。1980 年，该协会制定了口述历史的学术规范和评价标准，口述历史有了一套被学术界普遍认同的规则。此后，口述历史在加拿大、英国、法国、新加坡、日本等许多国家得到迅速的发展，涌现出一大批口述史学家和专业研究团体。随之而来的是，内容庞杂的口述历史杂志和口述历史专著如雨后春笋，大量出版。国际著名华裔史学大家唐德刚先生多年坚持口述史，著有《李宗仁回忆录》、《胡适口述自传》、《顾维钧回忆录》、《张学良口述历史》等。

中国的史学界早在 20 世纪 50 年代便已采用社会调查和口述历史方法收集资料，大力推动"新四史"——家史、厂史、社史、村史。从中央到地方各级政协都有文史资料刊物以及相关管理部门。但由于多是政府行为，而且内容、范围、对象比较单一，所收集的资料十分有限，在方法上也比较简单，以笔录或个人自写为主，少数有录音带的，品质与保存也都不尽理想。近几年，现代口述历史日益引起人们的重视，参与者不但有史学工作者，也有社会学、人类学、民俗学等方面的学者，一些高校和专业研究部门先后成立了口述历史的专门研究机构，相关著作陆续出版。

中国社会科学院在 2003 年推出了《口述历史》丛刊。2002 年，著名电视节目主持人崔永元开始策划制作"口述历史"项目，8 年间共采访了 3500 多人，积累了 600 万分钟素材，总耗资 1.3 亿元，先后推出了《电影传奇》、《我的长征》、《我的祖国》等系列专题纪录片。2004 年下半年，中华口述历史研究会的成立，标志着中国的口述历史研究有了一个初步的交流和推进平台，口述历史的应用更为普遍，许多学科领域及民间历史研究团体纷纷运用口述历史方法丰富自身历史研究的维度。2008 年，温州大学成立了"口述历史研究所"，并创办了学术集刊《口述史研究》，于 2014 年 10 月举办了"集刊《口述史研究》首发式暨沙龙漫谈：口述历史与民间历史写作"的学术活动。2008 年 9 月，上海文广新闻传媒集团节目资料中心暨上海音像资料馆正式启动了"纪念上海人民广播 60 周年：老广播人口述历史"项目，旨在建立起一份全面、真实、生动的有关上海人民广播事业发展的历史档案。

随着 21 世纪各国、各地区对传统文化，特别是非物质文化遗产的重视与挖掘保护，口述史的史学途径与方法被越来越多的学者所重视和采用。随着理论与实践的发展，口述史学也形成了一些基本的原则方法。

第一，口述史是音像的历史，是由口述收集者提问，口述者回答而产生的对于口述者亲历亲闻的历史事件或历史人物的回忆；第二，在现代意义的口述史中，这些声音是借助于录音机或摄像机记录下来的；第三，由口述工作者将这些声音的资料整理成文字资料，供研究使用；第四，口述史研究并不排除历史文献资料，它是以广泛占有文献资料为前提的；第五，选题要有普遍性和典型性，尤要选择那些题材重要、有学术意义但缺少文字资料的题目来作调查；第六，要本着挖掘事实的原则和客观的态度整理口述资料。

二　陵水疍民的基本情况

疍民是指中国传统社会以船为家、以水为生计的一个特殊群体。疍民主要分布在中国的广东、福建、广西等东南沿海及一些河流地带，他们世代袭居水上，生于江海，居于舟船，随船往来，漂泊无定，历史上也有称他们为蜑、蛋、但、连家船民、游艇子、蛋家、疍家、白水郎等，20 世纪50 年代以来，通用"疍"，音义均同。[①] 新中国成立后，疍民划为汉族。[②]

传统社会，疍民大多被视为贱民，不准上岸、不准与陆地民通婚，唐代之前的疍民基本游离于社会统治之外。明代开始，疍民群体基本纳入政府管理范畴之内，属于社会最低等的贱民阶层，与乐户、佃仆、惰民、娼妓、优伶等列为一类。[③]

海南是疍民活动重要区域。根据张朔人的研究：海南疍民的来源具有多元性，同两广的疍民有着一定的关联；明朝时期的疍民总数近 1.2 万人之多，主要分布在崖州、儋州、文昌、澄迈等地。[④] 海南大学"中西部重点学科建设项目"——"琼古遗韵"之"海南疍歌研究"子课题组，于2014 年 5 月、7 月对当下海南疍民文化色彩浓厚的陵水新村港和三亚市河西区南滨海村、渔港村的疍民及其歌唱文化进行了四次田野调查，采访疍民及当地文化干部 30 余人，采录疍民演唱的疍歌 60 余首，获得了大量的口述史资料。本文重点以陵水新村港的疍民为研究对象。

陵水新村港原为荒滩，以铜牺港著称，1933 年民国政府正式设立新村镇，新中国成立后沿用现名。现在的新村镇位于陵水黎族自治县东南部，东临黎安镇，西面与英州镇相邻，南濒南海，北面与三才镇接壤。新村港位于新村镇的东南部，港内南北长 4 公里，东西宽 6 公里，面积 24 平方公里。新村港口窄内宽，东西两面有南湾半岛环抱，港内风平浪静，避风条件好，可容纳 1000 多艘渔船停泊，是一个得天独厚的天然良港，这也是陵水疍民的聚居地。

---

① 黄妙秋：《广西北海疍民咸水歌研究》，《中国音乐学》2008 年第 4 期。
② 张朔人：《海南疍民问题研究》，《安庆师范学院学报》2007 年第 2 期。
③ 吴水田：《话说疍民文化》，广东经济出版社，2013，第 14 页。
④ 张朔人：《海南疍民问题研究》，《安庆师范学院学报》2007 年第 2 期。

陵水疍民主要分布在新村镇海鹰、海鸥、海燕三个村委会大约 4 公里的海岸沿线，人口八千多人。新村 73 岁的疍民郭世荣①老先生说，他的祖上从广东沿海迁居新村港，至今已有一百八十多年的历史。他们的语言是疍家话，原本讲的是广东话。刚来海南时，疍民不懂海南话，随着时间的推移，渐渐地学会海南话。直到 20 世纪 60 年代止，疍民讲海南话讲不准，把广东话也改变了。海南话中有广东话，广东话中有海南话。过去的疍民主要是以捕捞、渔业为主，现在以渔业、养殖业为主，少部分人从事农业或商业。

由于长期的水上生活、艰难的生活类型及低贱的社会地位，疍民群体形成了自己独特的亲水文化，其中的疍歌（疍民唱的一种民歌，简称疍歌）就是疍民语言文化、精神世界的重要表现。

三　陵水疍民的歌唱文化

新村港的疍家人在长期生产生活实践中，创造出丰富多彩的歌唱文化，他们自称为"疍家调"。这既是疍家人世代相承、与生活密切相关的一种传统文化表现形式，又是珍贵的、具有重要价值的文化资源。

（一）疍家调及其文化生态

陵水疍民好歌善舞，疍家调是其渔业生产生活中演唱的民歌。由于陵水的疍民同两广的疍民有着一定的关联，其语言主要是粤语疍家话，其疍歌的名称与两广疍歌大同小异或名异实同。三亚市将其称为"水上民歌"，广东、广西、福建叫咸水歌，又称蛋歌，都是指疍民使用疍家话演唱的民歌。

疍家调音乐旋律优美，题材内容广泛，具有浓郁的地方特色。陵水疍家歌曲历史非常悠久，它记录了陵水蛋家人的生活风情，是陵水历史的活化石，也是疍家人世代传唱的宝贵文化遗产。新村镇目前有 40 多人会唱疍歌，主要是中老年人，而且大多不识字。唱疍歌不受时间、地点的限制。生活中

---

① 郭世荣，73 岁，陵水新村港疍民，陵水县非物质文化遗产保护项目"疍家调"的热心者、收集者、推广者。新村港的疍民都喜欢在他家里聚会、唱疍歌。我们每次到新村的田野调查主要是在他家里进行的，我们一到他就召集会唱疍歌的疍民到他家给我们唱疍歌、讲疍民的文化。

唱、干活时唱、打鱼时唱、来客时唱，在海边唱、码头唱、学校唱、广场唱……有些疍民根据疍歌的音调自编自唱，看到什么、听到什么、想到什么都可以编来唱，几乎是想怎么唱就怎么唱。

（二）疍家调的音乐形态

1. 曲调种类

疍民唱的歌曲数不胜数，疍家人看到什么想到什么都可以即兴依曲填词歌唱。我们课题组在调研中一直试图了解它们有多少不同的曲调（这里仅指旋律），结果发现，其实陵水疍家调的曲调并不多，只是演唱者常常依据几个基本的曲调，在旋律的速度、表情和装饰音常做些改变。据郭世荣先生介绍，陵水疍家调的曲调有六个，分别是"家姐调"、"水仙花调"、"古人头字目尾调"、"白啰调"、"默耳诗调"与"咸水歌"。而郭亚青[1]先生认为有七个不同的曲调，即"白啰调"、"咸水歌"、"咕哩美调"、"叹家姐悲调"、"叹家姐喜调"、"水仙花调"与"默耳诗调"。

课题组在访谈的基础上对比大量的录音后发现，"水仙花"其实是一首大型的青楼悲情作品，反映旧社会疍家妇女对沦为妓女生活的怨恨和对爱情的忠贞，因该作品在我国东南沿海、新加坡、马来西亚等地流传较广，也一直深受疍民的喜爱，所以常被误以为是一种独立的曲调。至于郭亚青先生谈到的"叹家姐调"有悲调歌曲和喜调歌曲，其实只是演唱者根据歌词的内容和情感需要在演唱速度和情绪上做些改变，旋律没有大的区别，二者应该属一种曲调。"古人头字目尾调"是疍家人用字的部首搭配成字，以互相对唱猜字目为内容的一类歌曲，主要在劳动之余或娶新娘等场合演唱，从课题组分析采录的歌曲看，郭世荣所说的"古人头字目尾调"与郭亚青所说的"白啰调"是一个曲调。"咕哩美调"得名于每段歌词的末尾都有"咕哩美"三个字，其曲调较有特点，但仍和"默耳诗调"很相似。据郑石彩[2]介绍，这种曲调主要流传在三亚和临高，陵水疍民很少唱。基于以上，课题组认为陵水疍歌的曲调主要有"咸水歌"、"白啰调"、"家姐"、"默耳诗调"四种，这四种曲调构成了陵水疍歌的旋律基础。

---

① 郭亚青，55岁，陵水新村疍民，疍歌歌手，现居住在三亚。
② 郑石彩，46岁，女，陵水新村疍民，疍歌歌手，现居住在陵水新村镇。

谱例 1：《十书喜》（节选，咸水歌）

十书喜

谱例 2：《情歌对唱》（节选，白啰调）

谱例 3：《水仙花》（节选，默耳诗调）

2. 调式音阶形态

调式方面是典型的五声调式，类别以羽调式、宫调式和徵调式居多，商调式和角调式在搜集到的歌曲中还没有发现。大部分都是五声调式，少部分歌曲是六声调式，七声调式少见。

3. 旋律与曲体结构

音乐单旋律，没有多声部现象。旋律非常优美，上下句结构，以级进为主，有的曲调有四度大跳。音乐结构比较规整，篇幅短小，大多是一段体。重复歌词的时候旋律会有小小的变化。节奏变化较多，强弱分明，休止符、切分音的应用也非常普遍。

4. 音乐风格

这里的音乐风格指疍歌的音乐部分给人的一种总体印象，主要指音乐的情绪、情感特征。课题组对采录到的近百首疍歌进行分析，感觉多数疍歌呈现出的是一种凄叹的风格，凄婉、感叹的音调总是贯穿于整个演唱中，无论唱的是什么内容。这似乎和疍民的社会地位、生产生活是密切相关的。凄叹风格的旋法特征是：一个乐句总是以简短的几个音上行至一个长高音 re，然后婉转下行到 sol，句子的尾音还要下滑。这种音乐句子的图谱如下：

谱例 4：凄叹音调

（三）疍家调的歌词特点

疍家调的歌词篇幅差异较大，有的很短，有的很长。歌词大部分是七言四句一段，七言两句一段，有的一段构成一首，有的多段构成一首。讲究平仄押韵。句中和句尾有"啰"、"啊"、"都"、"就"等衬字和"啰哎"、"啰咧"等衬词。

疍家人凭着他们对大海漂泊和对渔猎生活的深刻观察和深厚积累，不自觉地就能用通俗、生动感人的形象来表现他们的感受，给予歌词强烈的艺术感染力。比如《水仙花》中，歌唱者被丈夫卖为妓女，一边哀叹"卖落江河人作贱，犹如猪胆苦过黄连……多少红颜怨薄命，命内生成受灾磨。磨折之中有谁似我,我在青楼泪成河";一边还不忘叮嘱丈夫"君啊你出到埠头,钱财莫唔好尽散……临行我有甘多言词吩咐过你,天使寒冷要加衣。水路情长难顾你,莫语听人唆摆把妹丢离"。曲调缓慢,歌词情深,听闻常使人黯然泪下。

其次,疍家调的歌词大量地运用了文学中的赋、比、兴修辞手法。赋即直言,又称为白描手法,见啥说啥,不做任何修饰。比如歌曲《十绣才郎》:"一绣才郎贴肉衣,京绒丝线绣衣被。夫君上着京城去,念奴针指莫丢离。二绣才郎一顶帽,京绒丝线两边普。夫君戴上京城去,身贵行入皇帝都……"歌词完全是直说,情感之真切显而易见。比喻也是疍家调歌词中常用的手法,歌曲《第十如花》中用一双蝴蝶二道梅花比喻夫妻双方,《十送英台》中用水鸳鸯比喻恋人。兴是指先言他物以引起所描述的事物,兴句往往在歌词的开头。比如《情歌对唱》中"山上种花四边香,牡丹成熟花红黄。没你手拿风筝尽线放,爱情不怕路远长"。这里兴句和爱情的内容无关,只是起一个起韵的作用。

(四)疍家调的演唱特点

新村镇的海鹰、海鸥、海燕行政村是水上居民聚居的地方,其语言为粤语疍家话。据郭世荣先生讲,他们平时海南话和粤语都说,但唱疍家调的时候全部用粤语。即便是在越南、马来西亚、印度尼西亚的华侨,在演唱疍歌的时候也一直沿用粤语演唱。

演唱地点不拘一格,既可在生产生活的实际场景中唱,也可在各类民俗活动中集中演唱。也许是因为独特的海上生活环境和狭小的船舱居住条件限制,演唱疍家调时都是清唱,没有伴奏乐器的加入。我们在田野调查中确实也没有发现这里的疍民演奏乐器的。

疍家调的演唱形式有独唱、对唱、齐唱和领唱,歌曲都是单声部的,还没有发现多声部的现象。独唱是最为常见的演唱形式,演唱者通过歌唱排解独自漂泊的孤寂心情,姑娘出嫁前独居空房的"叹家姐"也都是用独唱的形式。青年男女谈恋爱、夫妻共同劳作时用对唱的形式较多,齐唱和一领众合的演唱多发生在集体的节日场合和共同劳动的号子当中。

演唱疍家调要求音域不宽,一般在八度以内,音区接近说话的中低声区。所以,疍家人在演唱时对气息、共鸣和发声方法不做过多的要求,演唱自然、轻松。调研中课题组还发现，几乎每首歌曲的段落末尾都会在低音区有小三度"do - la"或纯四度"re - la"的叹息式下滑音，用闭口哼鸣唱出，增强了歌曲的肯定语气和终止感。

（五）疍家调的功能

疍歌源于个体的生命体验，经过群体的加工成为集体的记忆和群体文化的表征。它是疍民生活的特写和社会经验的总结，从多个层面展示了疍民的生产生活及生命体验和想象；它作为一个文化符号，呈现出鲜明的群体特征，并在群体内部传递实现文化基因的移植繁衍。海南疍歌的社会功能与其他民歌一样，主要体现在以下方面。

1. 抒情娱乐功能

抒情是民歌的主要功用，这也是音乐的本性。无论是爱情、亲情、友情、生活之情，还是喜、怒、哀、乐的内心之情，都要在人的社会化过程中用某种恰当的方式来释放或抒发，而这种方式的选择是以人的生活情感和性格特征为基础的。正因为疍歌能够表达疍民特殊的生活情感和性格特征，所以疍歌才能世代流传。疍民为了生计终年浮居海上，在一个相对割裂的地理环境中，天与海之间，他们可以忘记一切的束缚；另一方面，看似广阔无边的大海，实是蕴藏着巨大危险，正如疍民常说的"出海三分命"，他们不敢远航，只能在小范围中劳作，这种单调闭塞的劳动场域和对命运的忧虑形成了巨大的心理压迫，通过歌声可以自由直率地抒发内心的情感和压抑。

娱乐也是疍歌最基本的一个社会功用，疍民总是把唱疍歌当作一种消遣娱乐的方式。疍民在历史上的地位极其低微，他们没有受教育的权利，在狭窄的生存空间中又缺乏与外界的交流，这些使其文化能力幼弱，难以发掘创造其他文化娱乐方式，他们缺少像陆地民一样的其他文化娱乐形式，唱民歌就成了他们主要的娱乐方式。

就陵水疍歌的题材内容和演唱地点看，疍家人是喜庆活动中以歌道喜，亲朋聚会中以歌助兴，男女恋爱中以歌传情，劳作休闲中以歌娱乐，丧葬活动中以歌当哭，祭祀活动中以歌祈祷，等等。

2. 交际教化功能

由于疍民是以船为家、以水为路的群体，他们生活的区域几乎全部在江海之上的船上，特殊的生活空间使人们的日常交往都有一定困难，当向对面船上的人户传递一个信息时，用普通说话的语调是难以听到的，只有使用唱歌的声调才能把信息传递给山对面。此外，疍民在水上进行集体劳作时，江海的风浪声之大使得说话难以听见，用高亢、开阔、粗犷、奔放的音调把要表达的意思扯着嗓子吼出来时，还具有协调生产劳动行为和动作的功能，这既是民歌的原始功能，也是实用功能。

疍歌是融语言、音乐和观念为一体的民歌，特别是其丰富多样的题材内容和即兴式的见啥唱啥的歌词，可称为疍民的百科全书。疍歌唱词的题材包罗万象，有宗教、道德、爱情、寓言、猜谜、自然景色、天文气候、神话传说、历史故事、风土人情等等。实际上人们听疍歌、学疍歌、唱疍歌的过程，其实就是一个教化和被教化的过程。

3. 文化符号功能

音乐作为一种文化事象，具有一定的符号功能和文化意义，如美声唱法具有西方（西欧）文化的符号意义，古琴音乐具有中国古代文人的符号意义，教堂圣歌具有基督教（或中世纪）的符号意义，黄梅戏具有徽文化的符号意义，亢奋的革命歌曲具有"文化大革命"（或"左倾"冒进）的符号意义，摇滚乐具有年轻人反叛的符号意义，等等。

疍歌同样是疍民的符号之一，无论是"咸水歌"，还是"咕哩美"等，都已经成为疍民特有的民歌了，因为这些疍歌都是用疍家话唱的。据陵水新村镇郭世荣说，他们的祖辈在海上行船，遇见不认识的人时会用唱歌和对方打招呼，同时用唱歌来判断对方和自己族群关系的远近，如果他们唱的歌对方也能对唱，就证明对方和自己的关系近，如果对方对唱不上就说明关系远。

此外，关于疍民的来源在诸多史籍和著述中说法颇多，大约有蛮夷说、闽越说、汉族说、无诸国遗民说、晋末农民起义军卢循后裔说、蒙古族下水说、明初陈友谅败兵说、苗族后代说等等。孙星群先生通过对福建疍歌核心音调与楚民歌的比较研究，认为疍歌与蛮楚民歌都保藏着共同的结尾音调特点，这应当可以作为疍民与蛮夷有血缘、亲缘、族缘关系推理的一个论据。①

---

① 孙星群：《蛋歌浅析》，《中国音乐学》1993 年第 1 期。

　　任何文化现象都有其赖以生存的社会土壤，疍歌之所以能世代流传，它所具有的社会功能远非如此，而是一个复杂的系统，可以说它包括文化、社会、经济、宗教、民俗、地理及人类的本性等诸多方面。陵水疍歌与两广疍歌既有相同性，也有差异性，既具有道法自然、天人合一的艺术意境和感染力，同时体现海洋文化或"水文化"的特点。

（作者单位：海南大学艺术学院）

沿海平原文化

海口文化发展阶段及其地域特征

赵全鹏

海口市地处海南岛的最北端,与雷州半岛隔琼州海峡相望,这里应是早期人类登陆的地点,从海口市境内穿过的南渡江是海南岛第一大河,向北注入琼州海峡。海口市境内地势平缓,在特有的自然地理环境下,海口市创造了特有的具有自身地域特征的社会文化。

一 阶段

(一) 史前阶段

现代考古在海南昌江发现有两颗古人类牙齿,距今约 2 万年。20世纪 80 年代在三亚落笔洞考古发现的"三亚人",时间距今约 1 万年。现代考古发现大量海南的石器时代遗址,按其所处的地理环境和遗址特征,大体上可以分为洞穴、台地(山坡)和沙丘(贝丘)三种类型。从时间序列来说,洞穴遗址最早,相当于旧石器时代;其次是沙丘遗址,相当于新石器早、中期;再次是台地遗址,相当于新石器中、晚期。

1. 洞穴遗址

海南岛地处热带地区,动植物资源丰富,早期迁入的先民没有固定的居所,四处流动,主要把洞穴作为临时性或早期定居的处所。洞穴遗址有三亚落笔洞遗址、东方坝王岭、乐东仙人洞、昌江黄帝洞、琼中米察山等洞穴遗址,这些遗址多处于海南内陆地区。三亚落笔洞遗址当时位于海滨，有人推测那里并不是"三亚人"永久性的居住地。① "三亚人"可能还处于季节性迁徙阶段，过着巢居或半穴居的生活，后来才逐渐从流动走向定居。"三亚人"除了捕猎部分较小的爬行类、龟鳖类、鸟类动物外，主要以哺乳动物为狩猎对象，其中有较温顺的麂、鹿、水牛、羚羊等偶蹄目动物，也有凶猛的食肉目动物，如豹、豺、熊等兽类，已能捕捉长鼻目动物亚洲象。此外，还猎取灵长目、奇蹄目、翼手目、啮齿目等动物。② 史前时期考古所发现的洞穴遗址多分布在海南岛中、南部一带，海口市位于海南岛的最北端，濒临琼州海峡，是史前时期族群的迁徙和登陆必经之地，也是史前时期人类的活动之地。但是，目前在海口市境内史前遗址考古发现较少，其原因是海口市境内缺乏适合早期族群居住的山洞，故没有发现洞穴遗址。

2. 沙丘遗址

主要分布在海边和港湾的沙丘上，遍及环岛沿海地区，其中尤其以临高、儋州、三亚、乐东、陵水最多，在三亚亚龙湾、烟墩，陵水县的港尾、新村、石贡、南烂村、万福村、大港湾等海南南部有发现，在海南北部儋州的马劳地、新英港，临高的兰麦村、兰堂村等地也有少量分布。生活在沙丘遗址上先民的生产方式主要是海岸采集和近海捕捞。海洋捕捞需要更高的技术，在沙丘遗址中发掘出数量较多的粗陶网坠，表明此时人们已经掌握编织渔网技术，以采集蚌螺、捕捞鱼虾为生。海南岛西面环海，鱼类资源丰富，这种生产方式相对于山地狩猎生产方式来说，更具有稳定性。因此，海南先民很有可能逐渐从狩猎方式转向海洋捕捞，但同时也保留着狩猎方式，不过狩猎的比重在下降，这一点可以从这一时期的文化遗存中得到证实。③ 台地（山坡）、沙丘（贝丘）类型的遗址分布范围上也偏重在南半部地区。海口市境内沿海地带也有较多的沙丘，但是由于历史上人类在此活动密集，沿海地区的地质地貌均已发生较大改变，故在海口市境内发掘的这类遗址较少。至于台地遗址，海口市境内多火山岩地貌，适合早期农业的地质条件较少。

---

① 张光直：《中国沿海地区的农业起源》，《农业考古》1984 年第 2 期。
② 郝思德：《三亚落笔洞洞穴遗址文化初探》，《南方文物》1997 年第 1 期。
③ 郝思德、王明忠：《海南史前文化遗存经济生活初探》，《南方文物》2004 年第 4 期。

3. 台地遗址

在海南分布较广。到新石器中晚期，人们逐渐从河谷、滨海平地向内陆的丘陵台地迁徙。陵水、乐东、文昌、白沙、五指山、昌化江、宁远河等地都有分布，遗址多在海南中部、北部江河沿岸的台地及近旁的丘岗地区。这是因为大约在三千年前，骆越人、瓯越人等已在大陆进入农业文明阶段迁入，并居住在海南沿海河谷地带，这里土地平坦松软，适合农业种植。受农业文明的影响，较早前迁入的原始族群也从内陆山区和滨海、海湾走向河流冲积平地上。公元前110年，当汉武帝派遣军队进入海南并设立封建郡县时，在海南看到骆越人"男子耕农，种禾稻、苎麻，女子桑蚕织绩。"[①]

海口境内目前发现的史前时期文化遗址有仙沟岭遗址。仙沟岭遗址位于琼山区甲子镇仙民村仙沟岭上，是一处占地范围南北长约300米、东西宽约100米，总面积约30000平方米的墓葬群。从已发掘的墓葬看，墓葬的形制呈长方形竖穴土坑墓，墓葬方向为东西向。墓坑较浅，一般长2.5米、宽1.2米。随葬品放置在死者头部与脚部处。随葬品的种类主要有印纹陶罐、陶釜、陶碗等。陶器纹饰有同心圆纹、云纹、雷纹、菱形网纹、米字形纹和方格纹等。这是海南目前发现的最早的一处古代墓葬，属于青铜时代。[②] 史前时期考古所发现的洞穴遗址多分布在海南岛中、南部一带，而台地（山坡）、沙丘（贝丘）类型的遗址分布范围上也偏重在南半部地区。海口市位于海南岛的最北端，濒临琼州海峡，是史前时期族群的迁徙和登陆必经之地，也是史前时期人类的活动之地。但是目前在海口市境内史前遗址考古发现较少，由于海口市境内缺乏适合早期族群居住的山洞条件，故没有发现洞穴遗址。海口市境内沿海地带也有较多的沙丘，但是由于历史上人类在此活动密集，沿海地区的地质地貌均已发生较大改变，故在海口市境内发掘的这类遗址较少。至于台地遗址，海口市境内多火山岩地貌，适合早期农业的地质条件较少。

（二）西汉至隋

秦汉时期，汉人开始向海南迁徙。汉武帝元封元年（前110）在海南

---

① 《汉书》卷28《地理志》，中华书局，1962，第1670页。

② 王育龙、高文杰：《海南古代墓葬》，海南出版社，2008，第30页。

设置儋耳、珠崖二郡和十六县，"环岛列郡县"。伴随着封建郡县在海南的设置，大量汉人也迁入海南岛。汉人迁入最初主要集中在海南沿海河口地带。《万历琼州府志·沿革志》曰："其初，环海以为郡县，多中土之流寓与近州县染化之人。"① 汉代所设郡县管辖的范围主要在沿海地带。海南发源于中部山区的河流众多，有 154 条大小河流，其中有南渡江、昌化江、万泉河等大河。汉武帝派军队乘船进入海南时，岛上覆盖着茂密的热带雨林，军队都是沿着河流深入海南内陆，因此当汉武帝在海南设置儋耳、珠崖二郡和十六县时，郡县治所均在沿海的入海口处数十里之内，其中，海口市境内是郡县治所设置的密集之地，比如珠崖郡治在瞫都县东南东潭都石陵村，濒临南渡江。瞫都县治在原琼山县南渡江西。玳瑁县治在今海口市区与原琼山县沿海北部境内，濒临南渡江。颜卢县治在今海口市美兰区灵山镇红峰村委会多吕村（旧称颜村），南渡江下流，毗近出海口。② 后来在罢郡之后，集中到海南北部，即琼山县所在的朱卢县。西汉时期"环岛列郡县"的时间只有 65 年，非常短暂，而且人口也很少，只有 23000 余户，平均每郡只有 11000 多户，每县将近 1440 户，而实际上人口数量在各海南郡县的分布是不均衡的，琼山县所在的琼北由于地理便利的缘故，加上有河流入海，河谷平地较多，适宜农业种植和交通贸易，因此，从汉人向海南迁徙时就大多数居住在这一地区。汉元帝罢郡之后，汉人更是全部集中在琼北地区。

（三）宋代至清代

受海上丝绸之路发展影响，宋代海口对外交通已经十分发达。一是琼州至广州、福建的海路。乐史（930～1007）著《太平寰宇记》中反映北宋时琼州至广州的交通："泛大船使西风帆，三日三夜到地名崖门；从崖门山入小江，一日至新会县；从新会县入，或便风十日到广州，路经黎冈州，皆海之险路。约风水为程，如无西南风，无由渡海，却回舡本州石镬水口驻泊，候次年中夏，西南风至，方可行船。"③ 二是海南北渡琼州海峡至徐闻、雷州。南宋赵汝适《诸蕃志·海南》记载："徐闻有递角场，与

---

① 戴熺、欧阳灿总裁，蔡光前等纂修《万历琼州府志》卷 2《沿革志》，海南出版社，2003，第 35 页。
② 符和积：《西汉海南岛建置区划探究》，《中国地方志》2005 年第 3 期，第 50～55 页。
③ （宋）乐史：《太平寰宇记》卷 169，中华书局，2007，第 3233 页。

琼对峙，相去约三百六十余里，顺风半日可济，中流号三合溜，涉此无风涛，则舟人举手相贺。"①《岭外代答·琼州兼广西路安抚都监》："今雷州徐闻县递角场，直对琼管，一帆济海，半日可到，即其所由之道也。"宋代琼山县将儒学设置在海口浦。海口浦代替白沙津，成为海南渡海和物资进出口的主要港口之一。海口浦成为今天海口市的开端，之后，元代在海口浦设置驿站，设驿令等官管理。明洪武二十年（1387）在此设千户所，称海口所。洪武二十八年开始筑城，称海口所城，为军事要地。清康熙二十三年（1684）在此置营，设都司防守。

（四）鸦片战争至民国时期

1840年6月至1842年8月，清王朝与英国之间爆发了第一次鸦片战争，清王朝被迫签订了中国历史上第一个不平等条约《南京条约》，强迫中国开放广州、厦门、福州、宁波、上海为通商口岸，自此中国开始沦为西方列强的殖民地。1856年至1860年，中、英之间又爆发了第二次鸦片战争，英国借口广东水师在广州黄埔抓捕中国船"亚罗"号上的海盗，派兵进攻广州。法国也借口法籍天主教神甫马赖在广西西林被杀，出兵入侵。1857年，英法组成联军，攻陷广州。1884年6月，法国军舰"萨尼号"闯入琼州海峡，在海口东北的新埠岛附近游弋，海口兵临城下，战火迫在眉睫。清政府震惊之余急调清军赶赴海口横沟要塞，以阻止法军登陆。"萨尼号"见清军有所防备，随起锚开赴香港。为了抵御法国殖民者对海南的威胁，清政府加强了对海口的防御设施建设。咸丰八年（1858），清王朝被迫与英国签订《天津条约》。琼州（今海口）等10处被列为通商口岸，准许英商船货往来、经商、买房居住、租地、传教等事宜。琼州被开辟为通商口岸后，西方国家纷纷前来海口设置领事馆，进行通商、传教等事务。

（五）新中国成立以后

中华人民共和国成立之后，海口市政建设得到全方位的发展，这一时期的海口市城市建设分为两个阶段：第一阶段：1950年至1978年，海南岛因处在海防前线，对海口市城建投资较少，在近30年中仅投资2亿元

---

① （宋）赵汝适著，杨博文校注《诸蕃志校注》，中华书局，1996，第216页。

（包含工业建设）。第二阶段：1978 年改革开放至 1988 年建省，全国实施改革开放政策，海口市城市基础设施建设也进入快速发展时期。

二 地域文化特征

（一）封建化时间早

汉武帝设置郡县后，因封建王朝是按人头缴纳赋税，所以此时地方政府对海南人口进行了粗略的统计，据《汉书·贾捐之传》记载："初，武帝征南越，元封元年（前 110）立儋耳、珠崖郡，皆在南方海中洲居，广袤可千里，合十六县，户二万三千余。"[①] 这些户口主要是指"善人"，即迁徙过来的汉人和汉化百越人的数量，而汉王朝对岛上原住民实行羁縻政策，"以故俗治，毋赋税"。未纳入封建郡县的编户，所以也不存在户口统计。65 年之后，即汉元帝初元三年（前 46 年），撤销儋耳、珠崖二郡，将北部未反的三县合并为朱卢县，隶属于琼州海峡对岸的合浦郡，实际上主要是善人。善人在海南一般从事商业贸易和农业种植，据《正德琼台志》载："越处近海，多犀象、毒冒、珠玑、银铜、果布之凑，中国往商贾者多取富焉，则秦有至者矣。"[②] 秦代已经有商人抵达海南经商，汉武帝在海南设置郡县之后，到海南经商的中原地区商人应该更多。这些善人与海南原住民进行贸易，把海南岛上的珠玑、玳瑁、犀角、广幅布等物品运往内陆。除了贸易之外，善人也从事农业生产，并协助官府维护封建郡县的统治，如汉武帝末年，"珠崖太守会稽孙幸调广幅布献之，蛮不堪役，遂攻郡杀幸。幸子豹合率善人还复破之，自领郡事，讨击余党，连年乃平"。[③]

（二）海南文化中心

海口是古代海南政治经济文化中心，汉武帝元鼎六年（前 111），伏波将军路博德"遂定越地，以为南海、苍梧、郁林、合浦、交趾、九真、日

---

① 《汉书》卷 64《贾捐之传》，中华书局，1960，第 2830 页。
② 唐胄：《正德琼台志》卷 3《沿革考》，天一阁藏明代方志选刊，上海古籍书店，1964，第 135 页。
③ 《后汉书》卷 86《南蛮西南夷列传第》，中华书局，1964，第 2835 页。

南、珠崖、儋耳郡"。珠崖、儋耳二郡在海南岛上，隶属于交州，其中珠崖郡治在今天的海口市境内。珠崖郡成为西汉时期海南行政中心之一，汉昭帝始元五年（前82年），罢儋耳郡入珠崖郡后，珠崖郡成为海南岛上唯一的行政中心。唐高祖武德年间，在隋代珠崖郡基础上复析珠崖郡置崖、儋、琼、振、万安五州，贞观元年（627）置都督府，领崖、儋、振三州。后废都督府，隶广州经略使，后改隶安南都护府。隋唐时期的行政中心治所均位于今海口市境内，如珠崖、崖州、琼州、颜城、舍城、琼山县等。宋太祖开宝五年（972），废崖州，以崖州所属县归琼州。琼州领琼山、临高、乐会、澄迈、文昌等5县，①并将琼州府治、琼山县治从白石都迁于今海口市府城一带，据康熙《琼山县志·建置志》记载："琼山附郡之县，郡城即琼山城也。琼之城，始筑于宋开宝五年。"②宋神宗熙宁年间，以琼州为琼管安抚司，领琼州所属县，故琼州又称"琼管"。宋徽宗宣和年间又改琼管为安抚都监。南宋高宗绍兴六年（1136），又废昌化、万安、吉阳三军为县，隶属于琼州，据《宋史·地理志》记载："儋、崖、万安三州，地狭户少，常以琼州牙校典治。"③其他州行政级别较低，琼州实际已成为海南岛行政中心。明洪武元年（1368）十月，改原乾宁安抚司为琼州府，第二年降为州，第三年仍升为府。琼州府领崖州、儋州、万州3个州和10个县，府治所设在琼山县内。清代沿袭。

（三）多元化

在历史上，琼北地区是文化交汇之地，许多历史事件都会在海口市境内发生，如汉人移民、官员流放、西方殖民、华侨外迁、红色革命等，类型丰富。所以这里集中着海南级别最高的文化遗址，如海南唯一的国家历史文化名城（海口市），海南唯一的中国历史文化名街（海口骑楼老街），海南一半以上的全国重点文物保护单位（中共琼崖第一次代表大会旧址、丘濬故居及墓、五公祠、海瑞墓、秀英炮台）等。

（作者单位：海南大学旅游学院）

---

① 《宋史》卷90《地理志六·广南西路》，中华书局，1977，第2245页。
② 康熙《琼山县志》卷4《建置志》，海南出版社，2003，第52页。
③ 《宋史》卷90《地理志六》，第2249页。

三亚历史上的族群和多源一体文化

章佩岚

综观海南各个市县，没有一个地区如三亚，在漫长的历史时期持续不断地包容、聚合众多族群：从一万年前后三亚落笔洞人的拓荒劳作，到先秦时期古越人中骆越族群地融入，成为黎族先民；从唐宋时期波斯、阿拉伯"蕃客"的居留，到宋元之际占城回族的迁入，成为今天的三亚回族；从唐代开始疍民的水上活动，到明代"弓弩手"的到来，落籍为苗族，三亚成为各族群的共同家园。在经历了冲突、对峙，接纳、融合的漫长过程，海洋文明与大陆农耕文明反映在各族群间的多元性、差异性相互影响和叠加，习俗相互濡染，形成了现今三亚独特的多源一体文化面貌。因此，对三亚历史文化诸方面的研究，实际上都可以细化为对各族群的研究。

本文运用考古学材料和文献资料，探究这些族群的原始 DNA，寻找三亚各个族群的文化源头和发展轨迹，了解海洋文明与大陆农耕文明在三亚的碰撞及演变，以便清楚地认识三亚、了解三亚多元一体文化的形成过程。本文的族群是指今天三亚黎、苗、回、疍等世居民族（族群），历史时期众多汉族移民，不在此讨论。

一　原始族群

元至元癸未年（1283），陇西人云从龙以海北海南道宣慰使的身份，抚绥黎乱，游历至三亚东北的一座石灰岩孤峰南壁下的洞穴中，见"有二石，形如悬笔，笔尖水滴不断"，遂刻写下"落笔洞"三字。宋、元、明、清各代不断有文人墨客在此题刻。题诗中有说"化工久矣悬幽洞，留点人间独占元"。一万年久矣，这里有着迄今为止海南发现最早的一处古人类活动遗存。

落笔洞遗址位于三亚市东北部约 15 公里的一座石灰岩孤峰南壁下的落笔洞内，经过 1992～1993 年两次考古发掘工作，明确了第二层含贝壳和脊椎动物化石的灰色砂质胶结层为主的文化堆积层，发现了用火痕迹——一处烧火堆积和分布稍广的灰烬层；发掘出土石制品、半成品及废石料 200 余件，打制石器占绝大多数，多为砾石石器，主要用锤击法，单面直接打击，器类组合包括砍砸器、刮削器、尖状器、石核、石片等，磨制石器为穿孔石器（环状石器）和磨刃石器；出土骨、角制品，器形主要有铲、锤、锥、矛形器、尖状器、镖、匕、管等；最重要的是发现了 13 枚人类牙齿化石，属于晚期智人，分别代表了老年、中年和青年不同阶段的个体，从石器的器类组合和伴生的其他出土物看，他们过着狩猎、捕捞和采集的经济生活。与其共生的哺乳动物化石几乎全部是现生种类，其动物群组合的地质年代属于晚更新世之末或全新世之初，C^{14} 年代测定为 10890 ± 100 年，文化面貌上处于旧石器时代末期至新石器时代早期之间的衔接阶段，具有较明显的过渡文化特征。[①] 现有的考古材料表明"落笔洞人"是三亚，乃至海南历史上最古老的族群。

通过考古学研究，有两点值得特别关注。

一是通过对落笔洞人牙齿的测量，与河南、甘肃新石器时代（仰韶文化）以及云南现代人牙齿的对比、分析，差别不是很大。[②] 通过与岭南地区同时期洞穴遗址的对比分析，在砾石石器工业的典型文化内涵上十分相近，穿孔、磨刃石器的初现等较多相同或相似的文化因素，反映了落笔洞遗址与岭南地区同类文化遗存有着一定的联系。[③] 落笔洞动物群的组成属于亚洲东南部热带 - 亚热带类型，与广东、广西相同时代的动物群相比大体一致。[④] 这是三组有说服力的比较：落笔洞人的来源、落笔洞人的生产行为以及与人共生的动物群，诸多的"差别不是很大"、"大体一致"、

---

① 郝思德、黄万波：《三亚落笔洞遗址》，南方出版社，1998。
② 郝思德、黄万波：《三亚落笔洞遗址》，第 10 页。
③ 郝思德、黄万波：《三亚落笔洞遗址》，第 35 页。
④ 郝思德、黄万波：《三亚落笔洞遗址》，第 113 页。

"相同或相似"等等。说明落笔洞人与岭南地区这类洞穴遗址存在不同程度的接触和联系，产生了文化上的来往，相互之间的交流和影响广泛而又深刻。由此，就将落笔洞人、落笔洞文化的来源之一指向跨越琼州海峡的大陆地区。最晚在一万年前后，落笔洞人便陆续从距离最近而又较为发达的大陆往来于海南岛，直至最南端的三亚。他们汲取文明的养分，否则"其文化的根基必然无法成长"。① 这种营养基，应该是中原大陆早期文明。

二是在落笔洞遗址的发掘中，有一处遗迹特别引人注意：在发掘面积近70平方米的范围内，共发现螺壳约7万个之多，分属海生软体动物和淡水软体动物的7目24个种。这说明落笔洞遗址时期的捕捞业十分繁盛，应是处于全新世这个气候变化时期在经济生活中的真实写照和特定产物。② 落笔洞人对海生物种的大量获取，为落笔洞人的生存提供了物质基础。

从现在的海岸线看，落笔洞向东、向南到达海边的直线距离为17～15千米，落笔洞人如果不具有捕捞的传统、对海洋的熟悉以及对此类物质的饮食嗜好，如此高的捕捞成本和如此大量的螺壳堆积是无法想象的。我们还注意到："在大量软体动物中，有件鹦鹉螺标本……根据鹦鹉螺的生存习性，平时在海底爬行，很少漂浮海面活动，多半是将死的时候才漂浮上来。落笔洞人捕捞的这只鹦鹉螺属于成年个体，根据其贝壳破损情况，显然是落笔洞人为了食肉所致，如果原本是一只空壳，是不会引起落笔洞人注意的。"③ 这件鹦鹉螺也许是孤证，应该还会有海生的虾、蟹、鱼类等，食用后没有留下遗迹。我们可以想见，落笔洞人往来于海底珊瑚礁、海边红树林以及湿热的沙滩、岩石上捕获海生生物，除了浅海浮游、海中泅渡，更多的应该依靠舟船，积累了捕捞经验。这是落笔洞人在特定区域环境中对其生产方式的自主选择，与大陆地区农耕文明的生产方式几无关联。

从落笔洞遗址的地层关系上看，含螺壳的文化堆积叠压在不含螺壳的更新世晚期的堆积上。④ "含螺壳"与"不含螺壳"成为地质年代上区分更

---

① 闫广林：《关于海南岛文化根性的若干思考（一）》，载《海南历史文化》第1卷，南方出版社，2001，第15页。
② 郝思德、黄万波：《三亚落笔洞遗址》，第37页。
③ 郝思德、黄万波：《三亚落笔洞遗址》，第110页。
④ 郝思德、黄万波：《三亚落笔洞遗址》，第38页。

新世晚期和全新世早期两个阶段的标志，在文化发展上处在旧石器时代末期到新石器时代早期的临界点上。遗留了大量螺壳的落笔洞人此时处在整个遗址的晚些时候，即全新世早期的新石器时代早期，在这一时期，海洋捕捞的生产方式不是对之前的采集、狩猎等生产活动的传承与延续，而是一种全新的创造。说明落笔洞人面向海洋、取自海洋，与海洋发生直接或间接的关系，海洋生活方式及文化形态在这一时期占有非常重要的地位。

那么，这种变化的推动力又来自哪里呢？考古学文化中所表现出来的变化，实际上是人的变化和文化间交流，甚至可以说是在形成中的民族的交流。落笔洞中"含介壳的文化堆积"，在前文所提及的大陆岭南地区洞穴遗存中较少见到。但是，落笔洞遗址的洞穴聚落，丰富的野生动植物遗骸，尤其是水生介壳类遗骸堆积、穿孔石器、磨刃石器等砾石石器、骨、角器等文化要素，在亚洲东南群岛至西南太平洋群岛间有不同程度地发育，表明更、全新世亚洲东南大陆、海岛广泛的海洋地带间主流文化形态的土著性、延续性与统一性。①

由此，我们可以说落笔洞人接受大陆迁入人群及其文化的传播影响，在文化面貌上属于岭南地区洞穴石器文化范畴；同时，海洋生活方式和文化因素的出现，显示出有新的族群迁徙和新文化的传播与替代。来自两个方向的文化力量，助推落笔洞人的进化与文化变迁。7万多个螺壳堆积就是这一土著文化进化、变迁过程的有机环节与有力证明。

还有一个问题是，落笔洞人接受来自大陆迁入人群和来自海洋人群的两方面影响，那么，有没有土生土长的海南基因？海南究竟有没有原始古人类存在的可能？司徒尚纪先生认为：海南独立成岛，基本不可能完成从猿到人的进化过程，海南目前尚未发现旧石器时代早期智人，前提是"海南旧石器文化完全是空白，这就完全排斥了海南本岛存在古人类的可能性"。② 但是，随着考古工作的不断深入，近年来，昌江县信冲洞化石出土点发现巨猿化石等二十多种哺乳动物化石，旧石器时代旷野遗址有昌江县混雅岭、燕窝岭、石头崖、酸荔枝园、叉河砖厂，琼海市官塘镇石角村和

---

① 吴春明：《从百越土著到南岛海洋文化》，"北京大学震旦古代文明研究中心学术丛书之二十七"，文物出版社，2012，第21页。

② 司徒尚纪：《史前考古与海南黎族"南来说"刍议》，《海南历史文化》第2卷，社会科学文献出版社，2012，第12～19页。

澄迈县施教存砖厂遗址；旧石器时代洞穴遗址除三亚落笔洞遗址外，还有昌江县钱铁洞等。① 相信随着考古工作的不断深入，更多的史前考古学成果将会为海南原始人类的存在提供支持，即是说不排除海南本岛存在较一万年前落笔洞人更古老人类的可能性。这些人的来源有两种可能：一是在琼州海峡没有形成以前，海南岛与北方大陆连在一起，后来由于琼州海峡的形成而将他们留在岛上；二是从东南群岛至西南太平洋群岛间迁至海南岛，成为海南最早的发现者、开拓者。不管哪一种可能性，最终的结果是至迟到一万年前，在110平方米的落笔洞内，落笔洞人以包容的心态接受"南来"、"北来"等众多族群和文化，和谐相处，共同发展。

落笔洞山脚下，距离之前的落笔洞遗址不足百米，另有"仙郎洞"。2012年3月，中科院古脊椎动物与古人类研究所和三亚市博物馆组成考古队，在洞中采集和从地层中发现石制品22件、动物骸骨和零星的夹砂陶片，精致的黑曜石刮削器出自洞右侧的黑土层。② 在落笔洞遗址砾石文化传统基础上的技术突变——陶器出现，标志着这一文化进入新石器时代。根据地层和出土物的研究，确定仙郎洞遗址的年代为新石器时代早期，地质学年代属于全新世早期，在文化上与落笔洞遗址是延续的。这个遗址发现的意义在于，将原本是孤证的旧石器时代末期到新石器时代早期的三亚落笔洞文化与仙郎洞文化联系起来，其文化由前者的下限——新石器时代早期延续至整个新石器时代，同时，新石器时代的文化弥散于整个三亚乃至海南岛，说明海南古人类在这一地区的传承源远流长。

二　古越族与黎族先民

1957年七八月间，广东省文化局文物工作队和中山大学历史系合作，到海南岛地区进行文物普查，发现原始文化遗址135处，这些普查资料成为不可多得的珍贵资料，并为建省之后的第二次、第三次全国文物普查海南古遗址的调查提供了基础材料。其中，位于三亚的遗址有河头遗址、卡巴岭遗址、沟口遗址、二弄遗址、大弄遗址、高村遗址、大茅遗址、走马

---

① 李超荣、李浩、许勇：《海南探宝》，《化石》2013年第4期。
② 李超荣、李浩、许勇：《海南探宝》，《化石》2013年第4期。

园遗址、番岭坡遗址、南田石器出土地、新村遗址、大兵坡遗址、三问坡石器出土地、长忧遗址、牙龙湾遗址等等。[①] 这些遗址分布在东到藤桥镇番岭坡、西到梅山镇落岭水库，涵盖整个三亚，以崖城镇北、东北的宁远河流域分布最多。非常巧合的是宁远河上中游的雅亮、育才两个乡镇，是三亚市境内黎族聚居区，育才镇黎族人口占 98.2%，雅亮乡黎族人口占99.0%。[②] 可以说，三亚原始文化遗址的分布状态与黎族聚居地不谋而合，这绝不是文物调查的偶发，雅亮在黎语中为"美好的地方"，确有可能是黎族先民在此生活劳作千百年的总结。

三亚的原始文化遗存以沙丘遗址和台地、山坡遗址为主，台地遗址如河头遗址，位于崖城镇白河村东北 250 米，宁远河东北岸台地上。遗址东西长约 150 米，南北宽约 50 米，文化堆积不详。采集有梯形石斧、梯形石锛、梯形石凿、双肩石斧、双肩石锛、石矛、砺石、夹砂粗红陶网坠、夹砂红陶罐残片等；沙丘遗址如牙龙湾遗址，位于田独镇海坡村东约 4 千米的牙龙湾，西北距离大海 20 米的沙丘上。遗址长约 2 千米，南北宽约 15米，文化堆积不详。采集有新石器时代的夹砂粗红陶圈足碗，汉代的泥质灰陶十字戳印纹、网格纹、方格纹、水波纹双耳罐残片等。[③]

三亚新石器时代文化遗存的出土物主要有梯形石斧、石锛、石凿、双肩石铲、石斧、石锛、陶网坠、几何印纹软陶和硬陶、夹砂红陶罐残片等。器形较大的常形石锛和有肩石铲，同农业生产关系比较密切；形体较小的石锛，基本上是手工工具，在木材加工方面，如独木舟的刳制、纺织工具的加工等；网坠的发现，说明渔猎经济的存在。

三亚新石器时代文化遗存与整个海南岛的文化面貌一致，通过与邻近地区文化内涵的比对，新石器时代早期文化内涵，与广东潮安石尾山、陈桥村[④]和广西防城亚菩山、马兰嘴[⑤]等新石器早期贝丘遗址有相似之处，在文化阶段上也较为接近；新石器时代晚期文化与广东增城金兰寺下层、新

① 广东省博物馆：《广东海南岛原始文化遗址》，《考古学报》1960 年第 2 期。

② 三亚市地方志编纂委员会编《三亚市志》，中华书局，2001，第 133、134 页。

③ 海南省博物馆：《中国文物地图集·海南分册》，中国地图出版社，待刊。

④ 广东省文物管理委员会：《广东潮安的贝丘遗址》，《考古》1961 年第 11 期；广东省博物馆：《广东东兴新石器时代贝丘遗址》，《考古》1961 年第 12 期。

⑤ 广西壮族自治区文物工作队：《广西南宁地区新石器时代贝丘遗址》，《考古》1975 年第 5期。

会罗山嘴、东莞万福庵下层①以及广西左右江流域的平果城关和邕江流域的武鸣、扶绥、桂平、南宁等地的部分沙丘（贝丘）遗址②的基本文化面貌比较接近，经济生活同样是以渔猎、采集为主。"根据所表现的文化性质来看，它与广东大陆及东南沿海地区是同属一个文化系统的，只是由于一个海峡之隔，其时间上显得比大陆为晚。说明了这一地区的原始文化，与大陆的文化传播是有关系的。"③

与海南同属一个大的文化系统的两广及东南沿海，处在"自交趾至会稽"的百越文化区域，是百越民族中南越和骆越所在地。在新石器时代末期至青铜时代到来之际，两广及东南沿海的原始先民逐步由原始氏族部落形成和发展为百越民族。海南虽然与两广地区保持着基本相同的演变进程，但在文化发展的时序上，海南的史前文化发展较为缓慢，文化进程滞后，海南新石器时代晚期遗存中的某些文化元素，甚至延续到秦汉时期才逐渐消失。④

前文中提到三亚地区的新石器时代文化遗存，空间上与百越中的南越、骆越所在区域相符，文化时序的滞后对应着百越民族的形成、发展时期，与秦汉时期业已形成的百越民族在物质文化形态及精神特征上保持一致，这就为黎族的民族认同贴上标签。

（1）石器中以石锛为主，并普遍发现有段石锛（在岭南包括海南岛还普遍发现有肩石器——包括有肩石锛、石斧和石铲及有段有肩石器），并以此构成该地区新石器时代晚期基本文化特征。⑤

（2）喜食水生生物。虽然在三亚境内未发现典型意义上的贝丘遗址，但是落笔洞时期饮食传统，在临近地区的陵水石贡遗址、乐东新街遗址都是较为重要的贝丘遗址，大量网坠的出土，也说明捕捞、食用水生生物是三亚的先民经济生活的重要来源。

----

① 广东省博物馆：《广东中部低地新石器时代遗存》，《考古学报》1960 年第 2 期；莫稚：《广东考古调查发掘的新收获》，《考古》1961 年第 12 期。
② 广西壮族自治区文物工作队：《广西南部地区新石器时代晚期遗存》，《考古》1978 年第 9 期。
③ 广东省博物馆：《广东海南岛原始文化遗址》，《考古学报》1960 年第 2 期。
④ 郝思德、王大新：《海南考古的回顾与展望》，《考古》2003 年第 4 期。
⑤ 陈国强、蒋炳钊、吴绵吉、辛土成：《百越民族史》，中国社会科学出版社，1988，第 25 页。

（3）"岛夷卉服"的服饰传统。在史前考古发现中未发现纺织品的文物遗存，但是，在纤维纺线、经纬结构的编织制品之前，应该还有无纺织阶段的草叶、树皮、兽皮等制品，以区别于华夏、汉民族的"衣冠文化"。"岛夷卉服"、"织绩木皮"的服饰文化传统，是华南沿海百越先民共同的文化遗产，并辐射向东南亚、环太平洋的南岛语族地区。绩木皮为布，显然就是树皮布。海南省博物馆与昌江等博物馆收藏多件石拍，确定是新石器时代树皮布的制作工具，说明树皮布作为黎族传统服饰由来已久。

（4）巢居和营住"干栏"房屋。洞居、巢居和干栏式建筑是黎族先民建筑的不同阶段，是百越先民特殊聚落文化最重要、最常见形式。这种架空居住面的木结构建筑，通风和防潮比较好，防御野兽的侵袭，适于气候炎热和地势低下潮湿的地区居住。

黎族先民在海南岛生产生活，共享越文化的文明成果。骆越是黎族的发展所自，也是黎族的主体。西汉时期，随着中央王朝政府在百越地区建立王国，并对百越民族采取内迁、通商政策，军事和文化统一、民族融合经历了漫长的过程。唐德宗年间（780～805），"黎"族称始见于文献，《新唐书·杜佑传》："朱崖黎民三世保险不宾，佑讨平之。"[1] 宋代，黎族这个专用名词代替"俚"、"僚"等名称，专指海南岛的黎族。在长期的历史发展过程中，黎族以民族融合的形式先后吸收汉族、壮族、正马来人乃至矮黑人等多民族和种族的因素，这是个一源多流的融合体，对于黎族的发展壮大起着重要作用。[2]

三　"蕃客"居留

唐代海上丝绸之路"广州通海夷道"的开通，经今琼海、万宁、陵水至三亚近海，孤悬海外的海南岛及其海域为贸易海舶必经之所，使得海南岛至迟在唐代已经开始有外侨定居。这些外侨起初或因为遭到风浪的袭击，财货损失，流落海南而留住下来；或因为等候季风、仓储货品等其他

---

① （宋）宋祁、欧阳修：《新唐书》卷 166《杜佑传》，第 5087 页。

② 练铭志：《关于海南黎族族源的研究》，《广东技术师范学院学报》2003 年第 5 期。

原因而留居；或是被海南地方豪族劫持而被迫居留。据《大唐和上东征记》载：万安州大首领冯若芳"每岁常劫取波斯舶二三艘，取物为己货，掠人为奴婢。其奴婢居处，南北三日行，东西五日行，村村相次，总有若芳奴婢之住处也。"① 这说明在鉴真和尚来到海南的唐天宝七年（748）前，"波斯舶"上的奴婢已在振州（三亚）到万安州（陵水、万宁）的东南和南部沿海地区大量居留。

又据《太平广记》载："唐振州民陈武振者，家累万金，为海中大豪……凡贾舶经海路，与海中五郡绝远，不幸风漂失路，入振州境，振民即登山披发以咒诅，起风扬波，舶不能，必漂于所咒之地而止，武振由是而富。"② 振州（三亚）海盗陈武振，因掠取大食、波斯商船而致富，足见每年过往海南岛的蕃船数量之多，被海盗掠夺羁留岛上的"蕃客"数量之众。

与文献资料互相印证的是，1983 年 12 月，广东省政协和广东省民族研究会联合调查组在三亚到陵水沿海沙滩上发现穆斯林古墓群，位于三亚市的古墓群有：梅山古墓群（当地人称番人坡）、大蛋古墓群（当地人称番坟堆）、回新拱北古墓群、陵水县与三亚市交界的番岭坡古墓群等四处大型墓葬群。番岭坡海滩的穆斯林古墓群当地人称"番塚"，范围东西长 200 米，南北宽 80 米。已发现百余座墓，有墓碑的 60 座。1978年发掘 7 座，均为竖穴土坑，长 1.8～2 米，宽 0.8～1 米，深 1.2 米，没有葬具和随葬品。死者侧身屈肢，头在西北，面朝西，表示面向伊斯兰圣地麦加。墓穴两端各竖一珊瑚石碑。碑略呈方形，高 36～60 厘米、宽 35～58 厘米，碑首呈圭形、山字形、双峰形，刻圆月、卷云、花卉、生命树等图案。用阿拉伯文刻《古兰经》、墓主姓名、死亡日期等。③ 原崖县酸梅村附近八人轿墓群范围东西长 1000 米，南北宽 500 米。原有墓百余座，现已被破坏，仅存墓碑一通，面向西北，高 36 厘米、宽 35 厘米。上刻明月、神鸟和阿拉伯文，汉译为"万物非主，唯有真主，穆罕默德是真主的使者"。④

---

① 〔日〕真人开元著，汪向荣校注《唐大和上东征传》，中华书局，2000，第 68 页。
② （宋）李昉：《太平广记》卷 286《幻术三·陈武振》，中华书局，1961，第 2282 页。
③ 海南省文物保护管理委员会：《海南省的考古发现与文物保护》，《文物考古工作 10 年》，文物出版社，1990，第 246～248 页。
④ 海南省文物保护管理委员会：《海南省的考古发现与文物保护》，《文物考古工作 10 年》，第 246～248 页。

这些墓葬在葬俗、墓葬形制和墓碑变化上的特点明显，根据墓碑变化大致可分为四式，经过与伊斯兰教发祥地的阿拉伯半岛阿曼南部佐德尔古城遗址及国内的广州、泉州、扬州等地的穆斯林墓葬比对，其中的Ⅰ式、Ⅱ式碑的墓葬年代为唐宋时期。[①] 这些墓葬群是来华阿拉伯人的公共墓地。由此可知，海南岛东南、南部沿海一带是古代"蕃客"最初的落脚点，是"蕃客"主要的分布区域。[②] 这些墓葬的主人，是唐宋时期居留海南的穆斯林，其中或许就有冯若芳的波斯奴婢以及陈武振劫掠的大食、波斯"蕃客"。

早在唐代，或者更早时候，大食、波斯等国的穆斯林乘番舶经海上丝绸之路来到中国，不管主动还是被动羁留海南，他们都是勇敢的航海者。这些涉海而来的蕃商，"鲸波仅免葬吞船"，"千金虽在此生休"，"目断苍茫三万里"的家乡，所以埋葬时"皆南首西向"，即头南脚北，面向西方，以示归向圣地麦加的方向。顾炎武云："自唐设结好于广州，自是商人立户，迄宋不绝，诡服殊音，多流寓海滨湾泊之地，筑石联城，以长子孙。"[③] 海上丝绸之路的些微变化都牵动着他们的神经。

四 占城回族迁入

占婆国位于中南半岛东岸，地处东西方海上交通枢纽，与海南岛仅一水之隔。早在8世纪中叶就有阿拉伯人移居占城，传播伊斯兰教。[④]

宋元时期，由于占城内乱，一部分穆斯林携家避乱海南，《宋史·外国传》记载：雍熙三年（1239），"占城人蒲罗遏为交州所逼，率其族百口来附。"[⑤] 这可能是文字记载的最早落籍海南的占城穆斯林。

其后，不断有占城人因战乱逃到海南岛。南宋时期，"占城、真腊相攻，

---

① 陈达生：《中国东南沿海地区伊斯兰碑铭研究纲要》，《中国与海上丝绸之路》，福建人民出版社，1991。

② 李居礼、王克荣：《从陵水三亚发现的穆斯林墓葬看古代穆斯林在海南岛的活动》，载姜樾《海南伊斯兰文化》，中山大学出版社，1992，第82~83页。

③ （清）顾炎武：《天下郡国利病书》卷104《广东八·杂蛮》，上海古籍出版社，2006，第3423页。

④ 廖大珂：《论伊斯兰教在占城的传播》，《南洋问题研究》1990年第3期。

⑤ （元）脱脱：《宋史》卷489《外国五·占城》，中华书局，1999，第14080页。

余兵入琼管。公（詹体仁）调兵且招而海道宁"。① 这是占城穆斯林主动投靠，属自由移民；元代，"元初驸马唆都右丞征占城，纳番人降⋯⋯"② 这是元朝政府对占城穆斯林的纳降，对于占城穆斯林来说，是稍显被动的移民。

元初，来自世界各地的穆斯林在海南沿海地区广泛分布，北部琼山海口浦设立番所，"籍为南番"，居住环境和待遇有了保障；西部的儋州、东南部的万州、南部的崖州等也有分布，番邦、番浦、里番村、番人村、番园井等地名充分说明了"蕃客"曾经的聚所。"番人塘，在城（崖州城）西一百二十里。相传番人覆舟于此，故名。"③ 这里应是占城穆斯林的一处落脚地。"其在崖、万者，亦皆元初因乱挈家驾舟而来，散泊海岸，谓之番方、番浦。"④ 相比较琼北地区来说，穆斯林散居各地，生活在一种自然的状态。

明代，因为"皆附版图，采鱼办课"，各地穆斯林或迁往他乡，或融入当地其他民族之中。明末清初，散居各地的穆斯林逐渐迁居于所三亚里番村。"番民，本占城回教人。宋元间因乱挈家泛舟而来，散居大蛋港、酸梅铺海岸。后聚居所三亚里村。"⑤ 经王献军先生考证，海南散居的回民于 1617～1706 年间聚居于所三亚里番村（今凤凰镇回新村），编户入籍，1943 年日军修建机场时新建回辉村。回新、回辉两个回族社区的建立结束了分散的状态，有了一个相对稳定的聚居社区，语言、习俗得以保留，宗教、文化得以传承。⑥ 其传统经济生活以海洋捕鱼业为主，全民信仰伊斯兰，严格恪守伊斯兰教的教规和禁忌，保有祖国最南端的伊斯兰净土。

五　苗族进入

海南苗族来源于广西地区，是"广西苗兵"的后裔。明弘治十四年

① （南宋）真德秀：《西山先生真文忠公文集》卷 47《司农卿湖广总领詹公行状》，《四部丛刊初编》第 1285 册，第 23 页。

② （明）唐胄：《正德琼台志》卷 7《风俗》，海南出版社，2003，第 149 页。

③ （清）阮元：《道光广东通志·山川略》，海南出版社，2000，第 368 页。

④ （清）萧应植：《乾隆琼州府志》卷 8《海黎志·边海外国》，海南出版社，2003，第 826 页。

⑤ （清）钟元棣创修《光绪崖州志》卷 1《风俗》，第 52 页。

⑥ 王献军：《海南回族的历史与文化》，《海南历史文化大系·民族卷》，海南出版社、南方出版社，2008，第 79～80 页。

（1501）冬，儋州七坊峒符南蛇起义后，海南民族地区的反抗斗争接连不断，明朝统治者在加强武力镇压的同时，采取了"以夷制夷"的方法，从岛外"调广西苗民防守，号为弓弩手，剿平叛黎。"① 这是明朝政府第一次调遣"弓弩手"来海南。第二次是嘉靖二十八年（1549）八月，平定崖州那燕"黎乱"。第三次是明万历四十年（1612）十一月，崖州罗活、抱由（今在乐东黎族自治县境内）等峒黎族起义，十二月，两广总督张鸣冈发士、客兵12000人进兵平定后，于罗活峒置乐安营，驻兵把守。这些兵士明确记载为"苗族士兵"。地方官府改抱由为乐安营，改乐活为乐安，调广西三百名弓弩手兵屯守，并给以三十顷土地屯田。②

明末营汛荒废，苗兵后裔留在海南。罗活、抱由二峒原属于崖州。据清代《崖州志》记载："又有一种曰苗黎，凡数百家……盖前明时，剿平罗活、抱由二峒，建乐定（安）营，调广西苗兵防守，号为药弩手，后营汛废，子孙散居山谷，仍以苗名。"③

此时海南的平原、山区中的河谷多被汉、黎开垦，因此苗人走向更高的山岭，以山地烧垦种田为主，"不耕平土，仅伐岭为园，以种山稻"。④他们生活在中部山区的黎人夹缝中，出于寻找生存空间的需要，逐渐散居在海南许多州县。三亚苗族主要分布在凤凰镇高峰、育才镇雅亮。由老人管理公共事务的社会制度和家庭组织——村老、山甲制度，维系着苗族社会内部的稳定和发展。

海南苗族与广西壮族自治区自称为"金门"的山子瑶（蓝靛瑶）的语言几乎完全相同，属于汉藏语系苗瑶语族瑶语支。⑤ 在长期的生产生活过程中，学会了黎语和海南话，甚至普通话，方便了与外界的联系。传统的山地烧垦农业（砍山栏）、采集和狩猎等自给自足的小农经济生活，逐渐转变为热带经济作物种植和农副产品加工等行业，广泛参与市场商品流通。

---

① （清）明谊、张岳崧等修纂《道光琼州府志》卷20《海黎志》，海南出版社，2003，第835页。

② （明）欧阳璨：《万历琼州府志》卷8《海黎志·平黎》，海南出版社，2003，第270、271页。

③ （清）张嶲、邢定纶、赵以谦纂修《崖州志》，郭沫若点校，广东人民出版社，1993，第247页。

④ 周文海重修，卢宗棠、唐之莹纂修《民国感恩县志》，海南出版社，2003，第275页。

⑤ 黄友贤、黄仁昌：《海南苗族研究》，《海南历史文化大系·民族卷》，第23页。

广西苗兵被明王朝征调而来不是单纯的偶发事件，而是与从汉代开始的中央王朝对海南政治统一、人文扩张的统治政策一脉相承。

六 疍民迁入

海南疍民的先民来源于百越，以"采海"为生，是一个"以舟为室，视水为陆，浮生江海"的族群。虽然对于疍民族源问题，学说较多，经陈序经先生梳理、概括，有6种之多。[①] 普遍的认识是疍民是古越族的后代，越族是其源流，汉族为其补充，兼有外族中的"猺、掸、马来"成分。[②]

疍民原分布广泛，宋代以后，疍民生活空间收缩至东南沿海一带。直到明代，海南岛除内陆县定安没有疍户之外，海南其他沿海州县都有疍户，数量多少不等，其中主要分布在南部的崖州、陵水，北部的儋州、文昌、临高、琼山、澄迈等州县。据正德《琼台志》记载，正德七年（1512）琼州府共有疍户1913户，约占海南总户数的3.49%。[③] 明代疍民在崖州有349户，分布于保平里、望楼里、番坊里、大蛋里以及所三亚。康熙四十四年（1705），"疍民世居保平港、大蛋里、望楼里，濒海诸处。男子罕事农桑，惟缉麻为网罟，以鱼为生，子生世守其业。税办鱼课，间有种山园、置产、养牛、耕种，妇女兼织纺布被为业"。[④] 其流动一直持续到民国时期，今多集中于三亚、陵水的濒海之地。

早期的疍民，多游离于中央政府的"编户齐民"之外，自唐以后，"记丁输课"；洪武初年，"编户立长，属河泊所，供鱼课"；清代疍人生活在海南沿海地区，但已革除不许疍民登岸的旧俗；民国初期，提出解放"疍户"等所谓贱民，允许他们享有"公权"和"私权"；新中国成立后，疍民划为汉族。三亚、陵水疍民的生活从未离开本岛周边海域，"业渔"是他们永远的主业，主要在西沙群岛等水域从事深水捕捞，近年来多从事海水养殖。

---

① 陈序经：《疍民的研究》，商务印书馆，1946，第1页。
② 林惠祥：《中国民族史》，商务印书馆，1998，第139～141页。
③ （明）唐胄：《正德琼台志》卷10《户口》，海南出版社，2003，第224、230页。
④ （清）陈梦雷：《古今图书集成·方舆丛编·职方典》卷1380《琼州部丛考八·风俗考·崖州》第169册，中华书局影印，1934，第50～51页。

七　结语

三亚是汉、黎、回、苗等多民族聚居地区。最晚至明代中晚期，各族群在三亚的生活空间基本划定，生产方式、生活习俗以及观念、信仰、行为、习惯等方面相对固定，各族群聚居区具有内在的运行逻辑，走出一条独特的发展历程。

三亚原始族群最晚在一万年前后的更新世晚期就在这里生活劳作，其文化源头在中国大陆的东南沿海地区，鲜明的海洋人文性质区别于北方华夏的大陆农耕文明。延续至先秦、两汉时期，这里生活的众多族群与我国东南土著族群关系密切，促进了百越土著文化的传播，黎族先民的生产方式、生活习俗渐趋形成。汉唐以来，尤其是唐宋元明之间，这里是世界海洋文化舞台最活跃的区域之一，虽然有汉武帝开设九郡，大量南迁汉人带来中原先进的农业等生产技术和文化，同时还有沿海上丝绸之路远道而来的波斯、阿拉伯的穆斯林少数族裔，他们传承发扬以海为田的海洋生活传统。同样是源于海洋的疍民却在民族融合中淡漠了民族意识。明代苗族（瑶族）"狼兵"弓弩手的进入是中原农耕文明扩张的例证，具有海洋文化传统的黎族自此移入山地，成为海南山地文化类型的代表。海南，特别是三亚特有的海洋文化类型的回缩和农商文化类型的扩张，成为大陆性农耕文明史的延伸和补充。

三亚各族群作为中国社会的一个部分，不可能超然于历代王朝的历史文化环境而独立存在，其社会文化的变迁始终受到国家权力的决定性影响。"风声气息，后先濡染"，正是彼此间的交流、碰撞，相互影响，共同发展，多重合力，使得三亚文化愈发深厚、丰富和多元化，成为海南文化的有机组成部分而从属于中华文化。

（作者单位：海南省博物馆）

从文化渴望走向文化自觉的万宁历史

——以东山文化为切入点

海 滨

唐贞观五年（631），雄才大略的李世民经营四境，在海南置万安县，这是万宁行政建置之肇始。自此，万宁告别了漫漶不清的史前史，结束了秦汉以来海南岛历史进程中影影绰绰的边缘化痕迹，开始了自成体系的历史进程。这个历史进程，既是中央王朝经营南海尤其是海南岛的必然结果，也是海南岛尤其是万宁自我发展的积淀过程。万宁从向往和响应大陆文明的文化渴望状态，发展到融入和张扬大陆文明的文化自觉状态，这一漫长而复杂的历史文化历程，始终投影在东山，由模糊而逐渐清晰，由浅淡而逐渐浓重。

一 航道变化：鉴真东渡与万宁的文化冲动

就已知的考古资料和历史文献来看，唐代以前的万宁在海南发展的历史潮流中，只是默默无闻的一朵浪花而已。

海南的史前文明并不寂寞，已发现的现存史前文明古遗址中，洞穴遗址类型以三亚落笔洞遗址为代表，昌化江流域也多有发掘，这是旧石器晚期和新石器早期文化的代表；沙（贝）丘遗址类型，即海边先人的"生活垃圾堆"，在海南分布很广，陵水、三亚、东方、儋州、昌江、临高等地均有发现，这是新石器时代早期和中期文化的代表；山坡（台地）遗址类型则是海南先民由狉獉茹饮的穴居文化到靠海吃海的纯自然依赖型文化，发展到了比较高级的综合性的文化类型。在新石器时代晚期，人们开始离开海滨，逐渐向山坡或者台地迁移并靠近江河以便从事农耕生产，食物来源也不再以单纯地捕捞海生贝类生物为主。他们选择的山坡（台地）一般高约 8～30 米，既临河，又可躲避河水泛滥之灾，因此这类遗址多属台地、山坡类型。海南这类遗址主要分布在昌化江、南渡江、陵水河、万泉河等主要河流及支流两岸。目前，万宁境内发现的最早的史前人类活动痕迹正是这第三种——山坡（台地）遗址类型，主要集中在文昌园遗址、镜门岭遗址和白沟遗址。这些史前时期的先民，在海南，在万宁，筚路蓝缕、举步维艰，开启了南海孤岛上的第一缕文明之光，但与中国大陆的黄河流域、长江流域的文明相比，二者类型不同，发展程度的差距更大，因此，秦汉以来的中央和南方地方政权持续经营海南就成为必然。秦统一天下，藩篱南越，海南进入中央政权统辖范围；两汉两伏波将军铁甲南征，囊括琼岛；魏晋南朝经营以迄隋末，冯氏家族崛起南荒，冼夫人一统百越众峒，向化而再置崖州；这七个世纪中，征战、羁縻、弃置、移民、开发、经营，冲突、交流、融合——成为内陆与海南关系的主题。遗憾的是，在这个历史进程中，万宁其地远远没有珠崖、儋耳的名声广远，甚至连万宁、万安、万全、万州这样的语汇都没有出现历史记载中。

进入隋唐时代，大规模经略边疆带来了一系列重大变化。

秦汉和隋唐的天下形势不同，对外交往的理念和经略边疆的观念自然有所差异。秦汉王朝重在天下统一，对于边疆采取武力征服、政治存在和宣示，以及实际管理上的羁縻策略，西域也罢，南海也罢，大率如此，真正深入研究和悉心经营尚有待跟进。而隋唐要解决的不仅仅是真正结束南北朝对峙的历史格局，更要在统一天下之后，正视来自蒙古高原和西域的突厥，来自青藏高原的吐蕃，来自西亚并波及中亚的大食等强大的军事政治势力，并与之远交近攻，还要注意和来自东北亚、东南亚大大小小国家和地区势力的博弈，加强各个方面的对外交往，因此，王朝实力所及的边疆区域，就不能停留在羁縻层面，必须采取建设性的战略经营。所以，裴矩的《西域图记》、玄奘的《大唐西域记》、贾耽的《海内华夷图》《古今郡国县道四夷述》《皇华四达记》《吐蕃黄河录》等已绝非普通的地理风物志。在具体的边疆经营方面，围绕陆上丝绸之路，在西域，隋文帝置伊州，唐太宗增置西州、庭州，一如内地行政管理，再加上安西、北庭两个都护府的护卫；那么，围绕海上丝绸之路，在南海又如何呢？

隋唐的中央政府，假如仅仅停留在两汉以来的珠崖、儋耳等羁縻虚空的建置必然不行，必须深入细化；仅仅停留在武力征服剿灭和绥靖层面必然不行，必须建设经营；仅仅停留在政治或者朝贡贸易的范围必然不行，必须加强对外贸易和交流的考量。

因此，隋唐王朝经营海南进入了实质性建设阶段，从行政建置上看，最突出的是环岛东西两条线的布局、州（郡）县数目的增加和上级军政机构的领属。

有隋一代，在海南的行政建置，由一州三县增加到三郡十四县，范围基本涵盖整个海岛。唐承隋制，继续沿着这一趋势发展，但变化更复杂，我们就在海南行政建置的变化中来定位万宁之地。高祖、太宗、高宗、玄宗、肃宗、德宗年间，海南建置均有调整。这里最值得关注的是，贞观五年（631），增置万安、富云、博辽三县，属琼州。万宁之地从贞观五年起正式立县，这是个里程碑式的行政建置，这里终于结束了自古以来名不见经传的黯淡历史，迎来沧桑变化的新纪元；而接下来的变化则更意味深长。此后虽然屡有微调，但至唐末，全岛仍设立一都督府、五州及二十二县之建置格局，五州为崖州、儋州、振州、琼州、万安州；万安州依然领万安、陵水、富云、博辽四县，州治设于万安县。五州皆统于琼州都督府，先后隶属于岭南节度使、岭南东道节度使、清海军节度使。

如果我们把万安万全名称的变化和州郡名称变化搁置一边，认真考察万宁之地由县到州的变化过程，这里凸显的是，万宁之地的重要地位与上升趋势。

我们看到，唐朝在具体经营海南的进程中，大体确定了影响至今的行政建置格局，二十二县主要环岛而置，五州依区域形势各领数县，五州之上尚有都督府，协调五州军政、经营海南。从为时一百多年的汉黎相争史实来看，朝廷把具体协同五州军政的都督府从崖州调整到琼州，就是唐王朝积极应对形势变化，刻意经营海南的明证。就在这个唐王朝经营海南的总体格局中，万安州之设既是海南岛的东大门，又是借以牵制和弹压黎族的重要力量。

然而，万宁之地的意义尚不止于此。

万宁之地置县设州，不仅仅是行政建置和经营海南的结果，更有着对外贸易和航运的经济考量。

中国南海面积辽阔，海南岛及西沙、东沙、中沙和南沙诸群岛散落其中。南海连接太平洋、印度洋，海南及其海域成为亚洲东南部与中南半岛、南洋群岛、印度次大陆、阿拉伯半岛、东非及欧洲等沿岸国家海上通商往来和文化交流的必经之地，被誉为"世界第三黄金水道"。而这一海域的航道的开发，则是经历了秦汉到隋唐的重大变迁，万宁之地重要性的凸显和地位的不断提高，正是这个变迁的结果之一。

唐代杜佑在《通典》之《边防·海南序略》中总结了这段历史时期中国的南海海上交往情况：

> 海南诸国，汉时通焉，大抵在交州南及西南，居大海中洲上，相去或三五千里，远者二三万里。乘船举帆，道里不可详知。外国诸书虽言里数，又非定实也。其西与诸胡国接。元鼎中，遣伏波将军路博德开百越，置日南郡。其徼外诸国，自武帝以来皆献见。后汉桓帝时大秦、天竺皆由此道遣使贡献。及吴孙权，遣宣化从事朱应、中郎康泰使诸国，其所经及传闻，则有百数国，因立记传。晋代通中国者盖鲜。及宋、齐，至者有十余国。自梁武、隋炀，诸国使逾于前代。大唐贞观以后，声教远被，自古未通者重译而至，又多于梁隋焉。[①]

可以看出，自汉朝以来，通过南海交往的，近者有"交州南及西南"等，远者有"大秦天竺"等诸胡国，其数量或曾达到百数国，隋唐以来更是交流频繁，自古未通的远方诸国也纷至沓来、蔚为大观。根据《唐大和上东征传》所载，鉴真和尚一行在唐天宝七年（748）经行广州，看到珠江中"有婆罗门、波斯、昆仑等舶，不知其数；并载香药、珍宝，积载如山。其舶深六七丈。狮子国、大石国、骨唐国、白蛮、赤蛮等往来居（住），种类极多"。唐代诗人刘禹锡在元和年间的诗歌《南海马大夫远示著述兼酬拙诗辄著微诚再有长句》"连天浪静长鲸息，映日帆多宝舶来"，也形象地反映了这种盛况。

但这个过程背后最关键的因素是航道的改变——"广州通海夷道"成为中国南海对外交往的主渠道。

---

① （唐）杜佑撰《通典》卷188《边防四·海南序略》，王文锦等校点，中华书局，1988，第5088页。

西汉元封元年（前110），汉武帝在岭南开九郡，在海南设立珠崖、儋耳二郡，治所一东一西，分辖海南全岛，从此实现中央政权对海南岛的直接统治。此二郡与大陆隔海对峙，对其的管辖必须渡海方能行使。大量的史料及考古材料证明：西汉时期首先开通了沿中南半岛至苏门答腊岛，过马六甲海峡至印度的航路。这条航线起于徐闻、合浦口岸，过琼州海峡，沿海南岛西部海岸线"梯航"，经北部湾一直南行到越南、马来西亚、泰国，最远抵印度东南。海南岛与大陆的联系基本上是通过徐闻的航线，地方官员搭乘贸易航船抵达海南岛，实现汉帝国的治理，其治理重点设置在西部。这条海上航线的频繁往来，促进了海南西部沿岸的发展：先进的青铜及铁质工具和优良的物种被带到海南，西部的许多天然良港为船只停泊避风、补给供养提供了极大方便，同时，汉官吏源源不断乘船而来，海南进入开发新时期。20世纪五六十年代以来，在海南岛西部的临高、儋州、东方、昌江、乐东等市县陆续发现大量的汉代青铜器，其中汉代铜釜就有12件之多，铜鼓、铜铃、铜斧若干，特别是出土于海南西南部乐东县志仲镇潭培村的"朱庐执圭"银印，是汉代中央政府颁给有功的朱庐县守官的赐印，也是中央政权对海南岛，特别是对岛西地区重视的实物与见证。这些密集文物的出土，在这一时期的海南岛东部地区未曾出现。

无疑，在对外贸易和交流规模有限，船舶制造和航海技术条件尚不发达的阶段，这条起于徐闻、合浦口岸，沿海南岛西部海岸线次第向南航行的古老航道发挥了不可替代的重要作用。但是唐代以来，海上贸易蓬勃兴起，航运发达，这条航道显然无法满足现实发展的需要。

强盛的唐王朝对外交往的主渠道是途径西域的陆上丝绸之路和以南海为主的海上丝绸之路，"安史之乱"以后，吐蕃占据西域，回纥向西域大迁徙，陆上通道严重受阻，海上交通需求倍增。于是，唐王朝持续开辟海上通道，北自登、莱，南至交、广，皆可通海外。在诸航道中，以"广州通海夷道"为最长也最重要。

这条"广州通海夷道"的航行线路是：广州——珠江口——海南岛——越南东南部——马六甲海峡——孟加拉湾——印度洋——波斯湾，换乘小船，沿幼发拉底河溯流而上，可达巴格达。这条航线是十六世纪以前亚非各国海舶航行最长的航线，也是当时世界上最长的航线，改变和延伸了汉代由徐闻出海的广州海上丝绸之路，在中西交通史上占有重要地位。天宝十年（751）随安西节度使高仙芝西征的杜环，在怛罗斯（Talas）战役中被俘，在阿拉伯居留了十二年，至宝应初年（762）才从波斯湾搭乘商船返回广州，走的就是这条航线。

根据贾耽的记载，这条"广州通海夷道"的初程是这样的："广州东南海行，二百里至屯门山，乃帆风西行，二日至九州石。又南二日至象石。又西南三日行，至占不老山，山在环王国东二百里海中。"① 在这条沟通东西贸易的大通道上，出了广州沿东南航行，经屯门——为外国船只进入广州的入口，至九州石——海南东北文昌海域七洲列岛，至象石——万宁海域大洲岛，至占不老山——越南中部东海岸外的占婆岛，然后迤逦而去。从其走向上看，这条航线由海南岛东北，沿东部海岸，经今琼海、万宁、陵水至三亚近海，往西沙群岛、南沙群岛至远，呈半月形，环海南岛近海，是一条非常优化的南海传统航线。

海南虽悬处海中，又没有大型贸易港，但它扼守海上贸易孔道，为贸易海舶必经之所，特别是唐代"广州通海夷道"的开通，经由海南岛东部文昌近海，南下经万宁、陵水、三亚，向西南至西沙、南沙的贸易通道，刺激了海南的经济社会发展繁荣，带动了海南东部沿海的文昌、万宁、陵水、三亚等地相对兴旺起来，唐朝政府的注意力也由此向东、向南转移，并延伸至南海海域。

由此可见，前节所述，万安县的设立，领四县的万安州的建置，既是出于中央政府经营海南全境的考虑，更是出于加强海防、固守航道、保障对外贸易与交流的考量。万宁这一特殊地位，在唐宋直至近现代以来的南海航运与对外交流历史上，将进一步显现。

鉴真东渡，正是在这一大背景下进行的。

玄奘西行与鉴真东渡，是佛教史和中外文化交流史上的空前胜举。鉴真大师经历五次失败，第六次才成功东渡日本弘法。但五次失败的经历客观上也是随行施教的机缘。鉴真大师第五次东渡的意外海南之行，不仅重建了佛教寺庙，进行了长时间的讲经说法，也重建了海南的僧俗佛教信仰，拓展了海南的文化建设空间，尤其是给万宁东山文化带来了开启灵光的机缘。

---

① （宋）欧阳修：《新唐书》卷43下《地理志》，中华书局，1975，第1153页。

鉴真大师年少出家，在扬州大云寺修行，二十岁之后游学洛阳、长安，深入学习佛教的经律论"三藏"，尤重于律学，受到当时精通佛教戒律的著名律师道岸、弘景的悉心指导，修行精进。同时，他不囿于宗派门户，转益多师，更从高僧融济、义威、远智、慧策等请教，遂博学贯通，境界高远，成为一代宗师。

结束两京游学，鉴真大师回到扬州大明寺，兴戒坛，缮道场，建寺舍，造佛像，修塔宇，讲法诵经，写经刻石，广施医药，普济众生，不遗余力，成一方宗首，持律授戒，独秀无伦，前后授戒度人四万有余，泽及遐迩，道俗归心，江淮之间，独为化主。

其时，佛教在日本传播已二百年，受天皇敕派，日本兴福寺僧荣睿和大安寺僧普照来唐朝留学、并寻找和邀请律师赴日传授戒律，闻鉴真大师盛名，郑重邀请大师东渡传法。鉴真大师同意并发愿："为传戒律，发愿过海，遂不至日本国，本愿不遂。"

从大师发愿赴日传法到遂愿，先后东渡六次，前五次因种种原因遭遇失败。其第五次失败则给海南岛带来了莫大的佛缘。

玄宗天宝七年（748），鉴真61岁。荣睿和普照再次到扬州崇福寺拜见鉴真，希望第五次东渡。鉴真大师欣然同意，做好准备，六月出海，十月尚在海上漂泊，迷途失路的大师一行在四名海商引导下，于十一月抵达海南振州。《唐大和上东征传》载：

> 夜发，经三日，乃到振州江口泊舟。其经纪人往报郡，其别驾冯崇债遣兵四百余人来迎。引至州城，别驾来迎……即迎入宅内，设斋供养。又于大守厅内，设会授戒，仍入州大云寺安置。其寺佛殿坏废。众僧各舍衣物造佛殿，住一年造了。别驾冯崇债自备甲兵八百余人，送经四十余日，至万安州。州大首领冯若芳请住其家，三日供养。若芳每年常劫取波斯舶二三艘，取物为己货，掠人为奴婢。其奴婢居处南北三日行，东西五日行，村村相次，总是若芳奴婢之住处也。若芳会客，常用乳头香为灯烛，一烧一百余斤。其宅后苏芳木露积如山，其余财物亦称此焉。行到崖州界无贼，别驾乃回去……（崖州）游奕大使张云出迎拜谒，引入令住开元寺。官寮参省设斋，施物盈满一屋……彼州遭火，寺并被烧，和上受大使请造寺。振州别驾闻

和上造寺，即遣诸奴，各令进一椽，三日内一时将来，即构佛殿、讲堂、砖塔。椽木有余，又造释迦丈六佛像。登坛授戒，讲律度人，已毕，即别大使去。仍差澄迈县令，看送上船。三日三夜，便达雷州。[①]

可以看出，鉴真大师在海南的三个年头里，在南端的振州、东端的万安州、北端的崖州分别逗留，两次修造佛寺，三地接受供养讲经，登坛授戒，随行布施，德化众生，从庙宇、造像、授戒、讲律、传经、弘法等不同层面重建了大半个海南岛的僧俗的佛教信仰根基，振州、万安州和崖州尤其受益。真是功德无量！

根据上述记载，鉴真大师在万安州冯若芳家中接受供养，是否赴东山讲经说法，并无明确记载。但是，就在这个时空当口，万宁的文化渴望和冲动迅速膨胀并爆发。当振州与崖州的寺庙在历史的烟尘中逐渐颓圮远去，万宁的民间却流行起鉴真大师在东山讲经三天的传说，再加上唐代开山僧人雷真海在东山设寺修道的传说，于是演绎并增益如下：当时群众为纪念鉴真大师在东山讲经，兴建一座"真武殿"。北宋年间，僧人进行维修，改名为"灵照堂"，堂内正中设有大雄宝殿，殿上供奉如来佛，左右两旁立十八罗汉，殿前供奉有弥勒佛。当时，寺的主持人为岳定法师。堂属田地有千余亩，由岳定法师掌管。明朝，僧人根据东山岭的特点，将"灵照堂"改名"海潮寺"。清代佛教兴盛，寺中法师夏仲英四出募捐筹款，重修"海潮寺"，又改名为"潮音寺"。寺中有夏仲英法师题词的条幅："潮自云天起，音从海外来。"清康熙年间，无飞方丈（文昌县人）在古寺里设坛传经讲道，听经信徒达300多人。后由和尚叶宗祥（儋县人）主持，民国34年（1945）他离开东岭"潮音寺"回儋县。今"潮音寺"旧址尚有完整方丈洞，洞中保存清方丈二十五世、二十六世的碑坊。[②]

这一系列后世举措与传说，和东山岭特殊的地貌形胜相结合，逐渐确立并积淀了东山岭文化的早期民间记忆，为后代进一步建设和丰富东山文化奠定了厚重的精神和情感基础，从宋朝开始，历朝历代在东山开道、建庙、刻石，以不同方式回应和继续建构着东山文化。从这个意义上讲，鉴

① （日）真人开元著，汪向荣校注《唐大和上东征传》，中华书局，1979，第67～69页。
② 《海南省志》第3卷《宗教志》第2章"佛教"第2节"寺庵"，南海出版公司，1994，第455～456页。

真东渡开启了东山文化的灵光，堪称发轫之举。

二　官员流贬：李纲赴琼与万宁的文化响应

涤荡五代，一统赵宋。宋王朝对海南展开全面经营，通过行政建置和移民驻军明显加强了对地方的有效控制与管理，通过多次汉黎冲突和"经制黎蛮"的专项踏勘调研以及设置"三十六峒都统领"等措施，在抚黎治黎方面取得进展，在此期间，虽然万宁反复经历过州、军、县的建置调整，但也日益发展为琼岛东部重要的税收来源地区和抚黎治黎的前沿。

由于新旧党争倾轧和主战、主和两派斗争等主要原因，朝廷官员被贬谪八荒四裔，其中固然有少数罪有应得的佞幸小人，但大多数是正直刚毅才能卓越的昂藏君子，宋代贬谪到海南的官员，大都是当时政治文化领域"重量级"的人物。如北宋时被贬到海南的卢多逊是兵部尚书，丁谓是司徒，苏轼则是名满天下的大文豪；而南宋被贬谪到海南的"四名臣"李纲、胡铨、赵鼎、胡铨也都是宰相级别。这些官员贬谪海南，给海南带来又一缕文明的曙光。正如海口五公祠海南第一楼对联所言，这些唐宋贬谪官员和文人"只知有国，不知有身，任凭千般折磨，益坚其志，先其所忧，后其所乐，但愿群才奋起，莫负斯楼"，所以他们给海南带来了乾坤正气与文治教化："唐嗟未造，宋恨偏安，天地几人才置诸海外；道契前贤，教兴后学，乾坤有正气在此楼中。"[①]

宋代海南诸军州县中，受此泽被深远绵长者莫过于苏轼之于儋州、李纲之于万宁。众所周知，苏轼在儋州三个年头，是真实的历史事实，其功绩怎么描绘都不夸张；但李纲之于万宁，则有些微妙——但恰恰是这微妙之处，体现着万宁急切而强烈的文化响应心态。

李纲（1083~1140），北宋末、南宋初抗金名臣，字伯纪，号梁溪先生，祖籍福建邵武，祖父一代迁居江苏无锡。宋徽宗政和二年（1112）进士，历官至太常少卿。宋钦宗时，授兵部侍郎、尚书右丞。靖康元年（1126）金兵入侵汴京时，任京城四壁守御使，团结军民，击退金兵。但不久即被投降派所排斥。宋高宗即位初，一度起用为相，曾力图革新内

---

① 海口市五公祠，海南第一楼楹联。

政，仅七十七天即遭罢免。绍兴二年（1132），复起用为湖南宣抚使兼知潭州，不久，又罢官。多次上疏，陈诉抗金大计，均未被采纳。绍兴十年（1140）正月十五，病逝，赠少师。淳熙十六年（1189），特赠陇西郡开国公，谥忠定。朱熹曾如此评价："李忠定公虽以谗间窜斥，濒九死，而爱君忧国之志，终不可得而夺，亦可谓一世之伟人矣！"①

李纲任宰相仅七十五天，就被驱逐出朝，不久贬鄂州（今湖北武汉）居住。在建炎二年（1128）十一月辛巳，李纲谪授单州团练副使、万安军（今海南万宁）安置。绍兴元年（1131），宋高宗再次起用李纲，官复资政殿大学士，并先后被任命为湖广宣抚使兼知潭州（今湖南长沙）、江西南路安抚制置大使兼知洪州（今江西南昌）知府等职。

从建炎二年（1128）到绍兴元年（1131）的四个年头里，文武双全的李纲艰难辗转抵达海南，又匆匆被赦免、起复，一路上留下了丰富而详尽的诗文记录，其详尽程度仅次于苏轼。因此，我们几乎可以将李纲的这些诗文当作其行程日记来读。

李纲在建炎二年（1128）被流贬海南万安军，他和儿子李宗之由中原至西江，沿西江南下至德庆，再至雷州、徐闻，历经艰难渡海到达琼州。在渡海到琼州之前，李纲因为海南"地方不靖"，滞留雷州将近一年，著有《论语详说》十卷、《易传内篇》十卷、《外篇》十二卷等。

李纲是怀着忐忑不安的心情和为对未来生活的猜测一步步走向海南的。

他在《谪居南海五首》中以"功似赞皇犹远涉"自比李德裕，也以"苏子曾为海上仙"的苏轼自况，其五明确写道："赋诗曾送谪仙人，垂老翻游到海滨。梦幻去来何日了，且将病眼看嶙峋。"② 句句自怜身世。

在《献花铺次壁间韵》序中说："献花铺，唐相李德裕谪海南道此，有山女献花，因以名之，次壁间韵。"③ 再次自比李德裕。

在《暮春雨中有感二首》其一中感叹风物差异："雨细梅黄荔子丹，殊方风物异江山。"④ 在《荔枝五首》中写道："海山仙子绛罗襦，雾縠中

① （宋）朱熹、吕祖谦纂，张京华辑校《近思录集释》，岳麓书社，2010，第988页。
② 《李纲全集》，王瑞明点校，岳麓出版社，2004，第303页。
③ 《李纲全集》，王瑞明点校，第307页。
④ 《李纲全集》，王瑞明点校，第309页。

单白玉肤。知我远来相劳苦，故驰先使迓中途。""自知疏拙蒙恩重，犹得南来食荔枝。"① 借风物之差异，表达心头的酸楚零落之感。

在《得梁溪书致诸弟二首》中写道："一纸书来抵万金，慰我万里念家心。"② 在《端午日次郁林州》中写道："久谪沅湘习楚风，灵均千载此心同。岂知角黍萦丝日，却堕蛮烟瘴雨中。榕树间关鹦鹉语，藤盘磊砢荔枝红。殊方令节多凄感，家在东吴东复东。"③ 随着行程越来越南移，心中感受越来越复杂，对家乡的思念也越来越深重。

终于，在《次雷州》中，李纲意识到海南岛就要到了，莫测的万安就在前方了！他写道："《华夷》图上看雷州，万里孤城据海陬。萍迹漂流遽如许，《骚辞》拟赋《畔劳愁》。沧溟浩荡烟云晓，鼓角凄悲风露秋。莫笑炎荒地遐僻，万安更在海南头。"④

在雷州，惊魂惴惴的李纲一方面好奇地记录南国的风物，他在《九日怀梁溪诸季二首》序中道："九日与宗之对酌，怀梁溪诸季，时菊花犹未结蕊，于药囊中得茱萸泛酒，有馈山果海鲜者，多素所不识，赋诗见意二首。"其一曰："此身漂泊旅天涯，九日凄然客念家。且把红蠘尝紫蟹，何须白发对黄花。药囊赖有茱萸实，茶铫频烦薄荷芽。山果海鲜多不识，却须传于北人夸。"另一方面，他又自叹命运的凄凉悲苦：《九日怀梁溪诸季二首》其二曰："父子相随万里余，穷途端欲哭杨朱。三年客里逢佳节，九日樽前念友于。海上及秋吟蟋蟀，鬓边何日插茱萸。我身老矣谋身拙，叹息乾坤一腐儒。"⑤《冬至》曰："殊方又复一阳芽，荏苒流年叹物华。土薄葭灰难测候，气温桃树已开花。云鸿不到音书短，鲸海无程道里赊。赖有清心为活计，不须烂醉作生涯。"⑥

即将过海赴琼时，却又为官军破黎的军事行动所阻小留，《闻官军破黎贼作两绝》序曰："海南黎人作过，据临皋县，惊劫旁近。因小留海康，十一月望，闻官军破贼，二十日戒行，戏作两绝句。"其一云："海上群黎亦弄兵，征车数月旅山城。稽留谪命竟惶甚，正坐绯巾惩沸羹。"其二云：

---

① 《李纲全集》，王瑞明点校，第 310 页。
② 《李纲全集》，王瑞明点校，第 311 页。
③ 《李纲全集》，王瑞明点校，第 313 页。
④ 《李纲全集》，王瑞明点校，第 315 页。
⑤ 《李纲全集》，王瑞明点校，第 316 页。
⑥ 《李纲全集》，王瑞明点校，第 317 页。

"沉沉碧海绝津涯，一叶凌波亦快哉！假使黑风飘荡去，不妨乘兴访
蓬莱。"①

终于要准备渡海了，按照风俗惯例和李纲的行事风格，在地角场祭祀
伏波将军以祈求平安渡过琼州海峡是必然的。但因为李纲疮疡在身，莫敢
唐突神灵，故遣一路伴随他的儿子宗之代为摄祭。其《祭伏波庙文》云：

> 年月日，具位李某。谨遣男宗之，以牲酒香币之奠，致享于忠显
> 佑顺王之神。惟神功施一方，血食千载，英爽如在，人赖庇庥。而某
> 负罪明时，远谪绝岛，假道鲸海，实仰威灵。属苦疮疡，阻造祠下，
> 聊致薄礼，神其鉴之。尚飨。②

祭祀了神祇，卜算了行程，是年十一月二十五日夜顺利渡海，次日平
旦抵琼。李纲在《次地角场俾宗之摄祭伏波庙》序中简单记录了全过程：
"次地角场，以疮疡不果谒伏波庙，俾宗之摄祭，期以二十五日渡海，一
卜即吉，夜半乘潮解桴，星月灿然，风便波平，诘旦已达琼管。东坡所谓
'斯游奇绝冠平生'，非虚语也，作二诗纪之。"③

而《次地角场俾宗之摄祭伏波庙》两首则各有侧重：其一，表达了对
两伏波将军的敬重和对自己孤忠的坚信："威信昭然汉两公，旧于青史揖
英风。戈舡下濑勋猷壮，马革裹尸心胆雄。顾我迂疏成远谪，赖神正直鉴
孤忠。病躯阻造祠庭下，幽显虽殊此意同。"其二，则表示自己将成为苏
东坡之后唯一的奇绝斯游之人："夜半乘潮云海中，伏波肯借一帆风。满
天星月光铓碎，匝海波涛气象雄。大舶凭陵正渺渺，存心感格在精忠。老
坡去后何人继？奇绝斯游只我同。"④

历史有惊人的相似之处，过海之前在地角场祭祀伏波庙，苏轼因为病
痔，无法躬亲，遣子苏过摄祭，而李纲则由于疮疡，遣子宗之摄祭；平安
过海后，李纲更是以苏轼作为自己贬谪海南的精神支柱和效法对象，专门
做《次东坡韵二首》以寄情怀："地角潮来未五更，阴云解驳作霜晴。星
河明润天容晬，风浪喧豗海气清。粗见鲲鹏潜化理，岂无犬马恋轩声。远

---

① 《李纲全集》，王瑞明点校，第317页。
② 《李纲全集》，王瑞明点校，第1515页。
③ 《李纲全集》，王瑞明点校，第318页。
④ 《李纲全集》，王瑞明点校，第318页。

游不作乘桴计，虚号男儿过此生。""海上传呼夜报更，舟师欢喜得新晴。风帆掣浪去时急，海月笼云分外清。天影合中观妙色，潮波回处悟圆声。从来渤海为全体，试问一沤何处生?"① 在李纲的心中，早于他贬谪儋州的苏轼在琼岛的西海岸留下了翰墨文脉，开启了绵绵若存的文教之功，而自己则要在琼岛的东海岸万宁，效法东坡，重开文化新篇章。

理想归理想，现实却是冷硬的，初来乍到的李纲在《南渡次琼管二首》序中记录他了解到的此地异样的民风，和令人咋舌的万安民生交通情况：

> 南渡次琼管，江山风物，与海北不殊。民居皆在槟榔木间，黎人出市交易，蛮衣椎髻，语音兜离，不可晓也。因询万安，云相去犹五百里，僻陋尤甚。黄茅中二百余家，资生之具，一切无有。道由生黎山洞，往往剽劫行者。必自文昌县泛海，得便风三日可达。艰难至此，不无慨然。赋此纪风土、志怀抱也。②

接着在本诗其一中详细描述了海南岛概况：

> 巨舶浮于海，长飚送短蓬。夜潮和月白，晓日跳波红。云影摇修浪，澜光接远空。喜过三合流，愁远冠头峰。雷化迷天际，琼儋入望中。地遥横一线，山露点群鸿。偶脱鲸鲵患，尤欣气俗同。川原惊老眼，稚耋看衰翁。蛮市虾鱼合，宾居栋宇雄。人烟未寥落，竹树自葱茏。碧暗槟榔叶，香移薄荷丛。金花翔孔翠，彩幕问黎童。南极冬犹暖，中原信不通。管宁虽迹远，阮籍已途穷。鸿洞沧波里，苍茫返照东。客愁浑不寝，鼓角五更风。③

在本诗其二中记录了他所了解到的万安的资讯：

> 四郡环黎母，穷愁最万安。峒氓能悯寇，泷吏岂欺韩?草屋藜篁里，孤城瘴海端。民居才百数，道里尚艰难。径陆忧生蜇，乘风畏怒澜。飓风能破胆，疠气必摧肝。去死垂垂近，资生物物殚。舶来方得

---

① 《李纲全集》，王瑞明点校，第318页。
② 《李纲全集》，王瑞明点校，第319页。
③ 《李纲全集》，王瑞明点校，第319页。

米，牢醴或无餐。树芋充嘉馔，虡赢荐浅盘。荙荙藤茶更苦，淡水酒仍酸。黎户花缦服，儒生椰子冠。槟榔资一醉，吉贝不知寒。何必从詹尹？无因咏《考槃》。失图嗟罪大，得此荷恩宽。顾影同三友，空谈不二观。中州杳何在？犹共月团圞。①

在《槟榔》诗中，他写道："疏林沧海上，结实已累累。烟湿頽虯卵，风摇翠羽旗。飞翔金鸶鹭，掩映箨龙儿。濩落哈椰子，匀圆诃荔枝。当茶销瘴速，如酒醉人迟。荙叶偏相称，赢灰亦漫为。乍餐愧颜渥，频嚼齿愁疲。饮啄随风土，端忧化岛夷。"② 看来，李纲下定决心，要入乡随俗，一饮一啄地融入海南、融入即将安置自己的万安了。

不仅如此，戴罪之身的李纲俨然以海南新主人的身份纠正地名的"错误"了——他认为，当地人所谓的"语海"应该叫"云海"，并专门写了《郡城北曰语海余易之曰云海二首》以志之。其序云："郡城南曰琼台，北曰语海，余易之为云海。登眺而感二绝句。"其诗曰："孤城南面敞琼台，千里川原指顾开。试向绿云深处望，海山浮动见蓬莱。""古来云海浩茫茫，北望凄然欲断肠。不得中州近消息，六龙何处驻东皇？"③

刚刚写完"不得中州近消息"，正打算赶赴万安呢！中州的消息来了——贬谪解除，恩许自便，此后还有更多的拔擢任命的消息。

命运与李纲开了个大大的玩笑，也把万宁推到了一个尴尬的境地。

情境变了，万宁不去了，李纲盼着回家了。他在《次琼管后三日奉德音自便二首》序中写道："次琼管后三日，忽奉德音，恩许自便，感涕之余，赋诗见志。"诗中则表达了北归的急切愿望："此身漂堕到沧溟，谁谓君王念贾生？黄纸再蒙题姓氏，丹书特为削刑名。山林老去何其幸？萍梗追思却自惊。天地恩宽能报德，试从今日数归程。""行年旧说是东坡，鲸海于今亦再过。儋耳三年时已久，琼山十日幸尤多。却收老眼来观国，尚冀中原早戢戈。病废不堪当世用，感恩惟有涕滂沱。"④

李纲当下占卜归期，十二月六日，吉。果然！李纲平安北渡并写下

---

① 《李纲全集》，王瑞明点校，第 319 页。
② 《李纲全集》，王瑞明点校，第 319～320 页。
③ 《李纲全集》，王瑞明点校，第 320 页。
④ 《李纲全集》，王瑞明点校，第 320 页。

《北归昼渡成五绝句》，序曰："北归昼渡海，风便波平，尤觉奇绝，成五绝句。"诗曰：

> 澄波不动琉璃滑，一望应须万里余。
> 舟行冲激浪花碎，如驭白云游碧虚。
>
> 去得南风来北风，神灵只在指呼中。
> 老坡有语旧曾记，信吾人厄非天穷。
>
> 来时风浪夜喧惊，归去潮波枕席平。
> 非是波神有分别，故教清昼看寰瀛。
>
> 纤云四卷日方中，海色天光上下同。
> 身在琉璃光合里，碧空涵水水涵空。
>
> 平生奔走畏江湖，暮齿来乘海上桴。
> 自哂井蛙真见小，望洋向若一卢胡。①

李纲在这组诗其二中犹然感叹："老坡有语旧曾记，信吾人厄非天穷。"念念不忘苏轼的李纲，北归大陆，来到地角场，面对伏波庙，践行了自己要镌刻苏轼《汉伏波将军庙碑》的许诺，并把这次海南之行程在碑阴记中略作表述，这就是我们见到的李纲《武威庙碑阴记》：

> 故翰林学士承旨苏公谪儋耳，既北归，作《汉伏波将军庙碑》，言两伏波皆有功于岭表，庙食海上，为往来济者指南。辞意瑰伟。自作碑造今，凡三十年，未克建立，盖阙典也。余以罪谪万安，行次海滨，疾作，不果谒祠下，遣子宗之摄祭。病卧馆中，默祷于神，异时傥得生还，往反无虞，当书苏公所作碑，刻石庙中，使人有所观考，以答神贶。时建炎三年十一月二十有五日。既得吉卜，夜半乘潮南渡，诘旦次琼管，恬无惊忧。后三日，祇奉德音，特恩听还。夜疾良愈，躬祷行宫，卜以十二月五日己卯北渡，不吉；再卜六日庚辰，吉。己卯之昼，风霾大作，庚辰乃息。日中潮来，风便波平，举帆行

---

① 《李纲全集》，王瑞明点校，第320～321页。

船，安如枕席，海色天容，轩豁呈露，不一时已达北岸，乃知神之威灵，肸蚃昭著若此。苏公之言，信不诬也。次雷阳，书碑施金，委郡守董侯总其事，大书深刻，垂之无穷。且叙所以蒙神之麻者，志于碑阴，式告观者。正庙新息马侯也，初封忠显王，宣和中，加佑顺号；别庙郙离路侯也，宣和中，进封忠烈王。皆在苏公作碑之后，故并记于此。岁次己酉季冬十二日，武阳李某记。①

如流水账似的李纲海南之行的"自叙传"——这一段甚至在《宋史》的李纲本传中都未曾提及。我们发现，李纲于建炎三年十一月二十有五日渡海赴琼；后三日，祗奉德音，特恩听还；十二月六日，渡海北归。在海南如此短暂的十天里，在当时的交通条件下，李纲往返一次万安的可能性实在太小——更何况一路上用笔甚勤的李纲对万安没有只言片语的记录。而民间，则一直流传着另一个版本的"东山再起"的说法。

稍有文史常识的人都知道，"东山再起"的主人公是东晋谢安，当年隐居的是会稽东山。谢安少年既有名声，朝廷屡次征辟，皆不就，隐居于会稽东山；年逾四十复出为桓温司马，累迁中书、司徒等要职，晋室赖以转危为安。②

这些与宋代的海南万宁东山无涉，亦与李纲无关。而民间传说则是这样的：相传李纲被贬后心灰意冷，在到达贬所登上东山之后，求潮音寺方丈剃度出家，但是方丈委婉拒绝了他，并预言他不久便有再被起用的机会，果然几天之后李纲就被朝廷赦免，不久又被朝廷重用。因此"东山再起"这个成语便和李纲有着密切关系。

然而，时至今日，东山岭的半山腰仍然耸立着李纲的塑像，而潮音寺里也供奉着李纲的牌位。在万宁人和无数游客的口传中，李纲的"东山再起"倒是比谢安的版本影响更大。

对于这种现象，与其从历史考证的角度讨论是历史事实还是牵强附会，不如从文化传播角度探讨李纲这种"缺席的在场"何以可能。事实上，这是历史上的万宁积极进行文化响应的一种表现。今人评述万宁人性格所谓的"强项"、"执拗"、"宁折不弯"，是否有一些李纲的影子呢？

① 《李纲全集》，王瑞明点校，第1282页。
② （唐）房玄龄等撰《晋书》卷79《谢安传》，中华书局，1974，第2072～2076。

有宋一代，流贬海南的文人很多，但影响最大者莫过于苏轼和李纲。谪居三年的苏轼从最初在儋州的具象化存在衍化为泽及全岛的精神领袖般的意象化存在，李纲因"万安军安置"之名引发的这短短十天的海南之行，则恰恰激起了万宁的文化响应。在李纲之后，也还有抗金主战派从政郎杨炜、岳飞部下参议官于鹏等忠义之士被贬谪安置在万安军，但李纲始终作为一种意象化存在被万宁人视为自己的财富和骄傲。从这个意义上讲，无论李纲是否到过万宁已不重要，反正朝廷的诏书已经把李纲贬谪到万宁了，反正李纲的忠义刚正的精神和灵魂已经留在万宁了。而李纲版的"东山再起"，则是万宁这种积极而自觉的文化响应最合适的表达方式。深究一下，谢安版的"东山再起"更多地为后人称道的是其名士加政治家的风度，李纲版的"东山再起"则更具有国家民族生死存亡之际自强不息的积极意义——如果再结合南宋至元大量内地大族和民众移民海南岛而形成的文化心理基础考量，人民更愿意相信和接受这个李纲版的"东山再起"。

数百年前，鉴真东渡开启了东山文化的信仰层面的灵光；而李纲和"东山再起"文化现象的出现，则赋予了东山文化在精神气质方面的忠义刚正、弘毅艰卓等内涵，而这种儒家气息浓郁的精神气质正呼应着万安城内的重大变化。

宋代的万宁，朝廷在建置、驻军、税收、治黎等方面的有效管理已十分明显。万宁的地方官中，以汤鸢、赵绛、刘椿、陈中孚等为代表，内修文治教化，外能抚黎治黎，促进了万宁的建设与发展。这个时期，万宁始建儒学、建书院，出现了第一考上进士的举人钟洽……

最能反映宋朝万宁地方官文治武功德业勋绩的恐怕是万安军金判陈德裕为弘扬知军刘椿德政所撰写并镌刻在东山石碑上的这篇《黎顺亭记略》：

> 公西山芳裔，我朝名将子也。琼黎侵陷临高、澄迈，占据昌化。公领兵深入不毛，不一月而有犁庭扫穴之举。王朝剡奏，我公出守万安。吁！万安为郡，僻在天涯。买扶诸峒梗化数百年，闻风拜命，相率至琼，投降纳款。逮公莅治，大小峒穴竟出，公参随土贡，宜乐输王利。我公以时减租宽役，劝勉农桑。遂令天生碑石，耸然显于东山华封岩之西。万口欣传此石诚不偶出，虽镇安隐雾之石，何足伟哉？古人有曰：磨崖岩歌石鼓，勒燕然浯溪，以垂万古之功。矧我万有是

贤守，有是碑石，敢不追古人之遗意乎？郡之生民感公之德深，乃建黎顺亭，刻天然之碑，作不朽之传云。①

从这个角度看，宋代万宁因李纲而激发的文化响应已经在士大夫的德政懿行中得到回应，更有意味的是，当万宁地方民众以碑刻形式纪念这些忠义刚正的官员时，他们依然选择了东山。我们看到，东山岭上积淀的不仅仅是鉴真和尚带来的宗教信仰，也不仅仅是名臣李纲带来的精神气质，更有万宁地方官员和民众更为具体沉实的功业和作为。

三　时代震荡：大族落籍与万宁的文化建设

元朝是海南民族关系剧烈震荡和文治教化整合趋同的一个重要历史转折时期，也是万宁地方在文化冲动、文化响应之后愈加自觉的文化建设时期。

宋元之际，天下大乱，大批内陆和沿海的家族为躲避战乱举族而迁，来到海南，新旧移民和新旧朝代的矛盾纠葛在一起；元王朝以前所未有的规模和深入程度在海南展开了治黎抚黎的军事、政治行动，民族矛盾和阶级矛盾交织在一起；在错综复杂而剧烈多变的社会震荡形势下，海南尤其是万宁，却涌动着一脉强大的儒学风潮，虽然无法与明清之际所谓"海滨邹鲁"的盛况相媲美，但也来势强劲、后续绵绵，呈现为乱世中难得的文治教化局面。而这一局面，又和东山文化隐隐相通。

万宁地方，在元仍为万安军，行政长官称达鲁花赤，如同宋代的知军。元代的万宁知军多有德政，青史留名。如前所言，大规模移民和治黎，使得在籍人口激增，关系民生的水利建设成为当务之急。大德二年（1298），知军贺贾启动踢容溪（即太阳河）下游疏导工程。因经费紧张，德操高尚、入元不仕的县人高田村吴显昌捐田取义，万宁地方以此招募民夫开挖踢容洪道引水东流。自洪口至小海，全长13里，设陂坝13座，水轮车坝32座，挖沟18条，沟宽5尺左右，灌溉遍及县城东南各个大小田洋共一万余亩，极大地造福黎民百姓。

----

① （清）胡端书总修《道光万州志》，海南出版社，2004，第454页。

庶矣，富之；既富之，又何加焉？教之。天历年间，万安军参政王仕熙《学田记》详细记录知军杨汉杰等官员复兴儒学弘扬教化的盛举：

> 古者，井天下之田，而党术庠序于其中，是民与教未始一日杂也。自井田废，而庠序亦不能复古。学者有困馁之忧，耕者无道义之资。世风日降，盖有由也。今天下学田，大江之南为多，皆有司长官视其出入，以供祭祀释奠、廪生员及经师之教导儒学者、耆儒之谒朔望者，是亦古之遗意焉耳。万安，南海属郡，距京师万余里。而先圣之庙，衮服焕然，庑序翼然，学宫子弟济济如也。学有田，始于宋。惟其杂于民田，故岁月既久，以硗易腴，以简侵繁，疆素而亩削。有司不暇诘，学官不能复也。上宪深察其弊，申明稽考。知军事杨汉杰始令学正池凤鸣考其基界、簿籍，寓万宁军学刘复初陇阅而亩数之。杨君迁去，而同知军事薛德辉、判官鲜善政益用力焉，使豪者不得事其力，诈者不能尽其辞。于是田复于旧，笾豆秩秩于堂庑，弦诵洋洋于斋舍矣。万虽僻在遐荒，凡齿于编氓，服田待岁，孰不知输赋税，效奔走，以给公上乎？孰不知少者勤作长者有养乎？是知所尊亲矣。夫尊尊、亲亲，纲常之大也。立纲常之道，极尊亲之义，使民遵之于日用常行之间，扶圣教于万世，遐荒之外，巍巍大哉！忘其所养，怠其所学，是岂国家建学立官之意也哉？今上宪名臣与万贤有司，作学于上。学官勉恪厥事，至他军学官亦喜而报力焉。田既复矣，碑既勒矣，凡军之人尚相率以尊亲，而攻其怠侮者焉。教子是其行乎！①

这番"先圣之庙，衮服焕然，庑序翼然，学宫子弟济济如"的场面，这"尊尊、亲亲"的伦理仪范，这"立纲常之道，极尊亲之义，使民遵之于日用常行之间，扶圣教于万世"的盛举，的确是"遐荒之外，巍巍大哉！"而这一切，都是历任万宁地方长官自觉建设的结果。这篇文章中提及的杨汉杰、刘复初、池凤鸣、薛德辉、鲜善政等人和作者王仕熙，都是万宁方志中被嘉许称道的人物。

其中，杨汉杰、刘复初、王仕熙、贬官邱世杰以及回鹘人知军大都等特别值得关注。

———————————

① （清）胡端书总修《道光万州志》，第150页。

　　杨汉杰，字子英，蜀人。早于杨汉杰知万安军之前的延祐三年（1316），同知董敏就为万安州学铸铜祭器，绘两庑从祀像，并筑登云桥引溪水为泮池。杨汉杰在泰定年间，任万安军达鲁花赤，重修军治；并为州学建书楼，购一批经史书册置其上；天历初年，又清学田，建艾索桥。卓有政声，士民咸服。至元年间，以廉能著称的知军孙实，又为州学重修大成殿。这些意义深远的建设性的善举，在这样动荡的时代、这样偏远的地方是多么难能可贵！

　　邱世杰，侍御史，天历元年（1328），被谪万安军，后获赦召还复用。邱世杰在万宁期间，在城北仙河溪侧建鲁望亭并作诗纪之，诗曰：

> 我作江亭若鲁亭，明霞夕照海天清。
> 风吹云去山如画，月上窗来酒未醒。
> 白鹤帐中空怅望，彩鸾镜里失娉婷。
> 新居说有莲花岛，更看鸳鸯占暖汀。①

　　邱氏还题刻了东山的"有本泉"。"有本泉"，位于东山岭西麓，"蓬莱香窟"泉水下游，是东山岭之较大清泉。清澈凛冽，永不枯竭。时刘复初为万宁军学宫坡院山长，邱世杰与其同游此处，题刻"有本泉"三字，明清时期，也有很多名人骚客到此，题刻诗文、辞赋。至正年间，刘复初从小南山大溪之前引水，东北至保定村，经永宁堂会大溪入于海，称衍丰渠。永宁堂上有石刻字，述导水之由，也是由世杰题写的。

　　与邱世杰交往甚厚的还有《学田记》作者、万安参政王仕熙。王仕熙多次写诗记录二人同游，如《偕邱侍御登城楼》一诗曰：

> 万州城下草连空，茅舍萧条雾雨中。
> 旷野浮云如塞北，小舟横港近山东。
> 潮声夜撼天池月，花气晴薰岭树风。
> 为问闲来衣绣客，几年尘土又飞红？②

　　王仕熙在《别邱侍御》中写道：

---

① （清）李琰纂修《康熙万州志》，第188页。
② （清）李琰纂修《康熙万州志》，第187页。

汶河泗上共为邻，嬉戏论文语话真。

凤沼君曾同胜赏，乌台我亦继芳尘。

家山南北荒松菊，海岛东西作主宾。

更上高楼一杯酒，白鸥万里孰能驯？①

二诗可见二人交情绵长深厚，过往甚密。

诗才斐然的王仕熙尚流传一首《灵照堂》：

上方钟鼓下方闻，山迥林深绝世纷。

锡杖月移青竹影，婆娑风动素烟文。

留连永日茶偏美，倾倒清泉酒未醺。

堪叹从来尘土迹，短衣瘦马又黄昏。②

这灵照堂，正是东山岭上的地标，其"前身"是唐代的真武殿，"后世"是明代的"海潮寺"、清代的"潮音寺"。

值得一提的还有万安知军回鹘人大都，在大都之前，尚有回鹘人忽鲁都沙、勃兰溪等先后担任此职。大都，至正丁亥年（1347），由国子博士出任万安知军。有德政，重文教，尝遣人去杭州求鲁司寇像并祭器、书籍，又重建军治、署宇，重修杨汉杰所建之艾索桥。更有意味的是，才学博富的大都也钟爱东山，曾在游览东山时留下墨迹，现存两部清代《万州志》都记载，东山"有石笋，高三丈许，元监大都刻'攀凤'二字"。这恐怕是于史可查的万安地方官在东山题刻的始作俑者，此风一开，明清踵武者无数。

与宋代关于万安地方官模糊的记载"有德政"、"黎众服"等表达不同，上述元代万宁地方的行政长官——无论哪个民族，都在经济民生的同时，自觉致力于文治教化的建设。这种强烈的倡导儒学的风气和做法，已远远不同于宋代李纲对万宁文化在精神气质方面的影响，而是扎扎实实地向前走了一大步——通过完备的州学、书院等文教机构深入而系统地进行儒家思想的普及和教育，其标志性的结果就是在科举制度遭到重创的元代，至元年间万安军后安镇曲冲村的文巨川赴广东省考中解元。文巨川正

---

① （清）李琰纂修《康熙万州志》第 188 页。

② （清）李琰纂修《康熙万州志》，第 188 页。

是宋元之际渡海过琼落籍万宁的文氏家族的后代。

万宁后安文氏家族，是南宋民族英雄文天祥的从弟、过琼始祖文天瑞的后裔。文天瑞出身于"文章节义之邦"的江西吉安卢陵地区书香门第家庭，自小接受儒学的教育和熏陶，饱读诗书，文武双全，重田园，不图功名，是当时同堂兄弟五人之中唯一不参加科考、不出仕者。时宋祚颓衰，身为左丞相的文天祥举兵抗元，兵败被掳，随从兄文天祥胞弟文天璧居广东惠州的文天瑞恐受株连，渡海来琼，先居文田，后迁曲冲。据文氏族谱记载，过琼居万州曲冲村后，坚持诗书垂训，义方教子，以文天祥的浩然正气、道德文章为基础，在古万州传播中原文化。

文天瑞定居万宁后，生文举、文焕、文炳、文炜四位儿子。至正五年（1345），文炜的第四代孙文巨川赴广东省考中解元，成为古万州七百年科考史上的第三位举人，成为文天瑞公居琼后第一位有"功名"者。到明代文廷伟第二个中举，为古万州科考史上第三十五名举人，文氏家族中考中秀才、廪生、贡生的人数也一年比一多，一代比一代多。直至清朝乾隆年间，家族中的贡生、庠生人数突破了百人，文氏裔孙才联合各支宗亲给天瑞公树碑，因为先祖文天瑞有遗嘱：文门子弟，将来读书人不到 100 人，不得给他树立墓碑。①

文氏家族是宋元之际渡海过琼的内地和沿海众多大家族之一，是崇尚儒风的耕读世家的代表。类似文氏家族这样的迁琼家族是元代万宁地方人口的主要来源和重要基础，正是这样的人口基础、正是"读书人不满百不立碑"的文化自觉意识，与杨汉杰、大都们这些万安知军的文教倡导与建设相呼应，才形成乱世中强劲的儒学风潮。包括万宁在内的海南的开发建设远远落后于大陆，一切都显得迟滞，元代万宁的这种强劲儒学风潮，在一定程度上也可以视作大陆内地宋代儒学复兴大潮在琼岛的后续与再现，不过，就万宁地方而言，不是复兴，而是初兴罢了。

整个元代，万宁地方这种自觉的文化建设，或多或少地投影到东山，这投影，已不仅仅是整体的东山印象，而是具体可感的一石、一木、一泉、一堂，比如邱世杰在东山题刻"有本泉"，王仕熙在东山歌咏灵照堂，

---

① 《曲冲村：700 多年的文化古村》，《南岛晚报》2014 年 4 月 1 日第 5 版；《裔孙不贤不立碑》，《海南日报》2014 年 8 月 4 日 B5 版。

大都在东山石笋上题刻"攀凤"。

四　修德讲学、刻石修志与万宁的文化张扬

明清两朝的海南，历时已久的疏离大陆之感渐渐淡去，除了琼州海峡的自然阻隔外，政治、民生、教育、文化等诸方面已然基本浑同于大陆。宋元以来的新旧移民和不同民族的交流融合逐渐趋于稳定。在来自大陆的儒家文化的主导下，以汉族为主的多民族共同发展，海南之地文教勃兴、人才辈出，终于走出了历代文人士大夫流放之地的阴影，开始向大陆和朝廷输送一批又一批治国理政的栋梁之材。海南真正发展成了"海滨邹鲁"。这方面的论著已经很丰富，兹不赘述。

值得关注的是关系万宁和海南发展的三个标志性问题——海防、交通、科举。

一是海防。明清以来的国际关系较量和制衡过程中，海权已逐渐成为权重系数越来越大的必要因素，处于国际航道重要位置的万宁也日益面临挑战与机遇。洪武二十二年（1389），因海寇经常犯境，万州守御所三艘战船在沿海一带加强巡逻，又在南港、莲歧、莲塘、乌场、新谭、扬调、陵水等八处设烽火台，派2名军士昼夜执勤，如发现海寇即放烟报警。这仅仅是序幕，更深刻的变化随着郑和出使西洋而发生在海南、在万宁。永乐三年（1405）郑和第一次出使西洋，途经"万里石塘"、"石星石塘"、"万里长沙"（即今南海诸岛），宣德五年（1430）朝廷编绘的《郑和航海图》将今西沙群岛、南沙群岛均标在大明版图内。正德七年（1512）在万州立海防营，管辖"万里石塘"、"石星石塘"、"万里长沙"。万宁地方，对于海南，对于南海，对于国家政治军事来说，都具有举足轻重的战略地位。朝廷的目光盯在哪里，哪里的官员配置就水涨船高，两个朝代在万宁任主官者大都贤良方正学高德劭，保证了这里的稳定与发展。

二是交通。官员与制度之外，交通是政府实施有效管理的最重要的硬件保障。明清海南的交通主要在环岛驿道和中部山路两方面展开。就环岛驿道而言，明代在海南岛设布政分司，系广东省承宣布政使司的派出机构之一，掌管海南粮储、屯田、清军、驿传、水利和抚民等事；驿传政务下设驿丞29员，每驿1员，未入流，执邮传、车马、仪仗、迎送之事；明洪武元年

（1368），驿道成形，驿站铺舍完备；洪武九年形成环岛驿道 2230 公里；清代驿道达全盛时期，在明朝的基础上更加发展，逐年使东、西驿道改弯取直，在西线的中段儋州治分出南道，清末又将北路支线驿道修成"琼海官马大道"，成为后来公路兴建的基础。清末已出现马车在驿道上担负运输。就中部山路而言，虽然明朝诸贤多次提出开凿"十字路"，但真正全面落实到了晚清，清光绪十二年（1886），广西提督冯子材统办全琼军务，驻节陵水，开通井字大路；次年，总督张之洞始开五指山道，为大路十二，东路三，西路三、南路、北路、东南路、东北路、西南路、西北路各一，奥区荒徼辟为坦途，人以为便。纵横贯通黎境，为汉黎贸易往来的道路。

万宁在交通方面的建设力度比较明显。早在洪武三年（1370），知州黎恕奉文于厢北 30 里的莲塘村设多陈驿，此处北上乐会县城 70 里；并于州南 40 里处设乌石驿，南出陵水 40 里。各驿编设库子 1 名，馆夫 2 名，马槽 2 至 4 槽，马夫 25 至 40 名，把万安与全岛上下通道连成一线，接力传送公文、邮件，方便往来公差留宿。

三是科举。明清海南教育勃兴、人才辈出，与宋元以来政府的积极倡导与扶持密不可分。科举的前提是基础教育，成化七年（1471）兵备事使涂棐持皇帝诏书到琼州府视察巡行，推崇儒学，提倡教育，修缮学校，令各州县择地建社学，设教谕主持。除琼州府学，各地州学、县学、社学、卫学、义学如雨后春笋般发展，同时，各地书院也方兴未艾。万宁在明清两代多次修复重建州学与书院，勤力于学校建设和儒学普及，为提高万宁地方人口素质，为万宁读书人参加科举考试走出琼岛做了积极贡献。岛内大儒丘濬、唐胄等均为万宁州学重建专文作记。

科举的实质程序是在科场参加考试，而海南一批又一批的读书人必须冒着鲸波渡海的生命危险到广东完成考试，并曾付出惨重的代价。万历七年（1579）琼籍翰林院史官王弘诲上书朝廷，奏请海南兵备道兼提学道，主管岁考和科考，考场均设在琼州府，朝廷采纳其议。这样富有人性的差别化科举考试政策，极大地便利了海南的读书人，激发了海南学子读书的热情和考取功名的斗志。万宁地方，多有士人中举，为国家效力，即使未能在科场得意者也耕读民间，修德讲学，甚至与州县学官往来唱酬，和风惠雅，天机一片。

基于以上种种前提，万宁地方获得了很大发展，政通人和，民生裕如，官则清操盛德，造福桑梓；士则修德敬业，讲学论道；民则讲信修睦，尊尊亲亲。清代修撰的两部《万州志》，都充分肯定和极力赞誉知署州事的主官，如明代的黎恕、乌肃、刘以敬、戴彦则、李恭、余忠、王一岳、茅一桂、辜志会、林廷兰、毛一公、张璀、曾光祖，清代的李琰、朱之栋、王景舜、张光祖、徐浚、应上苑、席绍葆、顾芝、彭云际、孟毓蕃、冯世模、李友榕等。其中最典型者如毛一公。毛一公，富川人，选贡。天启中，由吉安府判升任万州知州。缜密寡言，省却供馈，里民晏然不扰。入觐无资，士民以三百金助之。回任，清操益励，捐俸修学。以艰归，行李萧然，送者塞路。士民于东山路旁大石刻"民不能忘"四字，以志去思。

正是在相对清晏的政治环境和丰裕的经济条件下，积淀了千余年的万宁地方文化呈现出繁荣之态、张扬之势，比较典型的反映就是明清两代官绅次第修志和东山文化郁郁勃兴。

明清两朝，岛内的琼州府和各州县撰史修志蔚然成风，万宁也不例外。宋朝有《万安军图经》，佚失；万历间有抄本《古宁野纪》，记万州轶事，亦佚。明清两朝由官方组织的修志先后有四次，惜乎两次未能付梓。详情如下：

万历三十三年（1605），知州茅一桂会同地方士绅创刻州志，惜未能付梓。

康熙十八年（1679），知州李琰召集万宁士绅，纂修并刻印《万州志》。

嘉庆二十四年（1819），知州汪长龄续修《万州志》，未及付梓。

道光五年（1825），知州胡端书再修并刻印《万州志》。

胡端书在《道光万州志序》中表示："是志成，而疆域之广袤，人物之聚散，田赋之多寡，民俗之醇疵，凡一州之大纲小纪，因章损益，于焉可稽。若夫仕官、乡贤、节义之照耀于曩时，孝友、姻睦、任恤之流徽于今日，后之人考实录，备劝惩，熏其德而善良，以底于一道同风之盛，安见海国遐陬不可与中州角胜者哉？"[1] 修此方志，不仅仅是为了备录一州的基本数据变迁，更重要的是展示海国遐陬万宁地方在仕官、乡贤、节义、孝友、姻睦、任恤等方面的风貌，并不输于数千年文明积淀的中州之地。这种敢于抗衡、敢于张扬的态度，源于这个时代万宁地方的文化繁荣程度和文化实力。

---

① （清）胡端书总修《道光万州志》，第215～216页。

如果说以上诸端，万宁和琼岛其他州县比照，或有不同的结果；那么，"海南第一山"——东山文化在明清的繁荣与张扬，恐怕是岛内其他州县无法比拟的。

在海南，万州八景之排比，各地并不少见，一个稍有地理形胜和历史积淀的州、县甚或镇都可以编排出来；在海南，万宁东山八景之铺摛，恐怕是各地山水难以企及的。在明朝就已经定型的万州八景是指华封仙榻、连峰耸翠、天马腾霄、金牛啸月、仙河云影、白石湖光、龟渚回澜、坦朗象眠；东山八景是指七峡巢云、正笏凌霄、仙舟系缆、蓬莱香窟、冠盖飞霞、瑶台望海、海眼流丹、碧水环龙。万州八景中的华封仙榻本身就是东山地标，所以东山之景应该是八加一。

在李琰和胡端书的《万州志》中，围绕万宁八景和东山八景创作的诗文200余首，去其重也有150首左右，其中描写东山八景和华封岩的作品也有百首之多。这些作品既有万宁地方长官之间的唱酬赓和，也有学人士子的触景感怀；既有本土诗人的由衷自美，也有造访客人的无限赞叹。他们从不同角度不同层面描绘了东山的种种美景，并大量征引与佛道有关的传说典故，营造了一道美丽的风景线，也充分张扬了万宁人的精神和情感世界。明清之际海南其他地方山水的歌咏作品，在规模和数量上都难以和东山相匹敌。这些作品中，流传最广、艺术水平最高的当属清代张玉书的《华封岩》二首：

> 为爱东山景致幽，携琴载酒任遨游。
> 云迷路径人烟少，翠拥峰峦树木稠。
> 丹灶无存仙已往，华封有迹字空留。
> 管他世上尘凡事，春自春来秋自秋。

> 榻上仙人去未还，玉箫吹落彩云间。
> 壶中日月春常在，洞里乾坤昼不关。
> 瑶草路荒山寂寂，碧桃花老水潺潺。
> 一声清啸红尘外，独对天风振佩环。①

---

① （清）胡端书总修《道光万州志》，第533页。

这些诗篇和文章成就了东山"海南第一山"美丽而曼妙的一面，而摩崖石刻则成就了东山"海南第一山"清奇而俊朗的一面。《道光万州志》中有《东山纪略》曰：

> 山上有石洞一。洞门石壁侵云，雷阳节推刘琯刻"东山耸翠"四字。入处仅容一人，盘回而上；洞两旁石皆壁立，顶盖平石；宋人刻"华封岩"三大字，为州八景之首，曰"华封仙榻"。又有灵照堂、维石岩、七曲洞、鸡竺庵、大巫峡、小巫峡、麓廊乐处、鹿豕床。古传有丹灶、丹井、石棋。穴泉清冽不竭。万历年间，进士梁必强创渡仙桥，步升洞顶。节推张才凿"天开古洞"四字，州守茅一桂刻"天造地设"四字，陵水令郑志贤刻"小崆峒"三字，宪副戴熺刻"驾鳌石"又"眺登处"六字，州守林廷兰刻"南溟第一奇"五字。洞左有三官堂（林大佐、曾永泰同建）。巅有巨石，旧造真武殿于上，梁必强刻"万山第一"四字。殿久坏。今改建于三官堂左，面海。洞侧有石如船。东南又峙一峰，山耸巨石，石上复加一石，状似儒巾，名曰头巾石。有石笋，高三丈许，元监大都刻"攀凤"二字。又有天球石，正笏岩，无根石，古碑，小峄山，鸿渐磐。山门刻"珠崖第一山"五字。上十数武，有磐石，周围数十余丈，正德间，州守余忠建偕乐亭于上。路旁二石如壁，一刻"天上人间，方便第一"，一刻"但行好事，莫问前程"。又一石，高耸壁立，州守张璿刻"登东观海"四字。东行里许，一石横于路旁，上刻"当路石"三字。①

除了州志所记载之外，比较著名的石刻还有明代万州牧曾光祖题写的"海南第一山"，清朝万州知事赵梦奇亲笔所书的"洞天福地"，清道光二十年（1840）题刻的"云壁凌霄"（署名漫漶不清），清光绪八年（1882）会阳王国霖行书"仙山佛国"等。

根据文物部门统计，石刻群范围东西长约500米，南北宽约400米，有诗词等题刻约90题，宋代题刻1处，明、清时期题刻约25处，民国时期题刻约20处，另有约45处题刻无年款。

历数海南名胜，在这样小的范围内，摩崖石刻存在数量之多、规模之

---

① （清）胡端书总修《道光万州志》，第300～301页。

大、持续时间之长是绝无仅有的。而其中最典型的代表作品，主要都是明清时期的。

万州城里的讲学修志与东山岭上的题诗刻石，二者互为表里、互相映发，充分体现出万宁地方的一种自觉而强烈的文化溢出和辐射效应。从唐宋开始，遐荒海陬的万宁以强烈的文化渴望、冲动和响应把高僧鉴真、名臣李纲意象化地留在了万宁，开启了东山文化，经过元代的文化建设与发展，到明清之际，万宁地方的文化已经逐步成熟繁荣，显示出张扬的意识和力量。而这一切，最终都缩影在东山文化之中。

纵览海南地理历史，漫长的海岸线秀出的椰风海韵、白沙碧浪是典型的自然文化景观，集中了唐宋良臣贤相之浩然正气与文采毓秀的五公祠是典型的历史文化景观，而万宁东山岭文化则是海南自然文化与历史文化两种交相竞秀又互为映发的典型代表，以一山而有八景闻名，又以一州而有八景驰誉，这在海南诸州县中是绝无仅有的。所以，东山岭虽然远远不及五指山高，但却被誉为"海南第一山"。

这种特殊的东山文化现象与小海－东山岭特有的地质地貌地理表征有关，这与唐宋以来儒释道文化的传播有关，这与明清之际文人士大夫的积极建树有关，这与历代万宁人士齐心凝聚的地域文化精神有关，而这种种因素能汇聚融合，则与早期的鉴真东渡、李纲贬琼等事件又有着特殊的关系。

东山岭上，还有这样一块未曾书丹的题刻："礼仪为经，勤俭为纬，修齐治平，人类昌兴。"这是民国时期一位从万宁保定村里走出来的年轻人的天下情怀的写照，和他一起从万宁走出来的年轻人，有的进入黄埔军校，成为国民党的高级将领和中坚力量；有的走上六连岭，竖起了23年不倒的琼崖革命的共产主义的红旗。他们选择的道路不同，他们信仰的理念有异，但他们代表了东山岭下的万宁地方一种新的文化精神：在革故鼎新的时代，饱受传统文化熏陶滋养的万宁人，不再囿于万宁这块故土，而是敢于担当、不负使命，心怀人类昌兴的大同理想，脚踏修齐治平的人生道路，为民族解放和民族复兴走向更为宽广的天地。

（作者单位：海南大学人文传播学院）

文昌变迁史研究

安华涛　毕佳玉

在海南所有州县中，文昌县无疑具有一定的代表性，主要基于以下三点理由：一是文昌县是海南岛最早设置县之一，并一直持续到当代。二是汉代以前海南岛遍布黎人。文昌县境也是黎族的聚居区。千余年的开发，至明清出现"文昌无黎"的状况，这是中原封建王朝对边疆民族地区统治意图（驱逐或同化）的实现。三是在中国进入近代社会的前夕，文昌县已经面临巨大的人口与资源压力，但在中国与西方列强的接触中，文昌人抓住机遇，通过海外移民的方式突破了这一瓶颈。

本文是在历史关照的基础上，用宏观角度来探讨文昌县两千余年来的历史变迁。

一　任土作贡：从蛮荒到州县

文昌县的建置与整个海南岛地方政权同步，始于西汉武帝。汉武帝元鼎六年（前111）冬，伏波将军路博德及楼船将军杨仆讨平南越，元封元年（前110），西汉在海南建置郡县。《汉书·地理志》记载：

> 自合浦、徐闻入海，得大洲，东西南北方千里，武帝元封元年略以为儋耳、珠崖郡。①

汉代在海南设置紫贝县，明《正德琼台志·沿革考》：

---

① 班固：《汉书》卷28《地理志》，中华书局，1962，第1670页。

　　文昌县，在府城东一百六十里，本汉紫贝县地。

　　其后屡见于康熙、咸丰及民国《文昌县志》记载中。今人李勃《海南岛历代建置沿革考》：

　　　　"紫贝山"，今称"紫贝岭"，在今文昌市文城镇城内，汉紫贝县故址当在此。①

　　但户口、道里、四至均无考。以情形推测，汉代在海南的统治带有军事占领的色彩，郡县治所是行政中心也是壁垒，并以此辐射周边地区。以文昌县而言，县治设在"紫贝山……高八九丈"，② 居高临下，便于防御。西汉时，海南岛"合十六县，户二万三千余"，③ 这是朝廷可控人口总量。从贾捐之对州县人户"暴恶"二字的评价看，其主体应为归附汉朝的黎人，部分为移居海南岛的大陆移民。④ 大陆移民又分为两类，一类是西汉元封以前的移民，另一类是随汉军而来的移民。

　　汉代在海南的统治，主要表现在经济上对黎人的压榨："中国贪其珍赂，渐相侵侮，故率数岁一反。"⑤ 贪婪且不尊重原住民，其统治的根基必然难以稳固。边吏贪婪，以广幅布事件为典型：

　　　　武帝末，珠崖太守会稽孙幸调广幅布献之，蛮不堪役，遂攻郡杀幸。幸子豹合率善人还复破之，自领郡事，讨击余党，连年乃平。豹遣使封还印绶，上书言状，制诏即以豹为珠崖太守。威政大行，献命岁至。⑥

　　汉代边吏以暴制暴，以高压（"威政"）进行统治。"侵侮"一事，以割取黎族女子头发最为恶劣，以至于三国时吴国薛综将郡县撤并归罪于此：

---

① 李勃：《海南历代建置沿革考》，海南出版社，2005，第 37 页。
② 李钟岳等：《民国文昌县志》，海南出版社，2003，第 39 页。
③ 班固：《汉书》卷 64《严朱吾丘主父徐严终王贾传》，第 2380 页。
④ 班固：《汉书》卷 64《严朱吾丘主父徐严终王贾传》，第 2380 页。李勃认为这二万三千余户多数为秦代以来迁居海南岛的汉人。其理由有五条。详见李勃《海南历代建置沿革考》，第 55 ~ 58 页。
⑤ 范晔：《后汉书》卷 86《南蛮传》，中华书局，1965，第 2836 页。
⑥ 范晔：《后汉书》卷 86《南蛮传》，第 2835 ~ 2836 页。

"珠崖之废，起于长吏睹其好发，髡取为髲。"①

归结起来，无非汉代边吏恣纵妄为，以致"长吏之设，虽有若无"，"九甸之外，长吏之选，类不精覈。汉时法宽，多自放恣，故数反遣法"。②自汉武帝元封元年（前110）至昭帝始元元年（前86年），"二十余年间，凡六反叛"。③这直接导致汉昭帝始元五年罢儋耳郡，归属珠崖郡；汉元帝又下诏罢黜珠崖郡。

"西汉的疆域在武帝后期达到极盛。但由于扩展太快，建置过多，兵力和财力不能适应，加上有些地方官的苛政引起当地民族的反抗，所以以后局部地区不得不有所收缩。"④汉朝在疆域与建置方面的便宜之计，但对海南岛来说影响则很大。"汉守不择守者，因鄙夷其民，治之不以道，遂致郡县陷沦，复为裔土。"⑤紫贝县（文昌县）亦随之撤罢。

西汉撤郡后至南朝梁陈间，行政建置不详。至隋大业三年（607）置临振郡，"即紫贝县之故墟置武德县，属临振郡"。⑥唐武德五年（622），改为平昌，属崖州。至贞观元年（627），改为文昌。自此之后，成为固定的县名，沿用至今。宋代开宝四年（971）以后属琼州。文昌建置大体如此。

建置是统治的前提。统治除了军事存在之外，最为重要的是建立在人口之上的赋役体系。换句话说，中央王朝通过控制统治区域内的人口，从而获得赋税和劳役以维持其政权的存在。因此，人口与赋役最为中央王朝所重视。《史记·平准书》记载，汉武帝对于新设置的儋耳、珠崖等"初郡"采取"以其故俗治，毋赋税"的政策。⑦对此，唐胄持怀疑态度，他认为汉代明载户二万三千余，"郡户自汉代详明，安有不租之丁"。⑧考察中国历代正史可知，西汉撤郡之后，户口记载阙如，至隋代户口统计重新步入正轨，也可以看出统治的逐步加强。《隋书·地理志》、《旧唐书·地理志》、《新唐书·地理志》、《宋史·地理志》等都有明确的记载，但所

① 陈寿：《三国志》卷53《薛综传》，中华书局，1964，第1252页。
② 陈寿：《三国志》卷53《薛综传》，第1251、1252页。
③ 班固：《汉书》卷64《贾捐之传》，第2830页。
④ 葛剑雄：《中国历代疆域的变迁》，商务印书馆，1997，第49页。
⑤ 王佐：《鸡肋集》，海南出版社，2004，第111页。
⑥ 李钟岳等：《民国文昌县志》，海南出版社，2003，第23页。
⑦ 司马迁：《史记》卷30《平准书》，中华书局，2006，第188页。
⑧ 唐胄：《正德琼台志》，海南出版社，2006，第235页。

记都是州郡户数，无各县之户数。《新唐书·地理志》不但详载郡户，还详列"土贡"，这在正史中是首次。如文昌县所属的"崖州珠崖郡""土贡：金、银、珠、玳瑁、高良姜"。① 宋代沿袭，文昌县所属的琼州，"贡银、槟榔"。② 《宋史·食货志下五》提到海南盐税，③《食货志下八》提到海南"格纳"之法。④ 至明代，统治更加深入。《明史·食货志二》"赋役"条记载：

> 广东琼州黎人、肇庆瑶人内附，输赋比内地。⑤

这表明内附的黎人也需与内地百姓一样交粮纳税了。土贡与赋役是中央王朝的生存之本。中国自先秦确立"普天之下莫非王土"的观念以来，在中央王朝统治之下的"王臣"自然有承担赋役的义务。《尚书·禹贡》将其概括为"任土作贡"四字，即"观地肥硗，定赋贡上下"，⑥ 并进而提出"五服"之制：

> 五百里甸服。百里赋纳总，二百里纳铚，三百里纳秸服，四百里粟，五百里米。五百里侯服。百里采，二百里男邦，三百里诸侯。五百里绥服。三百里揆文教，二百里奋武卫。五百里要服。三百里夷，二百里蔡。五百里荒服。三百里蛮，二百里流。⑦

"荒者政教荒忽，因其故俗而治之。"海南岛显然属于"荒服"之列，至宋初亦然：

> 初平岭南，命太子中允周仁浚知琼州，以儋、崖、振、万四州属焉。上谓宰相曰：遐荒炎瘴，不必别命正官，且令仁浚择伪官因其俗治之。乙卯仁浚列上骆崇璨等四人。⑧

---

① 欧阳修、宋祁：《新唐书》卷43《地理志七》，中华书局，1975，第1100页。

② 脱脱等：《宋史》卷90《地理志六》，中华书局，1977，第2245页。

③ 脱脱等：《宋史》卷183《食货志下五》，第4466～4467页。

④ 脱脱等：《宋史》卷186《食货志下八》，第4544页。

⑤ 张廷玉等：《明史》卷78《食货志二》，中华书局，1974，第1895页。

⑥ 曾乾运：《尚书正读》，华东师范大学出版社，2011，第53页。

⑦ 曾乾运：《尚书正读》，第88～90页。

⑧ 李焘：《续资治通鉴长编》卷13，中华书局，1979，第281页。

"遐荒炎瘴"四字出自宋代最高统治者宋太祖之口，代表了一种根深蒂固的传统看法。海南无疑是地域边缘的边缘，在代表地方本土观点的方志中，也屡屡用徼外、扬越、南越、遐荒绝远、孤悬海外等词汇来形容。而"因其俗治之"，这是《尚书·禹贡》时代以来对"荒服"的治理策略，始于西汉，"以其故俗治"海南，后代承袭。

"贡、赋之权乃建立在王权之上，而王权又以地权为基础。"于是形成"以中原君主为至尊的基础上，明确拟定了等级相分，五服上贡的掠夺体制"。① 但"任土作贡"的意义绝非如此，文昌县的设置意味着它已经作为中原王朝的一部分，赋役制度的完善是中央王朝统治深入程度的标杆。

作为琼州辖下的一个县，文昌县在另一个层面上体现了王朝治理的终极目标。文昌县境内新石器时代文化遗址以昌洒镇凤鸣村为中心，覆盖周围约10平方千米的山冈台地，出土或收集到的器物有石斧、石锛、石凿、石簇以及夹砂陶片等，共计280多件，其中双肩石斧和宽刃石锛较多。② "黎族先人就在山岗台地上使用这些农具，砍伐森林，钻木取火，从事'砍倒烧光'的原始的锄耕农业。"③ 汉代以后，大批中原移民进入海南岛，海南岛北部、西部和西南部成为最先开发的地区，移民与黎族之间必定经历了一个汉进黎退的过程。文昌县境内地势平衍，黎族无险可守。宋人王象之《舆地纪胜》引《琼管志》："诸邑皆邻黎洞，独文昌无之，民稍淳朴。"④ 即指黎峒而非黎人。

宋代文昌县境虽无黎峒，但黎人一直在文昌县西南一带居住生活。宋代在文昌县八角岭下立八角寨，⑤ 明洪武二十年（1387），"白延砦诸黎乱。广东都指挥花茂率卫指挥石坚等讨平之"，⑥ 后于白延都上舍立白延架营，"防岭角黎及流贼"，弘治七年（1494），指挥张诩为御黎立杨桥堡。⑦ 文昌黎成为斩脚峒，明万历年间，"治平已久，田地经丈量有司。特人丁尚

① 徐新建：《西南研究论》，云南教育出版社，1992，第44～45页。
② 文昌市博物馆：《文昌市文物志》，海南出版社，2013，第8页。
③ 司徒尚纪：《海南岛历史上土地开发研究》，海南人民出版社，1987，第12页。
④ 王存等：《地理志·海南（六种）》，海南出版社，2006，第66页。
⑤ 戴熺、欧阳灿、蔡光前等：《万历琼州府志》，海南出版社，2003，第360页。
⑥ 张霈：《咸丰文昌县志》，海南出版社，2003，第293页。
⑦ 张霈：《咸丰文昌县志》，第364～365页。

属土舍，随军听调而已"。① 顺治四年（1647），土舍林兆初去世，② 土舍取消。道光年间，文昌县"治平已久，田地丈入版图，故有'文昌无黎'之说"。此外，澄迈、会同也已无黎。澄迈情形与文昌同："熟黎久经编入甲图，无异内地民人，亦无峒长、哨管名目"。会同则不同，"因分县时黎隶乐会"，③ 故无黎。文昌县、澄迈县"无黎"，是千百年中央王朝统治之下驱逐与同化的结果。

二　人文景观：耕读世家与细民百姓

海南岛特殊的地貌特征，造成了海南岛北部和沿海地带最先被开发。海南岛中间高四周低，"其地形特点是以中部五指山、鹦哥岭为隆起核心，向四周外围逐级递降，由山地、丘陵、台地、平原组成环形层状地貌，梯级结构明显"。④ "本岛北部滨海之地，东由文昌之清澜诸港起，西抵儋县之新英诸港止，南北宽约三四十里到百数十里不等，为一东西走向之火山带。山既不高，侵蚀尤易，故平原居多"，文昌县在海岛东北部，堪称"地殊平坦"⑤ 之区。这也是黎人开发最早的地区之一。"汉代开拓本岛是从现在文昌、琼山、儋县海岸开始，然后向西部和南部推进的。"⑥ 其时，以农业为主的经济结构已经确立，稻作农业占据相当重要的地位。《汉书》记载：

> 自合浦、徐闻南入海，得大州，东西南北方千里，武帝元封元年略以为儋耳、珠厓郡。民皆服布如单被，穿中央为贯头。男子耕农，种禾稻纻麻，女子桑蚕织绩。亡马与虎，民有五畜，山多麈麖。兵则矛、盾、刀，木弓弩，竹矢，或骨为镞。⑦

① 张霈：《咸丰文昌县志》，第 411 页。
② 张霈：《咸丰文昌县志》，第 294 页。永乐二年，文昌白延寨民林彬招抚斩脚峒黎三十余村，被授予土官典史，世袭。详明谊、张岳崧《道光琼州府志》，海南出版社，2006，第 889 页。
③ 明谊、张岳崧：《道光琼州府志》，第 850 页。
④ 颜家安：《海南岛生态环境变迁研究》，科学出版社，2008，第 19 页。
⑤ 陈铭枢、曾蹇：《海南岛志》，海南出版社，2004，第 60~61 页。
⑥ 司徒尚纪：《海南岛历史上土地开发研究》，海南人民出版社，1987，第 26 页。
⑦ 班固：《汉书》卷 28《地理志》，第 1670 页。

　　《汉书》虽然没有开列黎人所用农具，但从开列的兵器来看，黎人的经济水平远远落后于中原地区，这从民国以来的民族学田野调查也可以得到验证。大陆移民带来先进的生产工具和生产技术，在族群间竞争上占有较大的优势。

　　唐代天宝年间，崖州"十月作田，正月收粟；养蚕八度，收稻再度"。① 文昌县的情形应与此相似，"禾收两熟杂粳糯"。② 农业开始兴盛起来。大姓世家开始移居文昌，现存唯一一座唐代墓葬是符元生墓。该墓位于龙楼镇红海村委会陈笠村坎头坑坑头坡北，光绪十四年（1888）重修，碑文直书阴刻："唐始祖参议中书令符元生公墓"。据《符氏族谱》载，符元生系河南人，唐大顺二年（891）因抚黎来琼，落籍文昌。③ 其他坟茔则"世远人湮，失其传也"。④

　　宋元是文昌县发展的关键时期，移民以及在移民基础上形成的宗族聚居奠定了文昌县以后的发展趋势。以《文昌县志》统计，宋代各姓迁琼始祖落籍文昌者 51 家，落籍非文昌但后代迁居文昌者 17 家；元代分别为 23 家与 3 家。以上迁琼始祖，除去未标明原籍的 20 家，来自福建的有 52 家之多，所占比重约 55%。官员落籍文昌者 49 家。这些姓氏与祖源地可考者往往势力强大，经济状况良好，人口繁衍较快，而且也奠定了文昌县以耕读传家的特色，为明代科举人才的兴盛提供了必要的条件，他们后来多数发展成为当地的大家族。

　　明代是海南科举最为兴盛的时代，琼山县、文昌县、澄迈县等琼北三县，在科举方面具有很强的竞争力，文昌县的邢宥、琼山县的丘濬都是通过科举而入朝为官的。相对于琼山县而言，明代的文昌县依然地广人稀，洪武二十四年（1391），全县 6276 户，24201 口，是整个明代该县人口的最高值。从地理位置而言，文昌县在琼山县东，"邑治在府城东一百六十里"，⑤ 土地平衍，交通方便。因此，文昌县仍然是大陆移民青睐之地。据《文昌县志》统计，明代移民落籍文昌者 55 家，其中官员 27 家。于是，

① 周伟民、唐玲玲：《历代文人笔记中的海南》，海南出版社，2006，第 13 页。
② 张霈：《咸丰文昌县志》，海南出版社，2003，第 50 页。
③ 文昌市博物馆：《文昌市文物志》，第 25～26 页。
④ 马日炳：《康熙文昌县志》，海南出版社，2003，第 137 页。
⑤ 张霈：《咸丰文昌县志》，第 29 页。

文昌县形成了这样一种民风：

> 族姓，重谱牒，建祖祠，备大小宗，置祭田。祭常以春正月间，有行于仲秋及冬至。祭始祖者，祭余颁胙，有悖戾者罚之。凡族中不平事，皆质之长者理处。乡里数十家便有学塾，弦诵之声相闻。或连乡，或合族广设宾兴，以资作养。士重气谊，以实学砥砺。贫者多舌耕，困穷至老，不肯辍业。①

这段文字有两点值得注意：一是宗族社会对血缘关系的重视，是以祭祀祖先为纽带，将合族团结为一个整体。敬祖归宗是其特点。二是士子学风朴实上进，而捐资助学相与扶持是古代宗族振兴的资金投入，从长远来看，其回报也是相当可观的。更为重要的是作为一种社会基层激励机制一旦形成，会持续发挥作用，这为文昌县科举的兴盛提供了保障。"粤民多聚族而居，各建宗祠，置尝租，岁入实费于祭祀及族人等用，其余以生息，月积岁累。"②

宗族之外，借助婚姻构建社会关系，"婚嫁择门第"，且"姻戚旧好，数代犹往来"。③

通过内睦宗族外和姻亲的方式，文昌县的世家大族取得了长足发展。一是人口的繁衍。人口的繁衍又表现在子孙开枝散叶上，如陈氏入琼始祖陈国月，福建莆田人，于宋末来琼为府学教授，落籍文昌县锦山潮滩村，后世子孙分居49个村落。陈端，福建莆田人，明景泰间入琼，落籍青蓝都沙尾村，子孙分居65个村落。④ 二是除户口人数的优势外，这些大家族往往以科举的方式参与政权，取得政治上的优势。如邢宣议，南宋初任文昌知县，⑤ 入籍安知乡。子邢梦璜为南安知军，邢卿为元安抚金事。邢卿之子邢元才曾任琼山、文昌县令。⑥ 邢梦璜之玄孙邢宥明为正统十三年（1448）二甲进士，后官至左金都御史。

落籍文昌县的世家大族将右文之风带到文昌，虽"处琼东偏，为东路

---

① 马日炳：《康熙文昌县志》，第62页。
② 唐启翠：《明清〈实录〉中的海南》，海南出版社，2006，第133页。
③ 张霈：《咸丰文昌县志》，第62页。
④ 海南省文昌市地方志编纂委员会：《文昌县志》，方志出版社，2000，第960页。
⑤ 马日炳：《康熙文昌县志》，第118页。
⑥ 马日炳：《康熙文昌县志》，第138页。

名区，文风甲于他邑"。① 这也带动了一批贫寒士子发奋进取。张日旻，南溪都人，家贫好学，师从琼山谢宝，乾隆元年（1736）登进士第，先后任云南宜良、广东新平知县，为政清廉有治道。②

文昌县世家虽不断扩展移居，分布呈分散化，但仍然以几个都图为主。明、清是文昌科举鼎盛时期。明代进士 8 人，举人 62 人；清代进士 8 人，举人 41 人。其中，明代举人除 3 人籍贯不详外，主要集中分布在几个部图，如水北都 13 人，何恭都 12 人，北山都 9 人等。③

与这些世家大族相比，占文昌县民主流的还是家境贫寒的普通百姓。"农家多食粥，每食必和冷水"，住的房子也极为简陋，"其乡村间居室则茅屋瓦屋互用，屋式亦同城市，但低小而窗少，或竟不设窗。其低者檐高仅四五尺。户矮狭，出入必折磬"。④ 文昌县境"村落僻县之民，则多于田亩间从事耕植，间有致富者，然多数仅能足衣食"。⑤ 文昌县民男耕女织，与中原地区无异，唯生计更为艰难。

文昌县三面环海，沿海居民从事另一种生计。"沿海居民多以捕鱼为业，腹地则多种植、牧畜"，⑥ 这很好地概括了文昌县两种主要谋生方式。沿海居民，又称疍民，"居海滨沙洲。茅檐垂地，或从屋山头开门。男子罕事农桑，惟缉麻为网罟，以渔为生。子孙世守其业，岁办鱼课"。⑦

从总体上说，唐宋以来至明清之际，文昌县仍然是以农业为主，如明代唐胄所见，文昌之南溪、迈犊等处，"乡落僻县，未事田圃，无他生意，田地墝埆即窘乏……然皆安土重迁，不事商贾"。⑧ 农耕与捕捞构成文昌县典型的乡间景观，但变化已经悄然开始，正德年间，文昌县有墟市 9 处，⑨ 至万历末已经发展到 25 处，⑩ 商品经济逐步兴起，并逐步被卷入世界经济体系中。

---

① 张霈：《咸丰文昌县志》，第 49 页。
② 海南省文昌市地方志编纂委员会：《文昌县志》，第 891 页。
③ 海南省文昌市地方志编纂委员会：《文昌县志》，第 966～970 页。
④ 陈铭枢、曾蹇：《海南岛志》，海南出版社，2004，第 127、126 页。
⑤ 陈铭枢、曾蹇：《海南岛志》，第 134 页。
⑥ 陈铭枢、曾蹇：《海南岛志》，第 134 页。
⑦ 唐胄：《正德琼台志》，海南出版社，2006，第 149 页。
⑧ 唐胄：《正德琼台志》，第 147 页。
⑨ 唐胄：《正德琼台志》，第 284 页。
⑩ 戴熺、欧阳灿、蔡光前等：《万历琼州府志》，第 213 页。

三 海外移民：困境、机遇与超越

文昌县民的困境源于清代人口激增与土地资源贫瘠之间的尖锐矛盾。康熙五十二年（1713），奉旨以康熙五十年丁册定为常额，续后滋生人丁永不加赋。五十五年，奉旨将丁粮摊入地粮，永行遵照。乾隆三十七年（1772），奉谕编审之例永行停止。[①] 这导致文昌人口暴长。

顺治末年，清审户口，男妇 20427 丁口。至康熙四十年至五十年届，约半个世纪，编审新增人丁 47 口。[②] 至宣统二年（1910），二百年间，增加为 45765 户，男 195953 口，女 169662 口，共计 365615 口。[③] 至民国 17 年（1928），三十年间，激增至 67302 户，男 234470 口，女 205719 口，共计 440189 口。[④]

明末文昌县田 6517 顷 18 亩，地 910 顷 98 亩，塘 1 顷 89 亩。[⑤] 清代，田 7080 顷 32 亩，地 82 顷 95 亩，塘 1 顷 66 亩。[⑥] 民国 17 年，实编田、地两项合计 6220 顷 15 亩。[⑦]

从农业的基础条件来讲，文昌县处于劣势。文昌虽地处琼之东北，"枕山带海，山多荒林，海多斥卤"。农业是百姓的主要生业，但生产条件较为恶劣，"环疆多白壤，腴田稀罕，民力农。野无旷土，土无旷时。五谷之外，常种薯芋杂粮"。[⑧]《海南岛志》记载：产米最多之地，首推定安、陵水、万宁、崖县；次为琼山、澄迈、临高、儋县；出米最少者为昌江、感恩，次为琼东、文昌。[⑨]

民国 17 年，昌江县人口 45924，感恩县 35131 口，[⑩] 人口仅是文昌县人口的十分之一强或者更少，粮食产量虽低，但人均尚可。

---

① 朱为潮、李熙、王国宪：《民国琼山县志》，海南出版社，2004，第 157 页。
② 张霈：《咸丰文昌县志》，海南出版社，2003，第 134～135 页。
③ 朱为潮、李熙、王国宪：《民国琼山县志》，第 157 页。
④ 陈铭枢、曾蹇：《海南岛志》，第 123 页。
⑤ 朱为潮、李熙、王国宪：《民国琼山县志》，第 159 页。
⑥ 朱为潮、李熙、王国宪：《民国琼山县志》，第 164～166 页。
⑦ 陈铭枢、曾蹇：《海南岛志》，第 45 页。
⑧ 朱为潮、李熙、王国宪：《民国琼山县志》，第 61 页。
⑨ 陈铭枢、曾蹇：《海南岛志》，第 328～329 页。
⑩ 陈铭枢、曾蹇：《海南岛志》，第 123 页。

海南岛占居民主体的是来自大陆的岛外移民，随着清朝人口基数的扩大和人丁控制的松弛，人口繁衍速度加快，海南岛各州县几乎都呈现出人口与粮食的紧张关系。乾隆三十年，"崖州境内皆山岭，产谷无多。比来生齿日繁，流寓甚众，每商贩鲜至，米价增昂"。①

文昌县的情形远比崖州严峻。明代起方志中不断出现饥荒的记载。明末以来，见诸记载的严重饥荒有：崇祯十二年、十三年，旱荒，斗米银二两。顺治九年、十年，连年大饥，斗米银二两，饿殍载道。康熙二年，大饥，斗米银五钱。康熙二十年，连年大旱，岁饥，斗米银二两。康熙四十八年至五十一年，连年大饥。道光四年，先大旱后飓风，米价腾涌。十九年，三次飓风，"稻不获收"。咸丰三年，虫害。六年，有霜。光绪九年，大旱，赤地千里。十六年，羊角风。民国4年，狂风暴雨。民国8年，大风拔树，暴雨倾盆。民国9年，冰雹，草木、薯芋无完叶。②

中国自古以来，中原地区不断向江南移民，由江南而岭南。海南岛的移民多来自福建、广东与广西，作为中国境内岭南最后的移民接受地，海南岛客观上起到了缓解闽、广人口压力的作用。但海南岛四面环海，州县没有向外扩张的空间；而州县之内为黎人，黎汉之间冲突不断，岛内移民的渠道并不通畅。③ 这样，海南岛民处境相当尴尬，向外无扩展空间，向内无谋生渠道。文昌县境无黎，境内人口已经饱和，其出路唯在海洋。

文昌人出洋始于何时，史志无载，"多数学者倾向于宋末元初"。④ 琼籍人出洋史志确在为宋乾道八年（1172），占城人买马不成，肆行劫掠。至淳熙三年（1176），放还83人。⑤ 其中有无文昌县民不得而知。其他如三佛齐宣慰使司、浡泥国等都是掠卖琼籍人之地。⑥《文昌县志》载，洪武

---

① 唐启翠：《明清〈实录〉中的海南》，第161页。
② 朱为潮、李熙、王国宪：《民国琼山县志》，第972～975页。
③ 以乾隆、道光年间为例，乾隆三十一年，黎人与客民冲突，朝廷制定善后事宜，实行黎、客分治，强化出入黎峒的盘查。道光十年至十四年，办理黎匪善后事宜八条，其中之一为：禁越界往来，以杜勾结。（详参唐启翠《明清〈实录〉中的海南》，第163～165、207～219页）在这样严格的官方控制以及较为激烈的民族冲突之下，州县百姓移民黎峒似乎可能性不大。
④ 海南省文昌市地方志编纂委员会：《文昌县志》，第490页。
⑤ 戴熺、欧阳灿、蔡光前等：《万历琼州府志》，第407页。
⑥ 戴熺、欧阳灿、蔡光前等：《万历琼州府志》，第406页。

二十四年（1391），文昌县境饥荒，百姓乘船赴暹罗者两千余人。[①] 但不知所据。清初严洋禁海。顺治十二年（1655），"船无号票、文引及私制二桅以上大船往外洋贸易者，俱置重典"[②]；顺治十七年，禁止民间私造"海滨双桅沙船"[③]；康熙十年（1671），"广东、福建二省严禁出海"。[④]康熙二十三年，"展开洋禁"。[⑤] 康熙五十六年，申严洋禁，除商船不许私下南洋外，"有偷往潜留外国之人，督抚大臣行知外国，令解回正法"，康熙五十六年出洋之人，准其载回原籍。[⑥] 可见，偷渡留居外国者已经引起朝廷的注意，并处以重法。此后，洋禁日严。

道光三年九月至四年八月，旱灾虫灾导致琼郡大饥，"鬻男女渡海者以万计"。[⑦] 文昌县连逢大旱飓风，"米价腾贵"。[⑧] 数以万计的出洋谋生者中应有相当数量的文昌县民。

大规模琼籍人出洋始于琼州开埠之后。[⑨] 咸丰十年（1860），《中英北京条约》签订，清廷正式准许人民自由出洋。同治五年（1866），清廷与英法两国签订沿海各省招工章程二十二款，其中规定：中国政府允许华工自由出洋。

"海口当海南海峡与雷州半岛对峙，为往来安南、暹罗一带航路所经，自昔即重视之"，[⑩] 琼州处于中国与南洋之间，地缘优势无与伦比。但琼籍人出洋，缘于当时列强对东南亚的开发，其中"新加坡、马来西亚地区正在大量开垦荒地，发展橡胶种植；马来半岛也大量开采锡矿，需要大量劳工，当地劳动力供不应求，需要大量外来劳工"。[⑪] 供需之间的张力进一步促成了海南人远赴东南亚的热潮。

---

① 海南省文昌市地方志编纂委员会：《文昌县志》，第 490~491 页。
② 明谊、张岳崧：《道光琼州府志》，第 1889 页。
③ 明谊、张岳崧：《道光琼州府志》，第 1890 页。
④ 明谊、张岳崧：《道光琼州府志》，第 1891 页。
⑤ 明谊、张岳崧：《道光琼州府志》，第 1893 页。
⑥ 明谊、张岳崧：《道光琼州府志》，第 1897 页。
⑦ 明谊、张岳崧：《道光琼州府志》，第 1904 页。
⑧ 朱为潮、李熙、王国宪：《民国琼山县志》，第 972 页。
⑨ 据方志记载，（康熙）"五十六年（1717），申严洋禁，商船不许私往南洋贸易；有偷往潜留外国之人，督抚大吏行知外国，令解回正法"。可见清代对出洋人口，在政策上限制严格。详明谊、张岳崧《道光琼州府志》，第 1897 页。
⑩ 陈铭枢：《海南岛志》，第 176 页。
⑪ 王俞春：《海南移民市志》，中国文联出版社，2003，第 191 页。

据统计，从 1876 年至 1898 年的 23 年间，仅通过客运出洋的琼侨人数就达 24.47 万人左右，平均每年 1 万余人。① 1902 年至 1911 年间，由琼海关出洋人数每年都在万人以上，1910 年是 2.8 万，1911 年达到 3.24 万人。② 陈铭枢《海南岛志》记载海南各州县华侨情形：

> 海南人民习于航海，故侨居国外者多。民国以来，远游之风益盛，其久客致巨富者殊不乏人。各县在外侨民最多者当首推文昌，约 9 万人。次则琼山、琼东……俱有数千人……所营以旅馆、酒肆、茶室、制鞋、缝衣诸业为特夥，而植树胶、营航运获巨利者亦有数人。③

出洋谋生者多是贫弱细民。文昌县民谚说："坐闲洞封，不如去番。"④ "洞封"是海南话"闲着无业"之意。"番"是南洋一带的通称。对文昌县无业游民来说，下南洋也是一条谋生之路。又说："家穷不奈何，离家去暹罗。"⑤ 有家有业者鲜有去南洋谋生者。于是文昌县民逐步分化为三种：第一种是当地的世家大族，仍然在经济、政治、文化上占据优势，其中很多人逐步参与近代现代革命。第二种是人口众多的留居当地的百姓，他们继续开发文昌。第三种是南洋客，他们当中的一部分人发家致富，又"笃于乡土观念"，⑥ 往往将收入汇到国内，"文昌人士在南洋经商，每年汇返之款约有七八百万"。⑦ 大量资金的流入促进了文昌的发展，文昌县治便民市汇驳店号极为发达，"文昌侨外商人特多，每年由南洋各埠汇入之款约有数百万元"，商铺"多数改建洋楼"。⑧ 铺前镇胜利老街始建于 1903 年，骑楼式建筑，"根据当地老人口述，胜利街店铺主要为渔民、富商、归侨独资兴建，民国初期已初具规模"。⑨

---

① 许士杰：《海南省——自然、历史、现状与未来》，商务印书馆，1998，第 108 页。
② 文昌市地方志编纂委员会：《文昌县志》，第 491 页。
③ 陈铭枢、曾蹇：《海南岛志》，第 135 页。
④ 中国民间文学集成全国编委会，中国民间文学集成海南卷编委会，中国 ISBN 中心：《中国谚语集成·海南卷》，新华书店，2002，第 432 页。
⑤ 中国民间文学集成全国编委会，中国民间文学集成海南卷编委会，中国 ISBN 中心：《中国谚语集成·海南卷》，第 435 页。
⑥ 陈铭枢、曾蹇：《海南岛志》，第 135 页。
⑦ 陈铭枢、曾蹇：《海南岛志》，第 479 页。
⑧ 陈铭枢、曾蹇：《海南岛志》，第 95 页。
⑨ 文昌市博物馆：《文昌市文物志》，第 306 页。

结　语

　　文昌县的历史超过两千年，其间经历了三次重大的转型：第一次是汉朝在文昌县境设置紫贝县，使之成为朝廷辖下的一个行政区，这是中央王朝对该地进行开发的起点。第二次是宋元明时期，大批大陆移民，尤其以福建移民为主落籍文昌县，他们多是官宦家族，科举是其维系家族身份和地位的重要手段。同时，绝大多数的贫困百姓挣扎在生存线上。第三次是清代以来人口暴长，土地资源开发殆尽，土地与人口之间的矛盾难以调和。困境逼迫文昌之穷厄县民顺应时代潮流，出洋谋生，为文昌县及海南的发展做出自己的贡献。

（作者单位：海南大学人文传播学院）

试论海南早期历史文化的特征[*]

——以昌江县为例

阎根齐　黄兆雪

历史是由人类创造的，有了人类就有了历史。同样的道理，海南岛上何时有了人类的生活居住，何时就开启了海南历史的进程。海南岛何时有了人类？何时能和黎族先民搭连在一起？当时的文化面貌如何？这是长期以来海南史家和考古界都在关注和探讨的问题。笔者近年借编写《昌江县史》之际，对昌江县境内的石器时代文化遗址进行了调查，深感昌江流域在探讨海南早期历史文化中的地位之重要，草创此文，浅薄之见，以求方家指正。

一　昌江县旧石器时代文化遗址的重要发现

海南的历史究竟有多长？以往的地方志书几乎无一例外地记载："唐虞三代为南服荒徼。旧志：古为扬越南境"，[①] 或 "唐虞为南交，三代为扬越之南裔，秦为象郡之外徼"。[②] 这是古书中两处比较权威的记载，其他县志基本上沿用了这一说法而大同小异，如光绪三十四年的《崖州志·沿革》记载："珠崖，唐虞为南交。三代为扬越南裔，秦为象郡外徼"。[③] 现代出版的《海南百科全书·历史》也记载："秦以前，海南岛先后属'南

---

[*] 【基金项目】海南大学中西部学科建设提升项目（ZXBJH - XK028）。

① （明）唐胄：《正德琼台志·沿革考》。

② 雍正《广东通志·沿革志·琼州府》。

③ 光绪《崖州志》，郭沫若点校，广东人民出版社，1983，第9页。

交'和'扬越'之域，古籍亦称之为'雕题国'和'离耳国'（或'儋耳国'）"。① 这里所记载的"唐虞时代"应该是指原始社会末期的历史。也就是说，古代史家把海南最早的历史向前推至原始社会末期。

只将海南的历史推至原始社会末期显然是不足的，但我们不能苛求于古人，毕竟古代还没有考古事业，也缺乏必要的实物资料证明。新中国成立后的几十年来，在海南岛上多处发现和考古发掘了旧石器时代旷野遗址、旧石器时代洞穴遗址和新石器时代遗址，将海南岛的历史向前延伸了上千年，乃至上万年，这不能不说是考古界的功劳。《海南百科全书》在追溯海南文化源起时说："海南文化发源于'三亚人'和黎族先民的原始文化"，② 这可能与当时还没有在昌江县发现旧石器时期文化遗址不无关系。

现在看起来，"海南文化发源于'三亚人'"的说法是有欠缺的，因为在三亚发掘的一处落笔洞遗址不可能说明就是海南文化的发源地，随着时间的推移，在海南可能有更多更早的古代文化遗址发现，从而将海南最早的历史推向更加遥远的时代。近几年在昌化江流域发现的几处旧石器时代的文化遗址和遗物点，就提供了有力的证据。

自从 1998 年 12 月昌江县的文物考古工作者在王下乡钱铁村西约 0.5 千米的钱铁山半山腰首次发现（当时定为新石器时代早期洞穴遗址）以来，截至目前，海南岛上已发现哺乳动物化石地点 3 处、旧石器时代的旷野遗址 8 处、旧石器时代的洞穴遗址 2 处，而其中的绝大多数都在昌江县境内。如三处哺乳动物化石地点分别为信冲洞、红林采石场和皇帝洞，属于旧石器时代的旷野遗址为混雅岭、燕窝岭、石头崖、酸荔枝园、叉河砖厂，属于旧石器时代的洞穴遗址有钱铁洞、皇帝洞和信冲洞等，为我们探索海南古人类的足迹提供了极有价值的线索和有力的证据。尤为重要的是下列几处遗址：

（一）钱铁洞旧石器遗址

1998 年考古发掘时，仅采集一些螺壳和碎骨头标本，初步鉴定为新

---

① 海南百科全书编纂委员会编《海南百科全书》，中国大百科全书出版社，1999，第 15 页。
② 海南百科全书编纂委员会编《海南百科全书》，第 17 页。

石器时代早期洞穴文化遗址，但已引起国家的重视。2009 年 12 月，中国科学院古脊椎动物与古人类研究所（以下简称"中科院研究所"）和海南省文物考古研究所组成的野外考古队在对该遗址调查时又新发现了一些石制品、动物化石碎片和一些烧骨。还在下洞（洞穴内分上下洞）发现有石核和石片，还有一件加工精致的砍砸器。根据洞穴内出土的动物化石碎片和石制品的特征，初步确定该洞穴遗址的考古年代为旧石器时代晚期，地质时代可能为晚更新世。① 之后，2012 年 2 月该考古队又进行了考察和试掘，在下洞挖掘和采集旧石器时代的文化遗物 160 余件。在上洞采集了一些石片、烧骨和动物化石碎骨，还在遗址采集石制品 41 件。

（二）燕窝岭旧石器遗址

位于南阳溪的左岸。2006 年 6 月，由中科院研究所李超荣研究员首先发现，并从属于南阳溪第二级阶地的黄色黏土中发现了一件砍砸器。2007 年 12 月 6 日至 29 日，对该遗址进行了发掘，在上文化层出土了打制的石核、烧石、磨石和陶片。还发现二处明显的用火遗迹。考古专家根据地质地貌和石器的特征，初步确定该遗址的地质时代为晚更新世，考古学年代是旧石器时代晚期，是古人类临时活动的营地。②

（三）信冲洞动物化石地点

位于昌江县七叉镇保由村西南约 2 千米，在落在昌化江支流南阳河右岸混雅岭信冲洞内。1995 年，是保由村村民符益民在洞穴抓蝙蝠时发现的。该洞高出南阳河约 20 米，洞底斜向上，向后延伸，洞底上部和下部各有一个小平台，洞的左侧另有三个小支洞，洞的上部垂直向上 10 米的洞底有一条很长的裂隙。1998 年 8 月，海南省文物保护管理办公室和昌江县博物馆的考古人员经实地调查，确认是一处动物化石地点，地质时代为晚更新世。2006 年 5 月至 6 月，由海南省文物保护管理办公室、中科院研究所和昌江县博物馆的考古人员组成考古队，对信冲洞化石地点进行了抢救性发掘。在洞的裂隙堆积和支洞发现大量的哺乳动物化石，其中有犀牛、

---

① 昌江黎族自治县第三次全国文物普查工作领导小组办公室编《第三次全国文物普查不可移动文物资料汇编》，内部资料，2011，第 5 页。

② 李超荣、李浩、许勇：《美丽富饶的海南岛》，《化石》2013 年第 4 期。

象、貘、鹿、鬣狗、熊猫和豪猪化石等。考古专家在仔细地观察了一些动物化石后，看到其上有一些类似人工敲砸的痕迹，如果能够确定的话，这将是海南旧石器时代考古的一大发现，将把海南岛有人类的历史向前推进几十万年以前。可惜，正式的考古报告目前尚未发表。但已在 2013 年 5 月被国务院公布为第七批全国重点文物保护单位。

这次考古最重要的发现是在洞内发现了一枚巨猿牙齿化石。专家根据地层和动物化石的特征及中国地震局地质研究所电子自旋共振（ESR）法测定，该巨猿地点绝对年代为距今 40 万年至 60 万年前，地质时代为中更新世。这是海南省首次发现的旷野遗址，也是我国最南的旧石器时代旷野遗址。2009 年，海南省政府公布信冲洞动物化石地点为省级文物保护单位。

（四）皇帝洞

位于昌江县王下乡牙迫村东约 0.5 千米的五勤岭山脚下，北侧 200 米为南尧河，洞口朝向西偏北，宽约 35 米，高约 25 米。洞内呈东西走向，深约 50 米，高约 25 米。洞的前半部地面较平坦，后半部较长，地表呈斜坡状。在洞内采集有磨制的双肩石锛，还有米字纹、网形纹的泥质印纹陶片，经鉴定为新石器时代至秦汉的文物。

（五）燕窝岭旧石器遗址

位于昌江县七叉镇保由村西南约 2 千米，为河漫滩旁的台地上，北临南阳河，南为燕窝岭。该遗址南北长 25 米，东西宽 20 米，面积约 500 平方米。考古人员在文化层堆积上采集有多刃石砍砸器 1 件，在河旁台地上采集有夹砂粗红陶片等，经鉴定为旧石器时代晚期遗址。

（六）红林化石地点

位于石碌镇芽营村东南 3 千米的石山岭，原为一处洞穴，因长年开采石头洞已不存。遗址呈东西走向，东西长 20 米，南北宽 16 米。2003 年，当地群众开采石头时，在山顶 4 米处发现采集有熊猫牙齿、犀牛、象等骨骼化石。

（七）五勤岭化石地点

位于昌江县王下乡牙迫村东约 0.5 千米的五勤岭山脚下的一个山洞，洞口坐南朝北，洞口高约 3 米，宽约 4 米，深约 30 米，呈外宽里窄形状。1998 年在洞内采集有动物化石及螺壳。贝壳化石经测定年代为距今11000 年。

这样，连同在三亚发现和考古发掘的落笔洞洞穴遗址，海南旧石器时代和新石器时代早期的文化遗址序列有了大致的轮廓：燕窝岭和混雅岭的旷野遗址（距今 20000 年左右[①]）→五勤岭山脚下的洞穴遗址（距今11000 年左右）→三亚落笔洞遗址（距今 10642 年左右[②]）→三亚仙郎洞遗址（新石器时代早期，距今 8000 年左右）。[③]

二 海南旧石器时代的生态环境

昌江县的地质构造是海南岛的标准。据地质学家研究，早在 1964 年就已被地质界命名为"石碌群"，当时是由海南地质大队首次创建并命名，地点为昌江县石碌铁矿区，以金牛岭南麓 375 排土场至北一矿出露较完整。石碌群原分七层，自下而上为第一层至第七层。时代为寒武——奥陶纪，但无任何生物依据。经地质研究石碌群第 6 层上部的宏观藻类化石的时限为 15 亿年至 6 亿年，另一群约距今 9 亿年至 6 亿年。"石碌群的时代是早石炭世晚期，或可延续到中石炭世早期，但属晚泥盆世的可能性也不能完全排除"。[④] 石碌时代为晚元古代，与标准陀烈群层位相当，距今时限从 26 亿年前至 5.7 亿年。这就是说至少在这一时期昌江县的地质已经形成，当然这时还没有动物和植物，更没有人类。到距今 3.5 亿年的时候，地球进入了石炭纪，才进入植物大繁盛时代，又延续约 6500 万

---

① 丘刚：《海南古遗址》，南方出版社，2008，第 224 页。

② 郝思德、黄万波编著《三亚落笔洞遗址》，南方出版社，2008，第 113 页。

③ 仙郎洞遗址是 2012 年 3 月由中科院研究所和三亚市博物馆组成的野外考古队，在三亚市进行史前考古调查时发现的，遗址位于三亚市东北部落笔峰的山脚下，距落笔旧石器洞穴遗址近百米。

④ 地质矿产部宜昌地质矿产研究所、海南省地质矿产局编著《海南岛地质》（一），地质出版社，1992，前言。

年。大约在 1.8 亿万年以前，受印度洋板块、太平洋板块所夹峙，各个板块相互碰撞，才产生了海南岛。到 180 万年至 11550 年前的更新世（地质时代第四纪的早期，相当于考古学上的旧石器时代），海南岛上不仅有茂密的森林，还有各种动物。

在第四纪冰川晚更新世（约距今 7 万年前）时期，地球发生了最后一次发生大冰川期。此时，气温剧降，大量植物灭绝，一些大型动物向南迁徙。到距今 1 万多年前，气温逐步回升，动植物又多了起来。由于海南岛的纬度较低，在第四纪冰川期内受到的影响较小，大量的动植物被保存下来，加上因第四纪冰川期大批动物南迁至海南岛上，这时的动植物较之大陆丰富。

此时昌江县尚属亚热带气候，年平均气候 20 多度（比现在偏凉），森林茂密，水草丰富，气候温凉且不很干燥，植被、动物群、山地等自然条件都适合动物群生息繁衍，尤其是昌江县的东南部群山连绵，山皆不太陡，山涧河流密布，山上荆棘丛生，林木茂盛，植物种类繁多，达 4700 余种（海南独有的 630 种），陆生脊椎动物有 500 余种（其中两栖类 37 种），爬行类 104 种，鸟类 344 种，哺乳类 82 种（其中 21 种为海南特有）。有鹿、豪猪、熊猫、剑齿象、猩猩、中国犀、鬣狗、麂、牛等种属，是人类猎取的主要对象。

巨猿是与人类最近的旁系，昌江县巨猿牙齿化石的出土，为海南岛上何时开始有人类活动的研究提供了重要线索，证实了巨猿在距今 40 万年以前的海南岛上还没有灭绝。"这种灵长目动物与人类共同生活在地球上时，也正是人类正在进行一个主要的进化转变的时期。在中国南部的广西省就曾发现过一些巨猿化石。而这一地区当时也正是现代人种族的起源地之一。"[1] 有人甚至认为，巨猿"是所有巨型猿类和人类的祖先，即便不是真正意义上的祖先，那它也与祖先存在密切的联系"。[2]

对于这些动物的来源有各种各样的说法，比较有代表性的说法有三种。

1. 陆桥（琼州海峡陆桥）形成说

在晚更新世之末或全新世之初的大理冰期后期，由于"气候相对干

---

①　中国科技信息：《早期人类可能促使巨型猿猴灭绝》，腾讯科技，2005 年 11 月 9 日。
②　《西班牙发现现代巨猿和人类的最近祖先》，新浪科技，2004 年 11 月 22 日。

凉，使得海平面较低，部分大陆架成了陆地或滨海平原。原来是隔水相望的岛屿连接成了陆桥，长臂猿、亚洲象、貘、熊、华南虎、树鼩、扫尾豪猪等便通过琼州海峡陆桥来到了海南岛，并逐渐形成了特有的形状。"①

2. 海南岛与大陆断陷说

"海南岛原先是华南古陆向南延伸的一个部分，6500 万年前，雷州半岛和海岛是紧紧连在一起的，后与大陆分离发生在喜马拉雅山构造期内。第一次是在百万年前的早更新世末，由于雷州地洼中部发生断陷形成琼州海峡，海南岛便成为一个离岸的孤岛。但到了距今一两万年前的冰川时期，因海平面下降，海南岛重又和大陆连在一起。而到距今一万多年前，因海平面再次上升海南岛又再次与大陆分离，形成宽达 18 海里的琼州海峡。"②

3. 北部湾分离旋转漂移说

这是杨光河先生最新提出的观点，并有 8 大科学证据，他认为：海南岛是 2400 万年前开始从中国北部湾分离旋转漂移出去的，彻底分离大陆的时间是大约在 8000 年前。在如此长的地壳运动中，东南亚地块（也称印支地块）被看作是一个大齿轮，其总体是向东南方向漂移并伴随左旋，而海南岛原来就位于中国的北部湾（目前的广西省南部海域），在这个强大的印支地块驱动下，脱离了原来的位置，好像一个小的齿轮，被大齿轮咬合并驱动着，向东南方向漂移同时伴随着左旋。海南岛从原始位置逆时针旋转了约 150 度达到当前位置，仍在左旋向东南漂移中。如果将其"三亚市复原后位于目前的防城港市附近，海口市位于目前的昌江县附近。"③

海南岛从北部湾分离旋转最后漂移出去的时间，也应是琼州海峡形成的时间，即大约在 8000 年前。那么，如果这些动物是在琼州海峡形成之前就在海南岛上生存，当琼州海峡形成之后它们便成了土生土长的动物群。同样的原因，海南岛上旧石器时代的人类也是如此，如果这些人类是在 8000 年前就在海南岛上生活居住的，琼州海峡形成之后他们就留在了岛上，成了岛上的原始居民。如果这种观点成立的话，"只有 3 万多平方公

---

① 郝思德、黄万波编著《三亚落笔洞遗址》，第 118 页。
② 王俞春：《海南移民史志》，中国文联出版社，2003，第 22 页。
③ 杨光河：《海南岛从中国北部湾分离旋转漂移出去的 8 大证据》，《地质学报》2013 年 6 月第 87 卷增刊。

里的海南岛，根本不具备人类起源的客观条件，所以海南岛不是人类起源的地方，海南岛上的人类不是自远古以来就土生土长"的观点，① 就有商榷的余地了。

三 海南旧石器时代的文化特征

经过国家和海南省几十年的不懈努力，终于在昌江县境内发现如此多的属于旧石器时代的洞穴动物化石或人类活动的遗迹，使我们对海南早期文化②初步有了粗浅的看法。

（一） 洞穴是古人类的主要栖息地

人类之所以选择在洞穴里居住，比起在野外或树上有许多优越性，可以遮风避雨、防潮御寒、储藏食物、驱赶野兽。在当时人类生产力还比较低下的情况下，昌江流域还生长着对人类威胁较大的凶猛动物，如剑齿象（被称为是继恐龙之后的"巨无霸"等）。住在洞穴里，一旦遭到不测，就可以封闭洞口，保护全洞人的平安。

人们住在洞穴里可以将火种保留很长时间，只要不断地添加燃料，火就不会熄灭；由于洞穴里的石头俯拾皆是，既方便了石器制造，又促使人类如何利用石头打制成像样和锐利的石器；洞穴还意味着定居生活的萌芽，因为"在他们没有能力为自己盖住所时，他们不得不长期住在山洞里，他们在洞穴里储存捕来的猎物，在山洞里寻找可制成石器的石块，并在山洞里繁衍后代，教育子女。这样的生活方式比频繁的迁徙稳定安全，更有利于人类的进步"。③ 因此，专家总结出洞穴有这样的优点："洞穴孕育着人类，穴居代表着人类最初的居住文化，它对人类的演化和进步，起了保障和推动作用。"④

并不是所有的洞穴都适合人类居住，"当时的人一般选择距离河湖较近、渔猎方便、洞口朝阳、只有一个或两个洞口、洞口不能太低也不能太

---

① 王俞春：《海南移民史志》，第 22 页。
② 这里为了叙述方便使用了"海南早期文化"一词，不具有时代分期的含义。
③ 李学勤主编《中国古代文明起源》，上海科学技术文献出版社，2007，第 138 页。
④ 李学勤主编《中国古代文明起源》，第 138 页。

高、洞壁较直、出入方便等为条件。"① 山洞的开口最好向阳，以便通风透光；洞口距地面不能太高（太高不利于人们的生活），又不能太低（低了不利于防止野兽的侵袭和地面潮湿）。所以，昌江县境内的几个洞穴都大体符合这些条件，如混雅岭的信冲洞洞穴遗址等。当时由于大山的阻隔，通常人类的活动被限制在群山环绕的区域内。

人们在一个洞穴通常居住很长时间，有的甚至使用上万年，但不会是一直在此居住，每隔一段时间会迁往别的洞穴。经常迁徙的原因多种多样，如各族群的争斗、瘟疫、自然灾害等。

（二）人类居住的环境还要靠近有水源的地方，一般在河流两岸

这些地方不仅是人类和哺乳动物不可缺少的资源，而且通常植被丰富、动物群分布较密集，便于古人类就近捕捞河里的鱼、螺、龟，狩猎出没在荒野上的动物，挖掘植物的根茎，以维系族群的生存和繁衍。

昌化江流域的多处遗址不但在河流之旁，而且还都有一片高岗台地或盆地平原，给人类提供了充足的食物来源（河岸不仅有经常出没的动物，河内还有丰富的鱼类），也是人类聚集和开展社会活动的地方，有利于人类的进化和进步。

（三）原始人类的物质文化生活

这时人类肯定已制作和使用大量的竹木质工具，系利用竹子或树木的枝干及枯枝制作的，可惜因时代久远难以保存至今。

现在留下来的只有能够形成化石的骨角器、石质的生产工具和生活用品、蚌牙制品等。我们从昌江境内的石器中，初步看出这一时期海南岛上的原始人群的文化特点。

1. 石器的种类和文化特征

截至目前，在上述遗址采集和考古发掘的标本中，共计有 200 余件，其中，在钱铁洞下洞挖掘和采集旧石器时代的文化遗物就有 100 余件，其中有石核、石片、刮削器、砍砸器、手镐、石锤和石砧等，在上洞采集了

---

① 阎根齐、刘冬梅：《海南社会发展史研究》（古代卷），光明日报出版社，2011，第4页。

一些石片、烧骨和动物化石碎骨。"在其他旷野遗址中有石核和砍砸器。这三件石器都是用砾石加工而成的，应是选择洞内或旷野的石头稍作加工而成。

敲砸器（或砍砸器）、刮削器、尖状器已经成为旧石器时代晚期最常见、最基本的器物，是原始人类用来获取生存资料、保证日常生活需要的三件宝。那时一物多用的现象还比较严重，如敲砸器适合于敲砸，刮削器既可以用于刮削树皮木棒来制作生产工具，也可以刮削兽皮、植物块茎或当作石球用于捕猎工具；尖状器主要用于挖掘食物，也可用于对动物的穿刺；而那些刃部锋利的石片和刮削器既可以挖掘地下的块根茎植物，又可割划兽类；石核可以用作类似锤的工具制造石器，也可当作石球用于捕猎工具。

由于那时制作一件得心应手的石器并不容易，所以每一件石器都使用了很长时间。石制品的文化特征反映出"原料多样，其中石英岩、石英、火山岩、砂岩和石灰岩等，另外还有少量的黑曜岩。石制品的个体比较大。打片技术采用锤击法。石器类型主要有砍砸器和刮削器，等等。打制石器的素材主要使用砾石和石片，加工石器主要采用锤击和锤击交互方式。第二步加工比较规整，刃缘比较平齐。在石制品中都保留不同程度的天然面。这是以砾石石器为主的工业。从以上特点分析，它与华南的砾石工业具有密切的关系。"①

2. 石器时代的社会进步

乍一看，从距今 2 万年前的海南岛的旧石器时代到距今一万年前的落笔洞洞穴遗址，再到距今 8000 年至 6000 年前的新石器时代文化遗址，人类似乎没有多大变化，但若仔细对比和观察，人类的进步和生产力的提高还是非常明显的，这主要表现在以下几个方面：

（1）火的普遍使用。火在从猿到人发展史上起着决定性的作用，不仅能通过熟食增强人的体质和提高智力发育，还用于取暖、驱赶野兽等，"我国从距今 170 万年的元谋猿人都已经有了使用火的历史，经过了一百多万年的实践和发展，应该已经积累了大量的掌握火的经验和火的知

---

① 李超荣、李浩、许勇：《美丽富饶的海南岛》，《化石》2013 年第 4 期。

识。"① 昌江县的旧石器时代遗址中多处发现有灰烬和火烧的痕迹，特别是在旷野遗址上发现用火的遗迹，说明人们不仅已经普遍使用了火，而且因多阴雨潮湿，很可能当时的人类是将火种从洞内带到旷野，或已掌握了钻木取火的技艺。到了距今一万年前的"落笔洞人"遗址更有了用火堆积的现象，而且还有了用"篝火"和类似"三石灶"的遗迹。其进步非常明显。

（2）石器制作的进步。主要体现在两个方面：一是石器的种类有明显的增加（从原来只有几种类型增加到二十几种，仙郎洞遗址发现石制品22件，其中有石核、石片、刮削器、砍砸器、石锤和石砧），石器的造型趋向成型化（表明人类已能根据需要打制不同用途的石器）；二是石制品的原料多样，其中石英岩、石英、火山岩、砂岩和石灰岩等，还有少量的黑曜岩，后来掌握了石料的特性，有选择性的根据石料的材质和形状进行加工；石器的制作越来越精细。昌江县的石制品的个体比较大，打片技术采用锤击法，打制石器的素材主要使用砾石和石片，加工石器主要采用锤击和锤击交互方式，加工比较规整，刃缘比较平齐。后来，石器的形制越来越小，多发现有小型的石片，钱铁洞遗址发现了加工精致的手镐，仙郎洞发现的刮削器，落笔洞人遗址发现了穿孔石器（有人认为是用来捕捉兽类的飞索石）。

在现代人看来，这些进步或许是点点滴滴、微不足道的，可对于一两万年前的原始社会时期的人类来说，则意味着获取生活资料的本能增强、人口的增加和社会的进步。

（3）海南旧石器文化的传承。创造昌江县旧石器时期文化的主人是谁？这可能是大家比较关心的问题，但由于能够辨别其主人的材料太少，各处遗址的年代还未明确，各遗址之间的联系还不清晰等原因，目前还无法确定，我们对此不作探讨。从昌江县境内发现的八处旧石器时期洞穴和旷野遗址分析，旧石器时代晚期的人一直在此一带繁衍生息，从理论上说，他们应属于同一种原始社会的文化类型。无论是土生土长的原始居民，还是琼州海峡形成后漂洋过海来到这片深山老林的，都与大陆原始居民有密不可分的关系，正如专家所说："把仙郎洞出土的石制品与落笔洞

---

① 阎根齐、刘冬梅：《海南社会发展史研究》（古代卷），第19页。

遗址的石制品进行对比，无论石器的加工技术还是石器类型都有着密切的关系，在文化上是一脉相承的。它的发现说明从旧石器时代晚期到新石器时代古人类就一直在三亚市活动。这对研究海南的史前史和华南的史前文化具有重要的学术意义"；可以"初步勾画出海南省史前文化序列。石器文化是属于砾石工业，从旧石器时代早期一直到新石器时代在文化上是一脉相承的"。[1] 而落笔洞遗址及后来在海南岛活动的人类，有人认为是黎族先民创造的文化。[2] 唯有此说才比较合理，尽管此说目前还缺少许多的证明材料，需要今后更多更深入的研究和探讨。

（作者单位：海南大学社会科学研究中心、昌江县博物馆）

---

① 李超荣、李浩、许勇：《美丽富饶的海南岛》，《化石》2013 年第 4 期。
② 王学萍：《源远流长的黎族——序》，载吴永章《黎族史》，广东人民出版社，1997，第 2 页。

论澄迈古村落历史文化

王 琦 董 鹏

汉武帝元鼎六年（前111），遣伏波将军路博德平南粤，明年改元元封元年（前110），始置珠崖、儋耳二郡，领遗帽、紫贝、苟中、至来、九龙五县。苟中始设于那舍（今美亭乡东南隅）都。隋大业三年（607），澄江迈山置县于此，属珠崖郡。[①] 设三个乡，后并为二乡，领54都354个图，按平均每图管辖5个村庄计，在这块肥沃的土地上，曾经分布着1700多个村庄。这些村庄与日月同行，同万物共生，创造了灿烂的人类文明。它们顽强开拓、勤劳耕耘，睿智探索，翻开它们这一千多年的历史，就是澄迈发展的历史。[②]

因为有了他们，"澄迈"[③] 二字才长青不衰，熠熠生辉。他们之中，犹以散落在历史文化名镇老城四周的村落，彰显了澄迈历史文化的深厚博大，各自以其独特的文化遗韵悠扬至今。

海南冯氏第一村："石矍"文化与忠勇精神

石矍的由来，明朝林堪在《塞石矍港记》中有记述："其地产石，参

---

① （清）丁斗柄修，曾典学纂《康熙澄迈县志（二种）》卷1《沿革志》，陈洪迈点校，海南出版社，2003，第21~22页。
② 澄迈县地方志编纂委员会办公室：《澄迈县大事记》，海南人民出版社，1988，第1页。
③ 澄迈县邑老城东倚马鞍山，雄居郡城干脉，属石山支龙，南临大胜岭，澄江饶其南，沧海极其北。因古县治老城有"澄江"、"迈山"，故取山水名之首定县名为"澄迈"。

差错出，峭峣铄镬，名曰石礐。"① "石礐"之名，很为奇特。清《澄迈县志》载："澄迈县治西二十五里有石礐港，港受大海洄澜蒸荡之气而生秀石。字书无'礐'字，土人呼'礐'，如山礐之'礐'，言其石礐礐然也。"② "礐"音"què"，故"礐"也音"què"。因此又有一说，即"石礐"之名是由海水拍击海湾的石头发出声音而得名，喻指海岸石头之秀美。

石礐村地势后高前低，石头"码"成的古民居沿着形似梳子的风水塘依势排列，连成一体。村里的老屋均为火山石建构，黑黢黢的颜色，上面布满了孔洞，加之硬山式屋顶，一条正脊、四条垂脊和两面斜坡搭建，瓦片覆盖。院子的前庭、后院为横向通道，左右巷为纵向通道，是典型的"梳式结构"布局模式。庭落之中石臼、石墩、石槽、石柱，无一不是石礐之功。

当然，真正使石礐村名闻天下的，并非仅是以产秀石之缘故，更是与岭南"圣母"冼夫人数次赴琼平定战乱的忠勇事迹息息相关。

冼夫人，原名冼英，南朝梁武帝天监十一年十一月二十四日（512年12月17日）生于高凉郡冼氏家中，系岭南"越族"酋长冼来山的女儿。冼夫人是梁、陈、隋三朝时期岭南部落酋首，更是我国古代伟大的政治家、军事家，被周恩来誉为"中国巾帼英雄第一人"。

梁武帝中大通六年（534），冼夫人领命安抚海南百姓，首次率兵船渡海峡，登上海南岛。"夫人多所规谏，由是怨隙止息，海南儋耳归附者千余峒。"③ 岛上峒人早闻冼夫人的英风懿范，纷纷归附。冼夫人更是亲临当地，妥善安排，使汉朝遗民一千多峒黎人归附她的麾下。

梁武帝大同元年（535），冼夫人婚嫁高凉郡太守冯宝，随之便辅佐丈夫处理郡务，努力在俚人中传播汉族的文化、礼教、耕作技术，推行政令。并严法治族，制止高凉各部族之间的侵掠，汉俚关系融合，生产发展，人们和睦相处，安居乐业。

梁武帝大同（约540～541）中，就"废儋耳地置崖州"事，④ 冯宝和

---

① （清）龙朝翊主修，陈所能等纂修《光绪澄迈县志》卷11《艺文志》，陈洪迈点校，海南出版社，2004，第478页。

② （清）龙朝翊主修，陈所能等纂修《光绪澄迈县志》卷11《艺文志》，第508页。

③ （唐）魏征等撰《隋书》卷80《谯国夫人传》，中华书局，1987，第1801页。

④ （清）焦映汉修，贾棠纂《康熙琼州府志》卷1《疆域志》，海南出版社，2003，第478页。

冼夫人以高凉郡太守和南越首领的身份联名上奏朝廷，请求在珠崖岛设置崖州，实行有效管理。不久，梁武帝批准设置崖州，命冯宝和冼夫人负责实施。这是自初元三年（前46年）珠儋两郡被汉元帝废弃后海南首次置州，重新恢复行政建制。于是，冯宝夫妇调兵遣将，筹措犁耙、番薯种苗等物资，统率大军乘着数十艘船只，浩浩荡荡地渡海登岛。

梁敬帝太平二年（557）十月，梁朝大将陈霸先代梁自立，建立了陈朝，史称"陈武帝"。南陈初年，朝廷无力顾及岭南，冯宝为岭南的安定四处奔波。陈朝初，"（冯）宝卒，岭表大乱，夫人怀集百越，数州晏然"。① 冼夫人抑制丧夫悲痛，以俚族首领和太守夫人的身份，安抚"数州"。

开皇十一年（591）正月，冼夫人大破番禺俚帅王仲宣和泷水（今广东罗定）豪门陈佛智的叛乱后，隋文帝任命冼夫人三孙冯盎护卫隋朝诏使裴矩渡海南下抚慰崖州。船队在北冲溪（今称南渡江）的埠头渡登岸。

仁寿元年（601），广州总管赵讷结党营私，滥杀无辜，俚峒逃亡，甚至激起反抗。隋文帝据冼夫人奏报处死赵讷后，"降敕委夫人招慰亡叛。夫人亲载诏书，自称使者，历十余州，宣述上意，谕诸俚獠，所到皆降。高祖嘉之，赐夫人临振县汤沐邑一千五百户"。② 这"十余州"，崖州应包括在内。此时，冼夫人已年九十，她不顾年迈，不辞辛苦，奉诏出巡，以朝廷使者的身份往各地巡查抚慰。在抚慰岭南之后，冼夫人又渡海南下，在"石矍湾"泊船登岸。隋文帝仁寿二年，冼夫人终因年事已高，于正月十八日（602年2月15日）在海南仙逝。朝廷为表彰其戍边之功，册封为"谯国夫人"。

石矍是南梁冯宝、冼夫人渡琼置州登岸和驻马之地，是冯氏先祖最早居住之村，更是冼夫人最后留芳之地。夫人芳华虽已逝，忠勇精神亘古长存。

冼夫人一生奉朝廷命数度率兵登岛，安抚黎民，功盖天下，正如《大学》中所述："忠者，德之正也。惟正己可以化人，故正心所以修身乃至于齐家、治国、平天下。"

海南《冯氏家谱》载："先世祖冯宝为高凉太守，其子统兵南征，迁家琼之澄迈。"又载："上祖智待（戴）③自崖州移居澄邑石矍村"。冯氏

---

① （唐）魏征等撰《隋书》卷80《谯国夫人传》，第1802页。
② （唐）魏征等撰《隋书》卷80《谯国夫人传》，第1803页。
③ 智戴是冯盎的长子。

一族戎马一生，骁勇善战。至今，石矍村冯氏大祠堂内牌匾尚存"将军第"三个字，其中"军"字中间一竖穿头，而"第"字中间一竖尚未及顶。据民间传说，"军"字竖划出头，暗示"通天"的意思，意为冯家夫人冼英和丈夫冯宝安抚海南功绩卓越，可以直接面见皇帝，是为"通天"；"第"字竖划不到头，暗示冼英夫妇虽为国效力功德显赫，但不敢居功自傲，为国家效力是百尺竿头，还差一步，意为"不足"。

古老而厚重的牌匾仿佛再现了昔日冯氏一族驰骋疆场、平定黎乱的一幕幕场景，亦是"海南冯氏第一村"历经千年沧桑的见证，更象征着一份对后人传承其"忠勇"精神的长久希冀。

"万叶枝柯"罗驿村：宗祠文化与重教精神

"澄邑去南十里许，有都曰倘驿，山川盘结，人物秀异，诚一仁里也。"① 据考证，罗驿村旧名倘驿，今又名罗亦。罗驿村所在的地方，曾经是古代琼西的交通要道，早在一千多年前的宋代，官府就在这里设立一个驿站，叫作倘驿站，罗驿因倘驿而得名。北宋大文豪苏东坡被贬海南，从澄迈老城前往儋州，路上经过的第一个驿站，便是倘驿及其所在地罗驿村。在罗驿村东南方一片田野之南，当年官道残存的石路依稀可见。

罗驿村内，规模最大的建筑物便是李氏宗祠。李氏宗祠建筑面积为1900平方米，占地近7000平方米，为三进院落四合院式布局，水石结构、木雕、石刻、彩画都有着鲜明的清代建筑特色。宗祠大门，坐立一对石狮，神态威严，面朝"五岳朝天"的墙体，大气磅礴。

据村史记载，李氏宗祠始建于雍正元年（1723），为纪念罗驿村的李氏始祖李文英而建。李文英是位乡贡进士，原籍琼州万安县（今万宁市）人，于南宋末年（约1265～1279）游学澄邑，在罗驿村设学塾，便定居于倘驿。

关于罗驿的开村始祖李文英，还有一个有趣的传说。相传在宋朝末年，李文英来到罗驿教书，并定居于此。有一次，学童迟到，李文英照例拿起戒尺责罚。学生向李文英述说迟到原委，说上学途中看到了一群小龟

---

① （清）龙朝翊主修，陈所能等纂修《光绪澄迈县志》卷11《艺文志》，第479页。

驮着一只死龟，他们觉得好奇，于是就在后面跟着，一直到了山上，看着小龟将死龟埋葬才返回。李文英听后也觉得怪异，于是掏钱让学生买甘蔗，让他们顺着原路一边走一边吃，直到葬龟的地方再返回。等到了人少的时候，李文英顺着甘蔗渣，找到了葬龟地。作为读书人的李文英觉得，这块"龟寿地"定能福泽后世，于是将这里选为自己百年后的栖身墓地。虽然李文英的相地传说难以考究真假，但在后来，李氏一门枝繁叶茂，成为当地著名的书香望族却是不争的事实。

李氏宗祠不仅为纪念始祖而建，更是李氏后人学习文化礼仪的重要场所。罗驿村的学堂就设在这里。祠院内那些被磨光的青石地板和根根石柱，无不被百年书香灵气所熏陶。遥想当年，李氏宗祠书声琅琅，科名兴盛，才人代出。

或许是开村始祖李文英出身于书香门第之故，罗驿村自古就有重视教育的传统。早在元朝时期，村民就争相送子到外地求学，这些人学成归来后又在村里设学馆收徒，传授学业。在浓厚的学风影响下，罗驿村在功名科举上人才辈出。元至治三年（1323），罗驿村李震器应湖广乡试中举，成为澄迈本土有史以来第一位举人；明永乐年间，李震器之孙李惟铭高中辛卯科举人；紧接着李惟铭之子李金又在景泰癸酉科乡试中金榜题名，祖孙三代同折桂一时成为美传。元、明、清三朝六百多年中，罗驿村出过举人 3 名，贡生 34 名，廪生 18 名，监生 78 名，庠生 129 名。这些榜上有名的先贤，让罗驿村赢得了"书乡"的美誉。嘉庆十七年（1812），定安探花郎张岳崧①应邀来到罗驿村讲学，看到该村科名茂发，学风日盛，无比高兴，于是为罗驿村撰写了《李氏合族谱序》、《澄迈罗驿李氏祠堂记》、《茂春李翁八秩大庆》、《元哲太翁李老先生大人像赞》，并亲笔给这座人文蔚起的书院祠堂题写了"万叶枝柯"的匾额。

罗驿村至今还流传着李震器祖孙三代奋志读书，为宗族争光的美谈。在李氏宗祠往西百米处，屹立着一座高大的牌坊，题名"步蟾"，这是彰显罗驿村李金乡试中举的功名坊。坊间盛传，其实这里有两座牌坊，在"步蟾"坊旁边，曾经还有过另一座"文奎坊"。"文奎坊"是族人为了表

---

① 张岳崧（1773～1842），字子骏，又字翰山、瀚山，号觉庵、指山。琼州府定安县（今海南省定安县龙湖镇高林村）人，海南在科举时代唯一的探花，官至湖北布政使（从二品）。

彰李金的父亲李惟铭最早中举而立的。李惟铭中举后，也鼓励儿子李金读书，致力于功名，为本族争光，并承诺只要儿子中举，就为其建造一座更大的牌坊。后来李金果然乡试折桂，父亲也信守诺言，在"文奎坊"的旁边建起了一座"步蟾坊"。两坊并立，犹如日月同辉，巍巍灿烂。更值得称道的是，李金中举即出任赣州府雩都县训导，卸任后，他不忘先祖李震器开拓的文化基业，继续发扬罗驿村"重教"的优良传统，回乡设馆讲学，在秀峰山上创建了澄迈历史上第一座书馆——秀峰书院。明朝教谕朱复撰文高度评价李金兴办秀峰书院有三大意义：立学校以教人，先贤以为教不倦，仁也；推廛赋以奉师，俾贫富均沾其教，义也；且能消弭忿戾之心而有辞让之风，礼也。认为"兴学之功、立教之意"，要在全社会推而广之。[①]

学而优则仕。在罗驿村，像李震器父子那样，读书做官后，忠于朝廷，为民办事，享誉海内者，数不胜数。清代李恒谦（1788～1859）便是其中之一，其任钦加按察司衔御赐花翎，浩授通仪大夫，特授云南省永昌府知府，历任开化府、澄江府、丽江府知府，云南省通判等职。此外，曾有3人科第中举，250多人出仕，故罗驿村又享有澄迈"科举仕宦第一村"之美称。

1919年，因海盗猖獗，澄邑著名的澄江书院教学秩序受到严重干扰，也迁到罗驿村李氏宗祠办学。随后西学渐起，兴办新学，书院改建为澄迈县立第二高级学堂，这就是驰名四方的罗驿高小。在新学的影响下，罗驿高小致力于培养仁人志士，成为红色摇篮，李独清、李定南等一批琼崖革命的中坚力量均出于此，他们用青春与热血点燃了琼崖革命的星星之火。

"祥自宋开，膺岁荐，登贡书，有创有垂于今为烈；族从元茂，守边陲，任民社，乃文乃武振古如兹。"[②]几径篱笆，小扣柴扉，鸟儿归巢嬉戏，晚霞铺满天际，罗驿村如诗如画；千百年来，晨钟暮鼓，斜阳柔光下，李氏宗祠前，罗驿人低吟重教精神之要义，细品宗祠文化之醇香。

---

① （清）龙朝翊主修，陈所能等纂修《光绪澄迈县志》卷11《艺文志》，第480页。
② 此是张岳崧为罗驿村李氏宗祠题写"万叶枝柯"匾额时撰写的一副对联，高度概括了李氏宗祠文化及其"笃学"精神。

封平都治大丰村：约亭文化与禁约精神

大丰村坐落于澄迈西北，距老城约十公里。大丰村最早称多峰铺，多峰铺发展成集市后，改称多峰市。①

多峰市形成后，根据周边农村乡民生活习惯和生产需要，每两天开一次小市，四天开一次大市，商货多从各港口输入；临街大小商铺依次排开、鳞次栉比，粮油酱醋、农用器具、鱼肉果蔬、日杂百货、金银首饰、纸张笔墨、祭品香烛，无不具备。各类商品严格依约交易，不得越界买卖，扰乱市场，以维护市场秩序，践行商德。从清朝中期到民国初年，多峰集市维持了二百多年的繁荣。随着军阀混战和日本侵略军的抢掠烧杀等影响，多峰市逐渐衰败。1939 年，日本侵略军为防范抗日势力，在多峰市修筑碉堡，派兵屯驻，并按谐音将"多峰"改为"大风"，随后"大风"又演变成了"大丰"，沿用至今。

古时的大丰村，② 位于驿道之上，又是街市的所在地，人口众多，商贸繁盛。它不仅是方圆数十里内的集市贸易中心，还曾经是政治中心，更因为拥有建于清朝时期的"封平约亭"③ 而广为人知。

大丰村东北方向，一处普通的老式民宅静立在石头古道的尽头，便是"封平约亭"。走近就会发现老宅门额上，一方石匾镶嵌着"封平约亭"四字，中间有一方突出的"圣谕"雕刻，在四周鲜艳精美的花式图案衬托下，显得庄严肃穆。门上有一幅长联：

圣治揽乾纲封建平均披丹宸纶贵三章法约

谕条重巽命多士峰列听黄堂梆鼓廿里长亭

对联以"圣谕"二字顶格，镶入了"封平约亭"等字，还将约亭与古县治的距离以及约亭的功用晓喻于上，文思之妙不禁让人称道。正屋为一进三间，明间正堂悬挂鎏金仿古匾一块，上书"观光扬烈"，意指入亭聆

---

① 清代琼州府澄迈县恭贵乡封平都的治所就设在多峰。
② 古时的大丰村即"多峰"。
③ 封平约亭始建于清康熙六十一年（1722），同治二年（1863）重新修葺，保存至今。

听圣训而效法先哲。

"约亭"除了乡都日常行政办公以外，还兼做议事、宣谕场所。乡都里大事小事，如上至奉皇帝御旨、官府谕示、完纳粮税等，下至市场管理、合都宾兴、众议凡例等，都在这里宣谕、告示、商议、部署，形成法约，然后各图分头贯彻执行。自康熙以来，"圣谕宣讲"成为清朝在地方施政的要目之一。政府规定各级行政部门必须每月举行两次公开集会，对百姓进行宣讲并解释皇帝"圣谕"。

在雍正颁布《广训》后，"圣谕宣讲"则以该书为宣讲的主要内容。这种宣讲圣谕的活动大多选择在约亭举行。据当地老人回忆，封平约亭的甬道正中，立有三块方正的"拜石"，每逢宣谕圣训等重大活动，听训的乡都官员和民众由大门起，在三块拜石中依次而立，行三拜九叩首之礼后再听宣讲。

据《乾隆琼山县志》等史料记载，约亭除了宣讲圣谕，还定期举行"考校善过"的活动，由约亭值月官将地方民众的善行记录在册，并呈给正里长过目，随后上报县衙。在县府衙门内左右两侧，分别设有"旌善坊"和"惩恶坊"，对有善行的民众进行表彰，对有不良行为者，则进行劝惩，对那些有过能改之人，也给予表扬。可见，约亭在封建社会还担负着"彰善瘅恶"的教化作用。

封平约亭内最为珍贵的便是石碑刻八通。其中，记录年代最早的是清康熙六十一年（1722）"封平都士民全立四至立启为界二"碑，最迟的是1912年特立的有关完纳粮税实施办法等内容的碑刻，此外还有清乾隆四十三年（1778）的《正堂示禁》碑、乾隆四十九年的《当官牌禁》碑、嘉庆十五年（1810）的《从议凡例》碑等。这些碑刻虽然饱经岁月风霜，但字迹仍旧清晰。

"朝廷有法律，乡党有议约"，在乡土社会的中国，乡规民约在国家长治久安的过程中一直扮演着不可或缺的角色，它与"约亭"一样，是教化民众的另一个重要载体。约亭之内的乾隆年间禁碑中，便有一块是关于大米买卖正式启用椰筒作为量具以及操作规范的"禁约"文献。"禁约"即古代村民自行制定的"乡规民约"，从社会公德的各个方面对村民的行为做出严格的规范，以保证村里的和谐。村民将"禁约"刻在石碑上，或立于村口，或置于约亭，用于提醒村里人，做人处事必须循规守法、行为端正，于是就产生了禁约碑。

"官府禁碑"是由官府颁布命令勒石所立，属于官方制定的法律，因此具有强制性法律效力和指导意义；村民合议的"乡规民约"，必须"奉县示禁"、"奉官给示"，才具有法律效力。一般来说，"乡村民约"必须由官府批准方可勒石立碑，本质上是官方意志①的延续，以保证政令的一致性。

古代的禁约对维护地方治安，保护民众的生命财产起到一定的积极作用。此外，禁约采取勒石立碑的方式谕示，在公共场合长期广而告之，使老百姓知法守法，有利于提高民众守法的自觉性。长久以往，民众会形成遵纪守法的风气。于是在澄迈境内北部一带的农村，少有鸡鸣狗盗之徒，多有乐于助人之行，民风之淳朴就是由碑刻中的禁约精神潜移默化而成。约亭内立有一块刻为公益捐款的名单的碑石可为见证。

目前来看，在海南发现的古代禁约碑中，其内容可谓千差万别。例如澄迈县金江镇大拉村于光绪六年（1880）所立的《奉县示禁碑》，如实反映了当地治安较差，盗贼猖獗，村民们根据县尉指示共议禁约，以图各安本分，保障一方平安。其中，明确禁止"盗砍芦林竹木"、"盗割竹笋"等。又如在府城潭社村前，一块清代咸丰五年（1855）的"奉县示禁"碑立于其间，内容有禁止私售鸦片、禁止窃采莲子盗挖莲藕、禁止在潭中捕鱼捞草、禁止白天在井边裸浴等十一条。不过令人倍感欣慰的是，这些古代禁约精神流传至今并发扬光大。在澄迈金江大拉村，近年在制定新的《村规民约》中，除增加禁绝毒品、尊老爱幼、破除封建迷信和重罚打架斗殴等内容外，其余条文均对旧的规约做了承继。

斑驳的门槛，低矮而厚重的火山石墙，爬满墙头瓦顶的藤草在古朴与静谧中穿行。站在约亭中，抚摸那些记载着历史的碑刻，似乎能听到这里曾经响彻过的"德业相励，过失相规，礼俗相交、患难相恤"②的历史回音。

---

① 官方始终强调的是"立规条以端其心"。

② 《吕氏乡约》是我国历史上最早的"村规民约"之一，其内容分为四章，分别为"德业相励"、"过失相规"、"礼俗相交"、"患难相恤"。《宋史》卷340《吕大防传》，中华书局，1977，第10844页。

澄迈风·海南魂·中国梦

历史的百转千回造就了古村落的兴起与消弭。在澄迈两千多平方公里的土地上，至今依然散落着依稀的古村落，它们点缀在山水田园风光中，浑然天成；世代以农耕为主，纯净恬淡。那里的乡民，诗意地栖居，无争地生活，他们不仅是澄迈古朴之风的一道缩影，更是海南人文之魂的一种象征。

古村落作为地方性历史文化遗存形式之一，是曾经当地政治与经济发展水平的象征，更是其传统民俗文化与农耕文明的集中代表。在海南古村落的文化建构体系中，其组成元素是较为丰富的。不仅包含了物质文化的显性印记与制度文化的隐形影响，而且囊括了行为文化的自发约束和精神文化的集体感知。它们看似陈旧，却展现着辉煌的过去，承载着丰富的历史文化信息。融自然山水、建筑特色、风土人情、伦理道德与传统秩序于一体，表达了人与自然和谐相处的关系，展现了古村落文化的亲切动人之处。因此，古村落在海南历史文化传承中始终发挥着其独有的作用。作为一种文化符号，它不仅承载着历史的沧桑与回忆，更透露出富含海南地域文化的神秘气息，同时给人以情感上的回归与心灵的慰藉。

昔日的历史文化在奠定海南人文精魂基础之外，更鲜明地折射出传统中华文明的悠久与璀璨，成为世界了解中国人文、历史的一扇窗口。然而，承载历史文化记忆的古村落目前在加速消亡，剩下的唯有纸上的只言片语。作为兼具物质与文化双重意义上的遗留与延续，古村落在中国的建筑史、文化史等诸多领域中都占据着非常重要的地位。古村落由于同时有着文化氛围、财富发掘、血缘脉络以及农业文明等大量社会发展的关键元素，使人们在探寻中华文明的渊源时无法避绕或置之不理。从文化学的角度看，古村落的人文精神价值要远远大于其实物价值，但是这种人文价值如若缺失了其载体，就会变成人类永远尘封的记忆。这既表明古村落保护是每一位社会成员的共同责任，也道出古村落保护的要义所在。

现代社会的发展与中华文明的伟大复兴更加需要文化的传承。因为传承是发展的必要前提，发展是传承的必然要求。古村落不仅是中国农耕文明的重要载体，古村落文化更是中国传统历史文化视野下的一种根性文化，更应得到保护、继承与发展。在保护时把握人类前进的方向，坚持用发展的眼光来看待传统文化；在继承时把握世界文化的潮流，坚持用修身的方法来学习传统文化；在发展时把握科学发展的大势，坚持用正面的方式来弘扬传统文化。

洗去岁月的尘埃，穿梭在理想与现实中，仰望星空，脚踏实地。用眼角的余光轻轻摩挲视线里古村落的一砖一瓦，顿生触及灵魂最深处的柔软和幽古的恬静。听任岁月悠悠，芳草斜阳；弘扬海南历史文化精神，成就中华文明复兴梦想！

（作者单位：海南大学法学院）

海南红色文化的价值

——以琼海红色文化为例

王　善　程　川

一　红色文化与海南红色文化

红色文化是近代以来中国共产党领导中国人民在中国革命、建设和改革历史进程中形成的理论、经验和精神凝结积淀而成的优秀历史文化，是中国共产党的优秀文化传统和文化基因。

红色文化是红色历史、红色文化符号和红色文化精神的有机统一，红色历史、红色文化符号和红色文化精神三者密切相连，不可分割。其中，翻天覆地的新民主主义革命和社会主义革命，波澜壮阔的社会主义建设和改革开放的红色历史实践形成了红色文化历史；在红色历史进程中涌现的英雄模范人物，具有历史意义的重要事件，红色文化历史遗迹和遗产以及与红色历史紧密相连的红色艺术和产业等组成了红色文化符号；红色历史和红色文化符号所承载的中国共产党和中国人民近现代以来实现国家富强、民族独立和人民幸福伟大中国梦的价值追求和精神内涵，构成了红色文化精神。红色历史和红色文化符号是红色文化的载体和基础，红色文化精神是红色文化的深层内涵，也是红色文化的生命和灵魂。①

海南有着极其丰富而富有鲜明特色的红色文化。海南红色文化主要是指中国共产党领导下的海南琼崖革命、建设和改革进程中形成的优秀历史

---

① 参考了中国社会科学院金民卿教授在 2014 年"红色文化与中国道路"学术研讨会上题为《红色文化精神传承与理想信念的当代构建》的主题发言。

文化。海南红色文化是中国共产党领导下的先进文化在海南的具体形态和集中体现。"二十三年红旗不倒"的琼崖革命精神，无疑是海南红色文化最为核心的组成部分。由于琼海在琼崖革命历史中占有独特的地位和作用，因而琼海红色文化就成为海南红色文化中最具代表性和典型性的组成部分。

二 海南红色文化的鲜明特色

海南红色文化孕育形成和发展于海南独特的区域历史文化和人文地理环境的丰厚土壤中，渗透了海南历代先贤、海南人民和海外琼侨血脉中的灵魂和特质，形成了海南红色文化鲜明的特色。

首先，从海南红色文化形成和发展的历程来看，海南红色文化贯穿于中国共产党成立以来海南的革命、建设和改革整个历史过程，历史延续性特别突出。在海南革命、建设和改革的每个时期都有红色文化的深刻影响。以新民主主义时期为例，在全国范围来看，只有海南的琼崖革命根据地和陕北革命根据地成为整个新民主主义革命时期"两面不倒的红旗"，因而，区域性红色文化始终贯穿于整个新民主主义时期的只有陕北和海南。

其次，从海南红色文化产生和涉及的地域看，海南红色文化几乎覆盖了整个海南岛，地域覆盖性特别广泛。以新民主主义时期为例，海南省每个市县几乎都有革命老区，每个市县都有红色文化的历史、红色文化人物和红色文化遗迹等文化符号。而在海南市县中琼海等市县因为其在海南革命历史上的独特地位，因而琼海红色文化成为海南红色文化中最具代表性和典型性的组成部分。

最后，从海南红色文化的内容来看，海南红色文化涉及红色文化的各个层次和方面，内容极其丰富。

1. 从海南红色文化的红色历史层面来看，以新民主主义时期为例，有打响琼崖武装斗争第一枪的琼海"椰子寨起义"，艰苦卓绝的母瑞山革命斗争，意义深远的琼崖抗战，创造了小木船打败大军舰奇迹的解放海南的渡海战役……

2. 从红色文化符号层面来看，有"竞把头颅换自由"、"愿将铁血洗神州"的海南辛亥革命活动家林文英，"五四运动"牺牲的第一位烈士、海南籍北大学生郭钦光，"伐木开山的先锋"的琼崖革命先驱徐成章、洪剑雄、周士第、王器民、李爱春、王大鹏，首先举起琼崖革命红旗的先驱杨善集、冯平、王文明，"琼崖人民的一面旗帜"的冯白驹等红色人物；已经成为海南亮丽名片的享誉国内外的琼海"红色娘子军"、五指山和万泉河等。

海南红色文化遗迹、遗址等红色文化资源极其丰富料，海南省 18 个市县共有红色文化资源 505 处，其中有琼海市红色娘子军纪念园、五指山市五指山革命根据地纪念园、海口市琼山区工农红军琼崖纵队改编旧址（云龙改编旧址）、定安县母瑞山革命根据地纪念园、六连岭革命遗址、张云逸大将纪念馆、海口解放海南岛战役烈士陵园（金牛岭公园内）等国家级红色旅游资源 7 处，有琼海市红色娘子军纪念园、工农红军琼崖纵队改编旧址（云龙改编旧址）、母瑞山革命根据地纪念园等第一批国家级爱国主义教育基地，省级红色文化资源和爱国主义教育基地有 19 个，市县级红色文化资源和爱国主义教育基地有 47 个。

琼海红色文化是海南红色文化中最具代表性和典型性的组成部分，琼海在土地革命战争时期曾经是一片"红透了的土地"，有打响琼崖武装斗争第一枪的琼海"椰子寨起义"，琼崖革命的"小莫斯科"乐四区革命根据地等，仅仅在被称为"海南红色文化第一镇"的琼海阳江，就有中共琼崖第一支部——乐会县"农民协会"（1926 年 3 月在现题榜村成立），琼崖第一个区级政权"乐四区苏维埃政府"（1928 年 5 月在现上科村创建），第一届特委和第一届苏维埃政府（分别于 1927 年 6 月和 1927 年 8 月在现东兴村成立），中共琼崖第一次党代会（1927 年 8 月在现江南村）、琼崖第一次工农兵代表大会（1927 年 8 月在现江南村）召开，第一部《土地法》（1928 年 3 月在现东兴村颁布），第一支工农革命军（即琼崖讨逆革命军改为工农革命军在现东兴村诞生），第一支女子军特务连即中国工农红军第二独立师第二团女子军特务连（1931 年 5 月在现老区村诞生），琼崖第一个红军军械局（1928 年 8 月在现东兴村创建）、第一所红军医院（1928 年 5 月在现东兴村创建），第一所琼崖高级列宁学校（1931 年 6 月在现红色村创办），等等。

3. 从红色文化精神层面来看，以"二十三年红旗不倒"为核心的琼崖革命精神，20 世纪 60 年代被誉为"北有大寨，南有石屋"——创造了"两个 100 万"奇迹的"石屋精神"，改革开放尤其是海南建省以来以"敢为天下先"为核心的特区精神、"闯海精神"，唱响神州大地"新时期的青年价值坐标"鹦哥岭精神，"海南农垦精神"等，都是海南红色文化精神在不同历史时期的传承和弘扬。

三　海南红色文化的精神内涵

红色历史和红色文化符号所承载的中国共产党和中国人民近现代以来实现国家富强、民族独立和人民幸福伟大中国梦的价值追求与精神内涵构成了红色文化精神，红色历史和红色文化符号是红色文化的载体和基础，红色文化精神是红色文化的深层内涵，也是红色文化的生命和灵魂。

以"二十三年红旗不倒"为核心的琼崖革命精神和以"敢为天下先"为核心的特区精神是海南红色文化精神最突出最集中的体现。海南红色文化的精神内涵可以概括为以下方面。

1. "坚忍沉毅"的信念意志

正如邓小平所说："为什么我们过去能在非常困难的情况下奋斗出来，战胜千难万险使革命胜利呢？就是因为我们有理想，有马克思主义信念，有共产主义信念。"[1] "坚忍沉毅"的信念意志是"琼崖人民的一面旗帜"的冯白驹等海南人杰出代表身上最突出的个性品质。冯白驹从 1926 年初投身革命之日起，就确立了对人民革命事业、对党、对共产主义理想的坚定信念，并为之奋斗终生。无论是在坚苦卓绝的革命战争年代，还是在建设新中国和新琼崖的和平时期，不管是身处顺境，还是在蒙受"反地方主义"和"文化大革命"冤屈的逆境，冯白驹始终表现出无私无畏的钢铁意志和百折不挠的坚强意志，奏出了琼崖革命的最强音。

2. "敢闯敢干"的担当进取

琼崖革命先驱徐成章曾对革命精神进行了十分精辟的论述："我以为当这个艰难困苦的时候，我们是应当拿出我们坚忍沉毅的全副精神，作伐木开山的先锋，除这道途上一切的障碍物，造成平坦康庄的大道，为民众

---

[1] 《邓小平文选》第 3 卷，人民出版社，1993，第 110 页。

立永久的幸福，为社会留永久的纪念，这才是我们同志的责任，这才是我们革命党的精神。"① 琼崖革命就是在极为恶劣和困难的条件下，依靠这种敢为人先、自力更生、自立自强的创业精神，摆脱了困难，渡过了难关，用生命和信仰确保了琼崖革命"二十三年红旗不倒"，使得琼崖革命能够在这远离大陆的孤岛上得以延续并奏响凯歌。

海南岛四面环海，孤悬海外的特殊地理位置决定了孤岛奋战的琼崖革命的艰巨性，基于对以上客观实际的实事求是的认识，琼崖特委在领导整个琼崖革命斗争的过程中，都始终坚持敢为人先、自立自强的原则。

从敢为人先的中国共产党建立的第一支妇女武装红色娘子军，周恩来高度评价"中国少数民族自觉起来反对国民党及找共产党"的王国兴，到海南建省设经济特区实施的"小政府大社会"、杨浦开发等率先在全国进行一系列改革，都是"敢闯敢干"的担当进取精神的体现。

3. "实事求是"的求实创新

实事求是，一切从实际出发，理论联系实际是马克思主义的基本原则，也是中国共产党在长期的革命斗争实践中总结出来的最重要原则。这项原则，是琼崖革命精神须臾不可分离的灵魂，在冯白驹领导的琼崖革命斗争实践中得到了充分的体现。

琼崖革命斗争是在一个极其特殊的环境下进行的，远离主力、远离党中央，有时候还陷入断绝联系的状态，这就使得海南党的组织不得不在很多时候独立地解决一些重大问题。冯白驹曾在《中国共产党的光辉照耀在海南岛》一文中非常精辟地分析道："海南是一个海岛，反革命势力不但在海上封锁着它，而且在陆上亦是重重封锁着它，我们是长期被封锁在荒僻的山地和乡村中……海南党组织所受党中央及上级党组织的领导是不正常的。有时候还陷于断绝联系的状态，这就使得海南党的组织不得不在很多时候独立地解决一些重大问题。"②

在这种特殊环境下，冯白驹在领导琼崖革命过程中，坚持一切从琼崖的实际出发，创造性地学习和实践毛泽东思想，同琼崖的具体实际相结合，实事求是地处理和解决琼崖革命的一系列关键问题，创造性地开创了

① 陈永阶编《琼崖革命先驱者文集》，琼岛星火编辑部，1985，第58~60页。
② 中共海南区党委党史办公室编《冯白驹研究史料》，广东人民出版社，1988，第265页。

琼崖革命斗争的新局面。内洞山会议上，从当时琼崖革命的实际出发，果断地纠正了"以城市为中心"的错误，积极开展农村武装斗争。抗日战争采用"白皮红心"的斗争策略，使抗日力量迅速得到了恢复和发展。解放战争时期，冯白驹在如何处理"北撤"与"南撤"等一系列重大问题上，把中央和上级的决定与琼崖革命斗争实际很好地结合起来，做出了坚持琼岛斗争的正确决策，成功地解决了琼崖革命力量的生存和发展问题，在祖国最南端保存了一支重要的人民革命武装，策应了全国解放区战场，也加速了琼崖解放的到来。

4. "海纳百川"的开放包容

海南的移民文化特性，使得海南文化传统表现为多元兼容、容纳百川的品性，为琼崖精神的形成提供了深厚的文化底蕴。

冯白驹在领导琼崖革命斗争中，正确地执行党的干部政策，一贯坚持从革命需要和党的原则出发，不搞宗派，任人唯贤，对待干部一视同仁，不分彼此。

琼崖四面环海，革命斗争环境极其险恶，急需大批革命干部。为此，一方面冯白驹重视对本地干部的选拔、培养和使用，通过先后创办琼崖公学、军政干部学校、妇女学校、农工学校等，培养了大量本地汉、黎、苗族干部；另一方面冯白驹根据外来干部各人的特点、才能适当安排工作，并委以重任。冯白驹除了选任王白伦、黄魂、吴克之、马白山等担任党政军重要职务以外，还十分重视团结、提拔与使用外地干部。无论是党中央从延安派来的庄田、李振亚、覃威、云涌、刘亚东等红军干部，广东省委先后派来琼崖工作的欧绍汉、陈健、黄康等，从南路地区来琼的李英敏、罗文洪等，还是从南洋各地归来的海外赤子陈青山、杨少民、符思之等，冯白驹都以海纳百川的革命胸怀与气魄，充分信任，大胆使用，使来自四面八方的革命者团结在琼崖革命的红旗下，迎来了琼崖革命的一个又一个胜利。

四　海南红色文化在国际旅游岛建设中的价值

习近平总书记多次强调"实现中国梦必须弘扬中国精神"，中国精神是凝聚中国力量、坚持中国道路、最终实现中华民族伟大复兴中国梦的强大精神支柱、精神纽带和不竭动力。而红色文化尤其是红色文化精神是中国精神中最重要的核心组成部分，红色文化尤其是红色文化精神是中国精神的灵魂。因此，红色文化在实现中华民族伟大复兴中国梦中有着极其重要的价值。

近代琼崖从封建社会沦为半封建半殖民地社会以来，为了实现"解放受压迫深重的琼崖人民"、"造就庄严灿烂的新琼崖"的"海南梦"，从"竞把头颅换自由"、"愿将铁血洗神州"的海南辛亥革命先驱和出色的革命活动家林文英，到"五四"爱国运动中牺牲的第一位烈士、海南籍北大学生郭钦光；从徐成章、洪剑雄、周士第、王器民、李爱春、王大鹏等琼崖革命的"伐木开山的先锋"，到杨善集、冯平、王文明等首先举起琼崖革命红旗的先驱，以"坚忍沉毅的全副精神"前仆后继地展开了不屈不挠的斗争。

1927 年海南地方党组织成立以来，冯白驹等琼崖共产党人用生命和青春诠释和弘扬了海南红色文化精神，以非凡的革命精神和人格魅力赢得了琼崖人民的高度支持和信任，带领琼崖革命群众经过艰苦卓绝的孤岛奋战，在 1950 年迎来了海南岛的解放，实现了近代以来无数海南革命先驱为之奋斗的"解放受压迫深重的琼崖人民"的"海南梦"，初步奠定了"造就庄严灿烂的新琼崖"的"海南梦"基础，成为海南历史发展和实现"海南梦"的第一个转折点和重大机遇。

改革开放以来尤其是 1988 年海南建省设经济特区以来，海南人民在党的领导下，传承和弘扬海南红色文化精神，以"敢为天下先"为核心的特区精神，开创了海南改革开放的新局面，成为海南历史发展和实现"海南梦"的第二个转折点和重大机遇。

2010 年实施建设国际旅游岛国家战略以来，海南又迎来了历史发展和实现海南科学发展、绿色崛起的"海南梦"的又一个转折点和重大机遇，建设中外游客的度假天堂和海南人民的幸福家园，努力争创中国特色社会主义的实践范例、谱写美丽中国的海南篇章，成为目前海南人民共同的"海南梦"。

作为在继续推进改革开放、建设国际旅游岛和海南人的幸福家园、共同实现"中国梦"和"海南梦"的今天，海南红色文化尤其是海南红色文化精神无疑仍有着重要的当代价值和意义。

1. 海南红色文化尤其是海南红色文化精神为实现"海南梦"、推动海南科学发展、绿色崛起提供了强大精神支柱和不竭动力

海南红色文化尤其是海南红色文化精神，其坚定的政治信念为"海南梦"的实现提供了精神动力和思想先导。在革命战争年代，我们需要海南红色文化精神，在当代，我们更需要海南红色文化精神。党的十八大以后，习近平总书记在参观《复兴之路》展览时为我们讲述了一个"中国梦"，提出实现中华民族伟大复兴，就是中华民族近代以来最伟大的梦想。

2012 年 12 月 20 日召开的海南省委理论研讨会上，省委书记罗保铭提出"海南梦"，就是科学发展、绿色崛起，度假天堂、幸福家园。这个梦想也是"中国梦"的一部分。海南梦承载着海南人民艰辛的新民主主义革命历程和建设中国特色社会主义的伟大历程，更展现了海南前程似锦的未来。要实现"海南梦"必须发扬海南红色文化精神，海南干部和群众要坚定信念，坚持在党的领导下，依靠人民的力量，为海南的发展梦、绿色梦、天堂梦、家园梦的实现而努力奋斗。

2. 海南红色文化尤其是海南红色文化精神的传承和弘扬，对于国际旅游岛建设中核心价值观的倡导、海南公民素质的进一步提升、良好的社会风气和人文环境的形成等奠定了坚实的基础

这就是必须从海南岛的岛情出发，脚踏实地，充分发挥海南岛独特的地理优势、区位优势和资源优势，建设海南国际旅游岛，打造有国际竞争力的旅游胜地，实现经济社会又好又快发展。琼崖革命之所以能在孤岛上得到坚持，固然有很多主客观的原因，但从实际出发，尊重岛情，尊重规律，却是十分重要的原因之一。海南红色文化尤其是海南红色文化精神"二十三年不倒"，正与琼崖共产党人对海南独特的区位优势、地理优势和资源优势等的正确估计密不可分。

同样，海南国际旅游岛建设也要把握海南岛的独特优势，团结各方面力量，努力把海南岛打造成我国旅游业改革创新的试验区、世界一流的海岛休闲度假旅游目的地、全国生态文明建设示范区、国际经济合作和文化交流的重要平台、南海资源开发和服务基地以及国家热带现代农业基地。

3. 海南红色文化尤其是海南红色文化精神的传承和弘扬，为海南文化产业尤其是极富特色的红色旅游文化产业发展注入了鲜活的灵魂和提供了强大的引擎

文化是旅游产业的生命和灵魂。党的十七届六中全会提出建设文化强国的目标，这为海南的科学发展提供了强大的动力。文化是旅游的灵魂，旅游是文化的载体。旅游岛和文化岛高度融合，相得益彰。旅游与文化产业发展相互融合，将为海南打造国际主流旅游品牌丰富内涵、提升品位，注入极大的活力。近年来海南文化产业刚刚起步，蓄势待发。《关于贯彻落实党的十七届六中全会精神推动海南文化大发展大繁荣的实施意见》按照"一区三带九重点"的规划布局，瞄准文化创意、出版发行、广播影视、演艺娱乐、动漫游戏等产业，加速打造重点文化产业园区和示范基地。

海南除了有独特的地域、民族特色之外，还有丰厚的历史文化积淀，琼崖革命浴血奋斗的红色文化更是其中的典型代表和宝贵资源。把这部分红色资源与旅游经济结合起来，把爱国主义教育基地与旅游产业结合起来，实行市场化的运作，在政府的扶持下，实现企业化经营，以红色资源为依托，促进海南经济的发展。

在一个国家和民族的发展过程中，民族精神是一个民族挺直的脊梁，也是这个民族赖以生存和发展的精神支撑。它是深深融化在这个民族血液之中的挥之不去、化之不开的浓厚民族情感、优秀民族品格和坚定民族志向，是民族文化的深层内涵。中华文明是迄今为止世界历史上唯一没有中断而且至今仍有强大活力的伟大文明。在五千多年的历史长河中，中华民族形成了以爱国主义为核心的团结统一、爱好和平、勤劳勇敢、自强不息的伟大民族精神。这种伟大的民族精神，以其独有的导向功能、凝聚功能、塑造功能、激励功能而发挥着特殊的作用。

海南红色文化尤其是海南红色文化精神，正是中国民族精神在海南历史文化和地域的具体体现，同时也是以改革创新为核心的时代精神在海南的展现。进一步传承和弘扬海南红色文化尤其是海南红色文化精神，是实现建设中外游客的度假天堂和海南人民的幸福家园、努力争创中国特色社会主义实践范例、谱写美丽中国海南篇章的当代"海南梦"的必然选择。

（作者单位：海南大学马克思主义学院）

海南冼夫人信仰文化的形成及传播

——以儋州宁济庙为个案

焦勇勤

冼夫人（513～602），又称冼太夫人、谯国夫人、诚敬夫人、圣母娘娘、郡主夫人等，据史书记载，冼夫人原系俚人，原高凉郡（治今广东阳江市西）内越旗大姓冼氏人，冼氏世为越族首领。冼夫人自幼聪敏过人，熟谙军事，后嫁高凉郡太守冯宝为妻，促进了当地俚汉融合。冼夫人一生历经梁、陈、隋三个朝代，虽生逢乱世，但心系国家，维护统一，先后平定岭南之乱，归附中央王朝，又宽厚慈悲，爱民如子，"每劝亲族为善，由是信义结于本乡。越人之俗，好相攻击，夫人兄南梁州刺史挺，恃其富强，侵掠傍郡，岭表苦之。夫人多所规谏，由是怨隙止息，海南、儋耳归附者千余洞"。①又"请命于朝，故置州"②，重新将海南纳入中原版图，其事迹受到历代王朝的大肆嘉奖，其人也受到海南人民的普遍爱戴，在海南人民心目中具有极高的地位，成为海南人民所敬重的精神领袖之一（参见图1）。

自唐代以来，海南人民就开始自发地祭祀冼夫人，并在此基础上形成了历史悠久、内容丰富、传播广泛、特色鲜明的冼夫人信仰文化。据统计，海南全省现存各类专祀冼夫人的庙宇（以下简称冼庙）多达100多处，配祀冼夫人的庙宇多达200多处，其中，绝大多数冼庙都组织有祭祀冼夫人的专门节日——军坡节；而且，各地军坡节的节日时空、组织、活

---

① 《隋书》卷80《谯国夫人传》，中华书局，1973，第1800～1801页。

② （清）郝玉麟等：《雍正广东通志·琼州府》，海南出版社，2006，第14页。

图1　宁济庙中的冼夫人骑马像

动、仪式、用品等均大体一致。这种独特的冼夫人信仰文化在其他省市是不存在的，完全可以说是一种海南土生土长的冼夫人信仰文化。那么，到底这种文化是何时何地产生的，又是如何演变为军坡节这种形式的呢？要理解这一点，恐怕还得从儋州的宁济庙说起（参见图2）。

儋州宁济庙位于儋州市中和镇中南街西侧，始建于唐代，是海南建筑年代最早的冼庙。宋绍兴年间，高宗皇帝封冼夫人为"显应夫人"，名其庙为"宁济"。宁济庙为两进院落四合院式建筑，主要由头门、中堂、柔惠亭、正殿、陈列馆等组成。其中，正殿坐北朝南，为穿斗抬梁式木结构，硬山式屋顶，风火式山墙。中堂两边山墙有用贝类壳和石灰做精美图案半浮花雕饰，雕饰周围绘有彩色装饰花纹。宁济庙所藏文物十分珍贵，包括唐代的九峒黎首石雕（参见图3）、明代的铜熏炉、清代的石碑等，这些文物为研究海南民族关系史、冼夫人在儋州的功业和儋州的工艺提供了重要的实物资料。

1984年4月，儋州宁济庙被列为县重点文物保护单位，同年11月被列为省重点文物保护单位，2006年6月被列为国务院公布的第六批全国重点文物保护单位（参见表1）。

图 2　儋州宁济庙

图 3　九峒黎首石雕

表 1　儋州宁济庙文物登记表

序　号	名　　称	年　代	数　量	位　　置	完残程度
1	九峒黎首石雕	唐	9 尊	宁济庙春晖堂右侧	较好
2	三足设座梅花饰铜熏炉	明	1 件	宁济庙正殿内	完好
3	暂止巢阿阁 齐飞入翰林	清	1 对	刻于宁济庙柔惠亭旁影壁上	较好
4	"数百粤英雄……慰千年父老……"	清	1 对	挂于宁济庙头门前	一般
5	养马槽	清	1 个	宁济庙碑廊内	较好
6	宁济庙冼太夫人碑记	清	1 块	宁济庙碑廊	较好
7	宁济庙冼太夫人加封碑记	清	1 块	宁济庙碑廊	较好
8	彩画影壁	民国	2 副	宁济庙柔惠亭左右	较好

宁济庙历史上几经损毁，不断重建，至今香火不衰。清同治年间（1863～1874）游击冼振延武营联捐重修；光绪二十七、八年（1902～1903）城民捐资新建神阁、八角亭及修葺正殿、头门等；1920 年宁济庙遭受劫难，毁坏惨重，1923 年修复中进及头门，1924 年重修正殿，1929 年重修前堂；日本入侵海南，时局动乱，宁济庙又一次惨遭破坏；1988 年新修复的正殿为穿斗抬梁木结构，硬山式屋顶，上盖绿色琉璃瓦；1989 年旅台同胞林振华、符献廷、陈理之、符衍绪、王肇年等捐资重修的柔惠亭为单檐歇山顶，绿色琉璃瓦盖顶；1997 年旅台同胞王在武捐资重修东西两侧围墙。

透过儋州宁济庙的兴衰变迁以及海南其他地区冼庙的蓬勃兴起，我们大致可以看出冼夫人信仰文化在海南形成与发展的轨迹。

一是冼夫人信仰文化最早应是在海南西北部的儋州一带形成，时间至迟不晚于唐代，这一点可以从史志中得到验证。关于宁济庙的建立，《民国儋县志》中称："自有唐来，已立庙。"① 而在道光二十八年的《宁济庙冼太夫人碑记》中则称："海外犹宇下耳。惟儋有庙，士民知所报矣。"② 由此可以看出，儋州宁济庙不仅是海南最早建筑的冼庙，而且是当时唯一的冼庙。

---

① 彭元藻等：《民国儋县志》（外一种）上册，海南出版社，2004，第 248 页。
② 彭元藻等：《民国儋县志》（外一种）上册，第 532～533 页。

除此之外，《隋书》对冼夫人在儋事迹有明确记述："夫人兄南梁州刺史挺，恃其富强，侵掠傍郡，岭表苦之。夫人多所规谏，由是怨隙止息，海南、儋耳归附者千余洞。"[①] 结合宁济庙中所存唐代文物九峒黎首石雕来看，居中的黎首石雕最为高大，双手被缚于身后，其余 8 位则呈戴枷锁跪拜状，应该就是儋耳黎族归附史实的印证。综合以上材料，基本可以确信儋州宁济庙就是海南冼夫人信仰文化的发源地。

二是北宋时期儋州宁济庙已经开始衰落，冼夫人信仰文化一度几近消失。这一点从苏东坡贬谪儋州期间的诗中可见一斑："冯冼古烈妇，翁媪国于兹。策勋梁武后，开府隋文时。三世更险易，一心无磷缁。锦伞平积乱，犀渠破余疑。庙貌空复存，碑版漫无辞。我欲作铭志，慰此父老思。遗民不可问，偻句莫余欺。爨牲箓鸡卜，我当一访之。铜鼓葫芦笙，歌此迎送诗。"[②] 诗中，苏东坡不仅提到"庙貌空复存，碑版漫无辞"，而且提到"遗民不可问，偻句莫余欺"，也就是说北宋后期，儋州宁济庙不仅已经基本荒废，而且当地老百姓对此也已经很陌生了。

三是南宋时期宁济庙又曾在儋州兴盛起来，且逐渐形成了具有海南本土特色的冼夫人信仰文化的代表形式——军坡节。据《万历儋州志》载："宋绍兴间，贵州教授、乡人羊郁乞赐号，封显应夫人，额曰'宁济'。厥后，知军叶元璘又请封'柔惠夫人'。高宗《庙额宁济诰》曰：'儋耳在海岛之中，民黎杂居，厥田下下。弭寇攘之患，格丰登之祥，惟神之功，宽朕之忧。顾未加翟茀，阙孰甚焉。其改为小君，赐二百年之称号。尚凭宠命，弥广灵鳌'。"[③] 由此可见，南宋时期冼夫人信仰文化中维护国家统一的元素可能深深感染了高宗赵构的心扉，使其欣然命笔，题写庙诰。对于此事，高宗朝抗金名臣李光贬谪儋州后，曾撰写过一篇《儋耳庙碑》，其中对此事有更进一步的说明："绍兴乙亥（1155）诏封庙额，用太守陈适，请邦人敬事之，过于南海、城隍二神"更为重要的是，碑记中还记录下当时祭祀冼夫人的情景："每岁节序，群巫踏舞，士女骈臻，箫鼓之声不绝者累日。自郡守已下，旦望朝谒甚恭，必有神灵，以镇一方而为之主

---

① 《隋书》卷 80《谯国夫人传》，第 1801 页。
② 《苏东坡全集》下，中国书店，1986，第 83 页。
③ （明）曾邦泰等：《万历儋州志》，海南出版社，2006，第 122 页。

宰。"① 这些场景已经与今天的军坡节非常相似了，由此可见，大概在南宋初期，冼夫人信仰文化已经在海南儋州逐渐发展演变出军坡节这样一种极其特殊的文化形式了。

四是从明代初期开始，冼夫人信仰文化已经播散到海南东北部的琼州府；到了明代中后期，冼夫人信仰文化的中心已完全由儋州转移至琼州府，并以琼州府为中心往外播散至定安、澄迈、文昌、琼海等地。关于这一点，《嘉靖广东通志·琼州府》中曾明确提到："柔惠祠在郡城西南，诚敬夫人冯冼氏行祠也。宣德间，柔惠祠，在郡城西南。诚敬夫人冯冼氏行祠也。宣德间，乡人建，副使邝彦誉重修。"② 除此之外，明代冼庙的建筑已经基本覆盖了整个琼东北地区（参见表2）。

表 2　海南历代地方志中所载冼庙建筑年代、地区分布表

	唐	宋	元	明	清
儋州	1	1	1	1	1
琼州府（琼山县）					4
定安					1
文昌				1	2
澄迈				1	
崖州		1	1	1	1

地方志中虽然未提及定安在明代时有无冼庙，但明代定安名臣王弘诲的《新建谯国诚敬夫人庙碑》碑记中却提到其家乡的冼庙，他说："惟谯国夫人之庙，海南北在在有之，而其规制盈缩，大率视所在人心而为之隆杀……每令节届期，即云集飚附，若三军之奉主帅，曾无敢有越厥志者……乃吾邑向来只阴阳学前拓地一区，方广不逾寻丈，库屋颓垣，仅蔽风雨，无以称壮丽而侈具瞻……乃就庙旧址重建庙宇，堂间皆撤其旧而新之……予乃撮其始末于碑，且系以诗曰：……年年令节改精埏，考钟伐鼓声渊阗。军麾俨从开府日，杀气直扫蛮荒尘。高阁飞甍新启宇，百灵拥扈神戾止。岁时伏腊走群氓，祝禧报赛歌且舞。"③

───────────

① （宋）李光：《庄简集》，《宋集珍本丛刊》第34册，线装书局，2004，第80页。
② （明）戴璟：《嘉靖广东通志·琼州府》，海南出版社，2006，第364页。
③ （明）王弘诲：《天池草》上册，海南出版社，2003，第241~242页。

透过上文，不仅可以看出当时在琼北地区冼庙已经比较普遍，而且其中的"吾邑"、"阴阳学前"等字眼，显然指的就是定安县城的冼庙。而且，王弘诲撰写的碑文中还有"年年令节改精埋，考钟伐鼓声渊阗。军麾俨从开府日，杀气直扫蛮荒尘"这样的描述，其中"军麾"的形式与现在军坡节的形式已经非常类似。由此可以基本断定，至迟在明代后期军坡节的中心已由海南西北部的儋州迁移至东北部的琼山、定安一带了。

除以上文献外，《咸丰琼山志》中提到的内容也可证明以上判断："冼太夫人庙，一在海口琼镇，黄开广建，以报战功；一在梁陈都梁沙坡，神甚灵显。诞日，百里内祈祷者络绎不绝。"① 上面所说的梁陈都冼庙即为新坡镇冼庙，据梁氏家谱记载，新坡镇冼庙是明代进士、湖广巡抚提督军门梁云龙于 1602 年返乡修建的，新坡镇冼庙是海南目前规模最大的冼庙，而新坡军坡节则是海南参与人数最多、仪式最繁复、持续时间最长、影响最广泛的军坡节。由此可以看出，新坡军坡节在咸丰年间就已经声势浩大了。

五是冼夫人信仰文化在儋州虽然仍然能够延续至今，但影响力已经逐渐减弱。冼夫人信仰文化的中心虽然在明代以后逐渐迁移至琼东北一带，但儋州的冼夫人信仰却并未消失，儋州宁济庙也曾得到不断重修。如《民国儋县志》记载："自宋迄明，时有重修，因旧志散佚，无从稽考。惟清同治间，有游击冼振廷者，由武营联捐重修。光绪二十七、八年，城民捐资新建神阁、八角亭及修葺正殿、头门等。民九之难，庙宇神像俱毁于土匪。民十二，城民恢复中进祠宇及头门。民十三，又重建正殿。今为镇公所。"② 除此之外，《民国儋县志》中还收录有一篇碑记，记录下道光二十八年也曾重修过宁济庙。

目前，儋州宁济庙每年农历二月十二日（冼夫人出征日）和十一月二十四日（冼夫人出生日）还会举行系列活动来祭拜冼夫人，但军坡节这种活动已经不复存在了，规模和影响力都较琼东北一带的军坡节要小得多。究其原因，很有可能与儋州的"军话"传承有关。

---

① （清）李文煊：《咸丰琼山县志》（外一种）下册，海南出版社，2006，第 1316 页。
② 彭元藻等：《民国儋县志》（外一种）上册，第 248 页。

儋州方言主要分为"军话"与"乡话"（或曰村话），对此，《民国儋县志》有说明："州话共有数种。一曰军话，与南省官话正音相同而声韵颇长。此乃五代前，士夫以军戍儋，遂相传习，故名军话，城市皆通行。一曰乡话，字平声言则仄，字仄声言则平，惟入声字仍照仄言。此乃由高州、梧州传来，故今声调颇异，而与高、梧人言皆通。盖外人来儋，惟高、梧人为先且多，故其言传遍乡间也。此二种为州中语言之大宗，而乡话为广。"①

早期冼夫人信仰文化的主体为以宁济庙为辐射圈的民众，这部分民众主要聚集在儋州故城——中和镇上，应该以"军话"的群体为主；而高州虽然系冼夫人的故乡，但由于高、梧人迁入时间早于冼夫人平定海南，因此，这种信仰文化似乎并未能在本地乡间扩展开来，很有可能与方言和文化差异有关。而这种文化差异之间的对立在儋州表现的似乎尤为剧烈，最典型的案例即为民国九年儋州老州城中和镇被毁的"民九之难"。据《民国儋县志》记载："民国八九年，邓本殷据琼，称八属总指挥。初时，军民相安，奈日久弊生，苛捐杂税纷至沓来，琼民之受其敲吸者，不一而足。既感病苦巨而且深，地方遂起立民军，相与抵抗……邓军虽大队驻琼，然内部分裂。东路军迭与之为难。所以分驻儋、临各军，均调回海口。儋县李县长治，因无兵可守，乘夜潜逃，遂至县城无主，人心惶惶。而各村土匪等，乘机借开水为名，如蚁附膻，愈集愈众，竟于九年八月十八、十九等日，焚毁全城三千户，死亡七八百人。其余尽数逃散那大及府城。"② 而关于此次灾难的原因，《海南岛志》则中有如下解释："儋县署原在北门江下游，因乡人迷信风水，谓城沟水流方向不利乡人，屡欲改筑，为城人所拒，由是积不相能。民国九年8月乘粤桂之战，官守空虚，乡人缚众劫城，屋廨尽毁，公私涂炭。"③ 由此观之，儋州虽然是冼夫人文化信仰的发源地，却在本地始终未能播散开来，很大一个原因即在于文化之间的冲突。

综上所述，海南冼夫人信仰文化及其特殊的表现形式——军坡节都始自儋州宁济庙。宁济庙作为承载着海南历史文化核心内容的文化摇篮，虽

---

① 彭元藻等：《民国儋县志》（外一种）上册，第132页。
② 彭元藻等：《民国儋县志》（外一种）下册，第1159页。
③ 陈铭枢：《海南岛志》，海南出版社，2004，第161页。

然几经兴衰，却香火不断，绵延至今，而且还将其所建构出的具有强烈本土特色的信仰文化形式播散到海南其他地方，其根本原因还在于海南人对于冼夫人心系国家、维护统一、爱民如子、凝聚人心的精神和行动始终保持着崇敬之心，并不断将其发扬光大。

（作者单位：海南大学人文传播学院）

黎族文化

黎汉民族文化交流与融合的几个重要节点

周　阳　李长青

　　在海南岛的历史演化进程中，黎汉民族文化的相互交流与融合无疑是一条主线，这是一个漫长的历史进程，在这一历史进程中，有若干影响较大的历史事件，它们分别是：秦始皇迁徙50万人戍五岭，汉代伏波将军路博德南征，设置朱崖、儋耳两郡；冼夫人招抚儋耳千余峒俚人，对海南的历史发展和黎汉民族之间的融合起到了关键的作用；贬谪文化中著名历史人物的流放对海南教育、人文和建置的影响等。上述历史事件的影响，对海南岛逐步纳入中央集权的统治和黎汉文化的交流与融合起到了关键性的作用。

一　秦汉之际的战争促进了海南多民族文化的融合

　　一般认为，海南史其实就是一部移民史。移民进程是促进多民族文化融合的关键；促进移民产生的原因，在很大程度上是受到战争和中央对琼政策的影响。

　　在战争和中央政策的影响下，海南的民族逐渐多元化，其中包括秦时迁徙到岭南地区以及历朝历代为逃避王法而逃至海南的汉人，明朝时被征调来平息罗活、抱由二峒黎人起事后，定居在海南的苗人等。汉人南迁，随之而来的是较当时海南本土文化较为发达的内陆中原文化，在以汉文化为主流的内陆强势文化影响下，海南本土的黎族文化逐渐呈现出向汉文化靠拢的趋势。

　　秦始皇三十三年（前214），秦始皇威服岭南地区。第二年，即秦始皇三十四年，迁徙 50 万人戍五岭，造就了岭南越人和中原汉人杂居的新局面。秦时的岭南地区即是现在的广东、广西及福建部分地区，海南当时为所谓"外徼"，主要居民当属较早迁徙至此的黎人先祖，《汉书》有载："南粤王赵佗，真定人也。秦并天下，略定扬粤，置桂林、南海、象郡，以谪徙民，与粤杂处。"① 毫无疑问，秦始皇迁徙 50 万人戍五岭，在一定程度上促进了海南岛黎汉文化的交流、融合与发展。

根据史料记载，在西汉汉武帝年间，伏波将军路博德平息南越之乱，统一岭南，在南越之地置九郡：儋耳、珠崖、南海、苍梧、郁林、合浦、交趾、九真、日南。其中儋耳、珠崖二郡在海南岛上，但设置的具体时间有不同的说法，日本学者小叶田淳的《海南岛史》认为："珠崖、儋耳两地，相当于现在的海南岛，根据汉书卷六武帝纪元鼎六年条下的记载：那是和其他七郡同时设置的，但依同书第二十八卷地理志及同书第六十四卷贾捐之传，则谓二郡之设置，乃是翌元封元年的事情。"② 关于此事，成书于明武宗正德年间的《正德琼台志》有载："元鼎六年，遣伏波将军路博德等平南越，明年，元封元年，置朱崖、儋耳二郡，共领玳瑁、苟中、紫贝、至来、九龙五县。"两种说法相差一年，无论哪种说法更确切，均可以说明，海南岛最迟自西汉武帝时已经开始由中央王朝直接统治。自此，内陆中原地区的汉人和其他地区少数民族，由于受到战争和中央政府对琼政策的影响，陆续迁居至海南。

在汉代统一岭南后增设郡县，加速了岭南社会的封建化，加强了中央集权。此后，朱崖、儋耳二郡曾反复罢而又设，但汉朝在海南设郡的意义无疑是深远的。由于岭南地区的统一，解除了因地方割据状态而导致的经济交流阻碍。小叶田淳的《海南岛史》有载："到吕太后的时候，中国禁止把铁器等卖给越南。"③ 这一举措遏制了南北方的文化贸易和文化流通。统一岭南后，中原的铁制生产工具、兵器和一些较为珍贵的物品相继流向岭南地区，而岭南地区的"方物"，如象牙、犀角、珠矶等也流向中原地区，岭南和中原地区之间的经济交流，极大地促进了岭南地区的经济发展；在商品流通的同时，也使得中原商人有了定居海南的可能，例如有一

---

① 《汉书》卷 95《南粤传》，中华书局，1962，第 3847 页。
② 〔日〕小叶田淳：《海南岛史》，张迅斋译，学海出版社，1979，第 3 页。
③ 〔日〕小叶田淳：《海南岛史》，第 1 页。

些商人在浮海外贸的路途中，由于风吹船坏，货物损失，只得留在海南繁衍生息，经过漫长的融合过程，不乏汉人夷化为"熟黎"的。海南诸县志中记载，"闽商值风水荡去其货，多入黎地耕种不归"，① 也有"闽广亡命及从征至者，利其山水，迎接土黎，深入而占食其地，长子育孙，负固恃险，各置田地，立村峒"。② 这些汉人在定居海南后，必然给当地带去先进的农耕文化和物质文明，促进了海南多民族融合，尤其是黎汉文化融合的进程。

苏轼《伏波庙记》记载："自汉末至五代，中原避乱之人，多家于此。今衣冠礼乐班班然矣。"③ 可以看出，到苏轼时代，在中原汉文化的影响下，黎族文化逐渐脱离"蛮俗"而变得"衣冠礼乐班班然"，体现出了较为强势的汉族文化的部分特点。

二　冼夫人对消弭民族矛盾所作出的贡献

冼夫人，南朝梁陈时期岭南高凉越人，历经梁、陈、隋三代，其祖上世代为南越首领，"跨据山洞，部落十余万家"。④ 冼夫人对海南的影响之大，是后人难以企及的。南北朝时期，政治动荡、征伐频仍，是民族融合的重要历史时期。此时，岭南地区也毫不例外地与中原地区发生了漫长的民族融合进程。在此次民族融合过程中，冼夫人发挥了举足轻重的作用。在海南为纪念冼夫人而历年举行的军坡节，不单单是黎人的仪式，而且广而化之为每个村落大都会举行的仪式。海南人之所以对冼夫人存有如此敬重和敬畏之心，毫无疑问是冼夫人在世期间一心维护国家民族团结，请命于朝、设置崖州，促进了黎汉文化的融合。

岭南地区历来土著众多，部族星散，相互攻伐不止，难以统领，南北朝时期，政局不稳，对岭南地区的统治更往往是心有余而力不足。在这种情况下，冯融、冯宝父子在岭南地区的治理举步维艰。据《隋书·谯国夫人传》记载："自业及融，世为守牧，他乡羁旅，号令不行。"为了巩固在

---

① （明）戴璟：《嘉靖广东通志·琼州府·生黎》，海南出版社，2006，第160页。
② （清）吴应廉：《光绪定安县志》卷9《黎岐志》，海南出版社，2004，第739页。
③ （明）曾邦泰：《万历儋州志·人集·艺文志》，海南出版社，2004，第215页。
④ 《隋书》卷80《谯国夫人传》，中华书局，1982，第1800页。

岭南地区的统治，收拢民心，冯融采取了"和亲"的做法。自古以来，"和亲"是缓和民族矛盾的一种方法，上可追溯到汉代对匈奴的和亲政策，最著名的就是昭君出塞。冯融听闻冼夫人"有志行"，故"为其子高凉太守宝聘以为妻"。冯宝和冼夫人成亲后，民族矛盾的确得到了一定的缓和："至是，夫人诫约本宗，使从民礼。每共宝参决辞讼，首领有犯法者，虽是亲族，无所舍纵。自此政令有序，人莫敢违"。①《广东人物传》也有载："初，融之莅政也，虽三世为守牧，然他乡羁旅，号令不行。乃为其子高凉太守宝婚于郡大姓冼氏，俚人始相率受约束。融所以结人心者，婚冼氏之力也。"② 冯宝和冼夫人的联姻促进了岭南地区的民族融合。所谓"上行下效"，是中国历史传统中一个非常有趣的现象，汉人冯宝和百越人冼夫人结亲，对消除汉越之间的民族隔阂产生了积极的影响，必然会引发底层劳动人民的争相效仿，这是可以推而知之的。

冼夫人与冯宝联姻之后，女嫁从夫，其自身的身份汉化，又以汉族领导者的身份尤为关心海南的归属问题。在她的努力下，海南复置崖州，完成了对海南的最终确领过程，其时距汉元帝罢珠崖郡已有 580 余年。

有具体的史料记载，秦始皇时便在岭南地区设置桂林、南海、象郡三郡，这时的海南岛只为"越郡外境"，③ 并不直接归于中央王权的统领。汉朝伏波将军路博德平息南越之乱，统一岭南，在南越之地置九郡：儋耳、珠崖、南海、苍梧、郁林、合浦、交趾、九真、日南。其中儋耳、珠崖二郡在海南岛上，并在海南分派官员进行管理，但由于官员的统领不当，对当地黎人的残酷恶行，使得黎人不堪压迫，时有黎人起事的情况发生。面对此种情况，汉元帝于初元三年（前 46 年），废除了珠崖郡，改为朱卢县，隶属合浦郡。海南岛与中原的关联日渐微弱。直到冼夫人时代，深感海南岛未得到中央王权的统领，致使海南岛交通闭塞，文化、经济较为贫弱，中原较为发达的农耕文化不能惠及海南人民，故梁朝大同初年，冼夫人请命于朝，设置崖州。冼夫人的真诚和忠心，最终使得梁武帝批准了她的奏请。在冼夫人的身体力行下，终于于梁大同中期，在海南岛建立了崖

---

① 《隋书》卷 80《谯国夫人传》，第 1801 页。

② （明）黄佐：《广州人物传》卷 2《南梁刺史冯公融》，广东高等教育出版社，1991，第 36 页。

③ （明）唐胄：《正德琼台志》卷 3《沿革考》，海南出版社，2006，第 43 页。

州，下领十县，使海南岛重归中央王权的统治。《正德琼台志》记载："梁复就汉废儋耳地（时海南儋耳归附冯冼氏千余峒）置崖州。"①

在海南设立郡县制度，是使海南岛进一步向封建社会靠拢的举措，在冼夫人的努力下，海南逐渐转型为较成熟的封建社会。崖州建立后，冼夫人体察到海南的落后与贫穷，积极为海南传播较为先进的农耕文化和物质文明，平息了海南发生的黎人起事，为海南营造了一个较为安定的社会环境，赢得了民心，建立了威望。

三　苏轼和元文宗

海南地处边疆极南，自古以来，"贬官文化"就较为发达。如《汉书》记载："秦并天下，略定扬粤，置桂林、南海、象郡，以適徙民与粤杂处。"② 因朋党之争被贬的唐代名相李德裕和宋朝的名相李纲、李光、赵鼎及名臣胡铨，合称五公，被供奉在五公祠内，另有苏轼于宋哲宗绍圣四年（1097）被贬至海南儋州，对海南的教育事业做出了重大贡献。

笔者略以为，在如此发达的贬官文化中，对海南产生了较为深远的影响、促进了黎汉民族融合进程的当属苏东坡、元文宗图帖睦尔二人。苏东坡在琼三年中，促进了海南教育的极大发展；元文宗潜邸海南有两年半时间，其回京后改琼州军民安抚司为乾宁军民安抚司，并升定安县为南建州，任南雷峒主王官为南建州知州，创建普明寺，这些举措都在一定程度上促进了黎汉关系、文化的融合和发展。

（一）苏轼给海南士子创造了知学、好学、求学的氛围

有学者认为："苏东坡对海南岛文化的影响似乎远远超过孔夫子。"③这句话的是非偏颇暂且不论，但足以看出苏轼对海南的影响至深。苏轼于宋哲宗绍圣四年（1097）七月二日，由惠州贬至海南昌化（今儋州市中和镇），至元符三年庚辰（1100）六月二十日离开海南，共在海南生活了三

---

① （明）唐胄：《正德琼台志》卷3《沿革考》，第45页。
② 《汉书》卷95《南粤传》，中华书局，1962，第3847页。
③ 张三夕：《从古代的政治流放到现在的经济特区——论海南岛与大陆文化认同的历史性特征》，《海南师范学院学报》2000年第3期，第79页。

年。在苏东坡居琼期间，他着重于改变当地土著居民的习惯，讲学授徒，形成了海南士子求学的风气。在苏轼逝世后，为纪念苏轼，后人建立了东坡书院和重修了桄榔庵，使得先进的中原汉文化得以在海南传播，促进了黎汉民族文化的融合和发展。

苏轼在海南最重要的作为是讲学授徒。苏轼作为一名有影响的文学家、政治家和学者，在海南影响了一代又一代的学子。史载，苏轼在琼期间，在其居住之地"载酒堂"讲经授道。"载酒堂"之语出自《后汉书·杨雄传》中的"载酒问字"。关于"载酒问字"有两种不同的解释：一是认为这表现了苏轼"在饮酒娱乐之时仍不忘学问。苏轼以此为名，反映了他好学不倦的精神，但又带有一种不羁洒脱之气"；[①] 二是认为"载酒问字"其实是表现当地居民好学，担着酒去请教苏轼汉字，这种观点体现在海南省博物馆所塑苏轼像中。两种观点各有长短，孰是孰非姑且不论，从中略可以看出苏轼在琼期间，表现出的"无可救药的乐观"和其身系为民的情怀。

苏轼逝世后，后人为了缅怀他，曾重修了桄榔庵，并在"载酒堂"旧址上创建了东坡书院。《正德琼台志》载："东坡书院，在府城北隅，以东坡昌化安置时尝寓此，有双泉遗迹。后北归，乡人思之，因建肖像以祀之。"[②] 后人的这些举措都表现了对海南教育事业的重视，这其中因由是与苏轼分不开的。《万历琼州府志》中收录的范梈所作的《东坡祠记》有载："延祐四年春，佥海北海南道肃政廉访司事大都军行部至是，乃求其息偃之地，构堂三间而像其中，两庑为房，将以处郡人子弟，择师教焉，命儒者六十家奉祠事，又植桄榔为林而表之，归铭石林下。"[③] 后人重修了桄榔庵，并延师教育子孙，可见后世认识到了海南教育的重要性，对苏东坡的教学理念颇为奉行。

在以苏轼为代表的汉儒思想的影响下，宋朝开了海南人参加科举制度之先，而这其中的功劳，苏轼当之无愧。《民国儋县志》记载："儋耳为汉武帝元鼎六年置郡。阅汉魏六朝至唐及五代，文化未开。北宋苏文忠公来

---

① 黄沅玲、何君扬：《岭南书院：广雅书院、东坡书院、陈氏书院》，《中国文化遗产》2014年第4期，第46~49页。
② （明）唐胄：《正德琼台志》卷17《书院》，海南出版社，2006，第392页。
③ （明）戴熺：《万历琼州府志》卷11《东坡祠记》，海南出版社，2003，第808页。

琼，居儋四年，以诗书礼乐之教转移其风俗，变化其人心。"① 苏轼对海南的影响至深，至此可见一斑。

苏轼被贬谪海南，随之带来的是中原文化的普及和遍布，对海南人民来说不能不说是一件大幸之事。如同战事的本身有两面性一样，以历史唯物主义的观点来看，在战事荼毒生灵的同时，也在另一方面促进了文化的传播和民族的融合。反观苏轼被贬，对其来说这是痛中之痛，可对海南人来说，这又是一件极为幸运的事情。

（二）元文宗潜邸至琼，即位后影响了海南的发展

元文宗是海南有史以来，唯一被发落到海南的皇亲贵胄。对于海南来说，元文宗的流放是大幸的。元文宗乃是重情之人，其在海南琼州居住的两年半时光里，对海南产生了深厚的感情，在他回京后，不忘海南，"改琼州军民安抚司为乾宁军民安抚司，升定安县为南建州，隶海北元帅府，以南建洞主王官知州事，佩金符，领军民"。② 另据《正德琼台志》记载："元至治元年辛酉，文宗潜邸于城南，创观音阁。及还，戊辰即位，赐名大兴龙普明禅寺，置规运提点所，设官六员，命翰林撰记。"创建普明寺一事，对佛教在海南的传播做出了贡献。

王官，生卒年不详，讳源寿，号仁卿，原为汉人。王官祖籍在河北真定府琅玡县。"《王氏族谱》载：王官为迁琼王姓统公的第九代孙。"③ 统公之父祥公于汉代（依时间推算，当为五代时期的后汉）官拜文林郎。统公为宋都督三镇闽国，后受职兵马军务，北宋末期奉旨镇守海南，故渡海至琼。至王官，王氏家族已迁琼二百多年，与当地黎人相互融合，成为熟黎。"《王氏族谱》载：王官的先三世祖应宸南宋帝昺时被荐举人升为大学士。"④ 王官的祖父王之屏是庠生，王官的父亲王士昌，据《王氏族谱》记载："廪食天禄，名修届贡。昌生官祖，时维元代居官广西后辞居乡"，⑤ 即王官之父王士昌已是食天禄的廪生了，已获岁贡。王官也是廪生，曾任

① （民国）王国宪总纂《民国儋县志》卷首《重修〈儋县〉叙》，海南出版社，2004，第5页。
② 《元史》卷33《文宗纪二》，中华书局，1976，第743页。
③ 邓学贤：《话说南建州》，南海出版社，2008，第48页。
④ 邓学贤：《话说南建州》，第49页。
⑤ 邓学贤：《话说南建州》，第49页。

广西柳州府儒学。因厌倦官场上的争名夺利，遂辞官归隐。王氏家族乃书香门第，王官又恪守节俭、以礼待人，深得民众的爱戴，因臂力过人，善于长矛骑射，被推为南雷峒主。

由此可知，王官祖籍本为汉人，在其祖辈迁至海南后的漫长岁月里，王官之辈逐渐融入黎族文化氛围中，成为所谓"熟黎"，又因其出色的才能被选为南雷峒主。一方面，王官从汉人成为黎人的过程说明了黎汉民族融合是双向而自主的；另一方面，正是元文宗的干预，使王官成为南建州知州。南建州本为定安县，因文宗受到王官的恩惠，不忘恩情，而升定安县为南建州，"改琼州军民安抚司为乾宁军民安抚司，升定安县为南建州，隶海北元帅府，以南建洞主王官知州事，佩金符，领军民"。① 王官曾作为黎人中的"南雷峒主"——仅仅为统领黎人的一峒之主，最终成为统领一州的知州，可以看出元朝试图对海南黎族加强管理，是以黎治黎的管理方式在元代的实践，正可以说明在文宗时期黎汉关系正处于走向融洽的历史进程中。

关于元文宗在琼期间创建观音阁，后回京赐名大兴龙普明禅寺一事，《正德琼台志》详细记载了其始末：

> 学士虞集记：皇帝遣工部尚书臣士弘、翰林命臣世延等制大兴龙普明禅寺碑文。皇帝若曰："昔我皇考武宗皇帝抚军朔方，朕生之三年，归继大统，在位四年而弃群臣。仁庙临御，传之英皇。是时权奸贴木迭用事，构谮离间，宗亲近属几无所容。海南之为地，炎雾喷毒，往鲜生还，而使朕居焉。越历岁年，有安无苦。朕于是覃思以求，岂非上天垂祐、祖宗洪庥而致然欤？乃捐金鸠工，即琼阳之胜地，建释氏之精篮，以答天地祖宗昭贶，以介福于太皇太后，又以绥保其民人焉。创始于至治元年十月六日，缔构雄丽，岭海之间郁为奇观。朕虽未尝躬落其成，而想见其处，常往来于怀也。临御之始，慨念畴昔，因赐名曰大兴龙普明禅寺。其记朕意，托诸金石，俾示悠久。"②

---

① 《元史》卷33《文宗纪二》，第743页。
② （明）唐胄：《正德琼台志》卷27《寺观》，第562～563页。

　　元朝曾在海南创建了大量的佛教寺庙和佛塔，普明寺只是其中比较有名的一处。如建于澄迈县的辑瑞庵、美椰二塔、寿佛堂、延寿堂、弥陀堂、天明堂、老佛堂、天明塔、东岸塔等。从寺庙和佛塔的大量创建，可以看出佛教文化在元代时对海南产生的巨大影响，这一影响在元文宗权力的波及下更为深远。佛教文化作为中原文化的一分子，在传入之初即为融合黎汉文化的一个契合点。在共同的宗教信仰下，古代黎汉人民的民族融合更为融洽。站在这个角度上，元文宗潜邸海南一事，对黎汉民族融合起到了关键的作用。

　　海南至今，风雨交集。黎汉的融合进程贯穿了海南的整个历史，在这一漫长的历史进程中，自秦始皇迁徙 50 万人到岭南地区，在安土重迁的中原人看来，离开家乡往往是痛苦的；汉武帝遣伏波将军路博德率兵平息南越之乱，并设置九郡，其间不乏艰难困苦与流血牺牲；苗族定居至琼，也是充满了烟火和血腥；历朝历代的商人渡海至琼，在海南定居之始，也必然充斥着诸多的摩擦与不和；冼夫人与冯宝和亲，则是政治婚姻的成功典范；苏轼贬谪至昌化、元文宗潜邸至定安，无不充满着心酸和孤寂；历史总得有人去承载，敢为之先，抑或被迫为之先的人，终于成就了影响历史发展的不朽功业。

（作者单位：海南大学人文传播学院）

文明的冲突与身体秩序的重建[*]

——以黎族"文身"为视角的探讨

王雅娟

汉武帝元封元年（前110），汉王朝平定海南，正式设立珠崖、儋耳两郡，这不仅标志着海南岛被正式纳入了中央政府管辖的版图，还使黎汉之间文化的碰撞由此展开，黎族社会的文明进程也由此而开启。

毋庸置疑，在人类社会文明发展的进程中每个身体都扮演着重要的角色，身体是社会文明的载体，社会文明的进程需要身体的参与与配合。正如埃利亚斯所言："社会所经历的几百年的文明进程，体现在文明社会中每一个正在成长的人的身上，他们从小就程度不同地、机械地经历着个人的文明进程。"① 换言之，如果没有个体身体的存在，文明就没有依托的载体和衡量的标准，而社会文明与否也是以身体行为的表现及总体特征为中心的。这也说明了身体不是纯粹自然性事实，不再是生产意义上的劳动力或劳动工具，而是有着社会及文化特征的客观存在。"身体表面不仅仅是光滑的皮肤，而且有复杂的社会印记。"② 在文明发展的进程中，身体毫无疑问是参与者和实践者，也是文明秩序的呈现者，而文明也将不同的身体划分在各自的分类系统中，在秩序的要求下，身体成为被关注、规训和争夺的对象。就黎族社会文明发展的进程而言，我们可以清晰地看到身体本

---

* 本文属于海南省哲学社会科学规划课题研究成果，课题名称：《身体与宗教视角下的海南黎族妇女研究》，课题编号：HNSK（GJ）14-36。

① 〔德〕诺贝特·埃利亚斯：《文明的进程：文明的社会发生和心理发生的研究》，王佩莉、袁志英译，上海译文出版社，2013，第3页。

② 汪民安主编《身体的文化政治学·导言》，河南大学出版社，2004，第16页。

身在其中扮演了一个重要的角色。透过"文身"这一身体秩序重建的命运，也可以窥测到黎族社会文明发展的缩影。

一　汉文明视角下的黎族与文身表达的身体意象

（一）汉文明对黎族的认知及对文身的关注

在农耕文明时期，中华文明一度占有绝对的优势地位。在中华文明视角下，少数民族就是蛮夷，与禽兽无异。作为远离中华文明腹地的烟瘴之地，海南岛上的黎族自然毫不例外地被纳入"禽兽"的行列。明人钟芳在《悯群黎文》中言："予观黎獠之俗，而思人生之始与禽兽无异。圣人继作，然后生民之道立焉。琼之黎去中土甚远，其俗异禽兽无几矣。"正是在这样的情况下，必须重视对黎人的教化作用，"使得沾圣人之化以渐之，则不日而变矣"。所以，在钟芳看来，最好的化黎之法就是："董之以威，裁之以劝，睦而携之，渐而柔之，申画封疆，时经理之，舍旧图新，会于大同，斯善变者也。"① 俞大猷《黎族图说》中也说道："能据其遗地，移居兵民杂居之，则其子孙耳濡目染乎吾民之言语、习尚，皆可化为百姓矣。"② 正所谓"非我族类，其心必异"，在国人固有的传统认知中黎族毫无疑问是蛮族异类，而黎族有关其黎母的传说更印证了汉族固有的认识，也强化了汉族本身的优越感。《广东新语》中有一段关于"黎母"的记载："相传雷摄一卵于山中生一女，有交趾人渡海采香，因与婚，子孙众多，是为黎母，亦曰黎姥，盖黎人之始祖妣云。黎本鸟兽之民，其种性自卵而来，固与人殊。"③ 所以，民国时期许崇灏就谈道："国人已普遍地对蛮夷民族存在有歧视见解，故虽有识者认为招抚同化为治黎上策，因而设置抚黎官吏，十九仍传袭着歧视夷民思想。"④ 由此可见，在华夷之辨视角下，黎族的落后和野蛮已经成为汉文化分类系统中的思维定式。

---

① （清）杨宗秉纂修《乾隆琼山县志》卷8《海黎志》，海南出版社，第315~316页。
② （清）杨宗秉纂修《乾隆琼山县志》卷8《海黎志》，第315页。
③ （清）屈大均：《广东新语》卷8《女语·黎母》，中华书局，2010，第271页。
④ 王国宪、许崇灏编著《琼志钩沉·琼崖志略》，海南出版社，2006，第222页。

黎族女性的"文身"作为刻在身体上的一种异质蛮俗，备受汉文化所关注。东汉时南海人（今广州）杨孚在《异物志》"人"部中记载："儋耳夷，生则镂其头皮，尾相连并；镂其耳匡为数行，与颊相连。状如鸡肠，下垂肩上。"① 此处记载了黎俗从脸颊连耳匡下垂至颈项再到肩胸的绣面文式。周去非在其著《岭外代答》中有关于文身的记载："海南黎女以绣面为饰，盖黎女多美，昔尝为外人所窃，黎女有节者，涅面以砺俗，至今慕而效之。其绣面也，犹中州之笄也。"② 南宋范成大在其《桂海虞衡志》中记载："黎，海南四郡坞土蛮也。坞自雷州徐闻渡海半日至。坞之中有黎母山，诸蛮环居四傍，号黎人，内为生黎，外为熟黎……妇人绣面高髻，钗上加铜环，耳坠垂肩……绣面乃其吉礼。女年将及笄，置酒会亲属，女伴自施针笔，涅为极细虫蛾花卉，而以淡栗粟纹遍其余，谓之绣面。女婢获则否。"③ 明代黄佐在其纂修的《嘉靖广东通志·琼州府》中载永平十七年春二月，儋耳慕义来朝贡，由于其文身及坠耳使大家不敢正视，文言："其夷诡异，生则镂其颊皮，连耳匡分为数支，状如鸡肠，累累下垂。渠帅贵长耳，皆穿耳缒之，垂肩三寸，见者诧为异物，不敢正视。"④ 清代岭南著名诗人屈大均在《广东新语·人语》中"黎人"篇有关于黎族女性"文身"的记录，"耳坠垂肩，面涅花卉虫蛾之属，号绣面女，其绣面非以为美。凡黎女将欲字人，各谅已妍媸而择配，心各悦服，男始为女绣面。一如其祖所刺之式，毫不敢讹，自谓死后恐祖宗不识也。"⑤

（二）文身是黎族世界借助身体表达意象

"黎人文身之意义，大概可为五种：第一，文身有社会组织之意义，为各峒族之标记；第二，文身有婚姻之意义，将嫁之前，必须行之；第

---

① （汉）杨孚撰，吴永章辑佚校注《异物志辑佚校注》，广东人民出版社，2010，第19页。
② （宋）周去非：《岭外代答》卷10《蛮俗门·绣面》，《海南地方志丛刊·历代文人笔记中的海南》，海南出版社，2006，第29页。
③ （宋）范成大著，胡起望等校注《桂海虞衡志辑佚校注》，四川民族出版社，1986，第220页。
④ （明）黄佐：《嘉靖广东通志·琼州府》卷46《列传·名宦》，海南出版社，2006，第412页。
⑤ （清）屈大均：《广东新语》卷7《人语·黎人》，第240页。

三，文身有图腾之意味，各族属之图式不同，亦不得互相假借，守祖宗成法，毋得变更；第四，文身记识，可避乖邪，为获身符篆；第五，文身为装饰之动机，有美的观念存其中。"① 关于海南黎族文身之起源，刘咸根据田野调查总结出以下几种说法：第一种，文身是祖宗遗制，如果活着的时候不"文身"，死后不会被祖先接纳，"祖先因子孙太多，难以遍观尽识，倘不幸祖先不认为嗣孙，则将无所归属，永为野鬼"。第二种，就是古时战争，把俘掠的妇女当成是战利品，所以各族女子在将成年的时候根据本族祖制图式绣面文身，易于辨识，另外文身"去女子之美妍，藉免为俘虏，意盖两善。"第三种，绣面文身和黎族起源的神话传说有关。有两种说法，一是上古时期，天翻地覆，人类遭遇到了劫难。世上只剩下一姐一弟，相依为命。由于姐弟二人不可婚媾，雷公就将姐姐面划黑，弟弟不能识别，二人结为夫妇，繁衍生殖。二是与黎人相信自己的始祖是狗有关联。传说大概远古时期一公主得了足疮，无人能够医治，后来被黑狗治好，就嫁与黑狗为妻，后生一子，长大后喜欢游猎，黑狗每次都帮忙狩猎，颇有收获，但后来儿子嫌弃黑狗衰老体弱无用，就杀之于山中。后来母亲得知，非常悲痛就告诉儿子，黑狗是其父亲，母子相抱大恸，会是时"天变地迁，灾难突起，人群灭绝，仅遗此母子二人"，显然母子不可能婚媾，但人类也不能灭绝，于是上帝令其母涅面，使儿子不能识别，因而结为夫妇繁衍后代。② 关于狗是黎族始祖的传说，法国天主教传教士萨维纳在其《海南岛志》中也有相关的记述，虽然故事情节有所出入，但"文身"而婚之说是相同的。所以在萨维纳看来，"女人们依然文面是为了纪念公主的文面……女人守寡以后必须回娘家，以便能够再嫁，还是为了纪念公主想回她父亲家"。③ 这些传说反映了远古时代黎族曾遭遇过灭绝的洪荒之灾，是文面使黎族的种族能够繁衍，这恰恰也从侧面反映出在当时黎族已具有了兄妹、姐弟、母子不可婚配的观念。所以，正如某些学者所言："黎族妇女把文身作为性成熟并与外部落异性结婚婚姻的标志。也只

---

① 刘咸：《海南黎人文身之研究》，引自詹慈主编《黎族研究参考资料选辑》第 1 集，广东省民族研究所，1983（内部发行），第 232 ~ 233 页。

② 参见刘咸《海南黎人文身之研究》，引自詹慈主编《黎族研究参考资料选辑》第 1 集，第 200 ~ 201 页。

③ 〔法〕萨维纳著，辛世彪译注《海南岛志》，漓江出版社，2012，第 38 ~ 40 页。

有文身的妇女，才能被族群所认同，并以文身之美来吸引异性的情爱。文身习俗所引发的价值观念，成为黎族族群生活的重要的组成部分。文身的最根本的，核心的价值与意义，在于避免血亲婚配，保证族群能世代健康地繁衍。"①

二 "文身"习俗是历代化黎者所禁止的对象

(一) 从古代到民国文身都是被禁止的陋习

对于中华文化而言，从汉武帝正式在海南设立郡县开始，就开启了化黎的历史进程。早在东汉时期，曾任过儋耳太守的僮尹，被擢升为交趾刺史，还至珠崖，除戒敕官吏不要贪图珍赂外，还对文身习俗提出如下建议："劝谕其民毋镂面颊，以自别于峒俚，雕题之俗自是日变。"② 明朝嘉靖二十八年，俞大猷也建议禁止黎人文身，并提出一整套如何化黎治黎的策略，关于文身他建议："其各州县掌印官务将管下黎人，严禁童女不得如前披发文身，男人务着衣衫，不得如前赤身裸腿。"③ 到了民国时期，官厅多次布告禁止黎族文身，并对违者科罚，但效果并不明显，1928 年黄强将军同法国传教士萨维纳一起深入黎区调查，仍多见文身现象。黄强在《五指山问黎记》中记载："黎女体质强健，好修饰，但不施脂粉，于十二三岁时，以树刺刺面上作三角形，纹凡五，涅以靛。"④ 黄强还在琼崖建设研究会总商会的演讲中谈到黎族女性文身问题："黎妇多雕面，大概雕刻五个三角形的花纹，但是五指山南方的妇人仅雕三个。他们不是没有觉悟的，现在也感觉到雕面的害处，自废除了。大旗一代黎人，更要定了禁条，那违背的就要罚牛一头。将来这种恶风，总可以逐渐消灭的。"⑤ 文身作为黎族祖先留下来的一种风俗习惯，有着历史和现实意义，即使有官府

---

① 郭小东等：《失落的文明——史图博〈海南岛民族志〉研究》，武汉大学出版社，2013，第 82 页。
② （明）黄佐：《嘉靖广东通志·琼州府》卷 46《列传·名宦》，第 413 页。
③ （清）金光祖纂修《康熙广东通志·琼州府》卷 28《外志》，海南出版社，2006，第 320 页。
④ 〔法〕萨维纳著，辛世彪译注《海南岛志》，第 100 页。
⑤ 《黄参谋长在本会的演说词》，转引自萨维纳著，辛世彪译注《海南岛志》，第 130～131 页。原文刊于《琼崖建设研究书》，海南书局，1929。

的命令也不会轻易退出历史舞台，尤其在一些交通闭塞、道路不通、行走不便的黎族聚集的山区，文身者众多，这也可从德国人类学家史图博在黎族地区的调查记述中窥见。史图博发现文身是黎族刻在身体上的一种装饰，仅就白沙峒黎族而言，他观察到："白沙峒妇女文身比海南岛其他土著居民都特别。那种文身是复杂的线纹，白沙峒黎族的文身，有着与其他黎族不同的特征。"在史图博看来，"文身多多少少能掩饰其表情，所以在脸上刺纹后，好像戴了面具似的"。①

1933 年，广东警卫旅旅长陈汉光为了剿灭黎境的共产党，率军进入海南，深入共产党聚集之黎境，后广东省政府任命其为扶黎专员，并成立了"琼崖扶黎专员公署"，由其署理黎区事物。陈汉光十分关注治黎问题，不仅积极开辟道路，重视教育设立学校，还在黎区推行移风易俗的相关措施。1933 年 10 月，颁布了《黎人治罪暂行条例》，其中第七条就是关于文身问题的处理办法。原文称："将幼女画面文身者，其父母均处以二年的监禁。"② 以上一些措施还是取得了一定的效果，这亦可以从后来人类学家刘咸的调查记述中找到证据。③

刘咸在调查中发现，大约有 2/3 的黎族女性涅面文身，这与汉族文化的影响有较大关系，本来涅面文身的习俗黎族女性皆习之，并将其视为礼节，也是区别于汉族、保持民族自我认同的一种手段。但是由于汉文化的影响，在与汉人杂处之地，黎族女性智识渐开，所以出现了不涅面、不文身的现象。"自民国十三年以来，官厅布告禁止，违者科罚，由是青年妇女，涅面者渐少。然风俗兴废，每须时间，开通之女子虽涅面者渐少，而蛰居远山穷谷者，与世隔绝，官厅布告，固不知为何事，而宣传亦难普及，其实行涅面文身，依然如故。④ 从刘咸的这段记载我们可以看出，

---

① 〔德〕史图博：《海南岛民族志》（内部发行），中国科学院广东民族研究所，1964，第 46 ~ 47 页。

② 王兴瑞：《琼崖黎境概况》，海南省文化历史研究会主编《王兴瑞学术论文选》，长征出版社，2007，第 203 页。

③ 1934 年，著名人类学家刘咸参加了海南生物科学采集团，并得到了中研院人类学组的部分资助，率领采集团中的"人种学"组深入黎峒，进行了两个多月的深入调查和采访，由于其本身对黎族的文身特别重视，认为是研究民族文化的一种最上层的材料，所以，基于夙愿兴趣，采访较详。

④ 刘咸：《海南黎人文身之研究》，引自詹慈主编《黎族研究参考资料选辑》第 1 集，广东省民族研究所，1983，第 207 页。

1924 年以来民国时期国民党海南地方政府不但发布了禁止黎族女性文身的布告，还针对文身的现象进行处罚，这应该对文身习俗起到了一定的遏制作用。而陈汉光的"治罪条例"中对给幼女文身的父母的监禁惩罚也发挥了一定的作用，对此刘咸评说道："近年抚黎公署，复悬厉禁，凡父母将子女涅面者，科以相当之罪，黄黄布告，雷厉风行，宣传所至，家喻户晓，已著成效。"在他看来："稳计十年之后，交通便利，智识愈开，涅面文身之陋俗，必可革归乌有矣。"总之，"各属黎族前，此一概文身，后因与汉人交接，渐渐废弛，现今官厅禁止，势必革除"。① 除陈汉光之外，辛亥革命元老许崇灏在其编著的《琼崖志略》中谈到，治黎要从黎人的地理及生活习性方面着手，而"治国之难事，莫如改革民间固有之生活习俗"。所以，主张对黎人实行特殊教化，废除其固有习俗中不适于时代的内容，文身就在废除之列。②

从以上的记载和论述中，我们不难看出汉文化对黎族文身习俗的冲击，两种不同的文化系统在接触和碰撞的过程中，弱势文化势必被强势文化所同化，在不同文化状态下所呈现出来的文明则在比较中被纳入彼此的分类系统中。占据优势地位的文明也会以自身为标准衡量对方，使落后与野蛮，先进和文明成了相对或无法真正去区别的概念，但权力的介入无疑加快了黎族被同化的过程，权力也通过身体找到了发挥作用的场所。

（二）现代社会以来"文身"被"意识形态化"和现代化

黎族的文身习俗，在新中国成立初期遭到了进一步干预。1958 年 5 月 20 日，海南黎族苗族自治州第三届人民代表大会通过了《关于几种落后的风俗习惯的改革和修改几项旧的不合理规定的方案》，其中如杀牛杀猪做鬼、婚姻索取重礼、忌日不出工、"放寮"、土屋、黎苗服饰、文面等都是需要改革的落后风俗习惯，而这些风俗习惯不利于社会主义稳定及民族繁荣和发展，其中第十四条就有关于文面的规定："改变黎族部分妇女的'纹面'（即以面部刺划各种蓝色线纹）习惯。因为'纹面'对于妇女面

---

① 刘咸：《海南黎人文身之研究》，引自詹慈主编《黎族研究参考资料选辑》第 1 集，第 208 页。
② 王国宪、许崇灏编著《琼志钩沉·琼崖志略》，第 253～259 页。

部的正常发育和颜容美观上都有所影响。故必须加以改革，所以今后妇女不要纹面。"① 1962 年，海南黎苗自治州人民委员会又一次针对黎族风俗习惯公布了《关于继承发扬优良传统，改革落后的民族风俗习惯的规定》，其中明确指出："民族固有落后的反动风俗习惯，对社会主义革命和建设起冲击破坏的作用。因此，对我州民族的风俗习惯，应该用阶级观点具体分析，区别对待。"毫无疑问，在当时文明分类系统中文面就是落后的风俗习惯，规定认为："'纹面'和男人不穿裤，不但束缚了人们的精神面貌，同时损害黎族的民族体面，而且，随着经济文化的发展和民族之共同性的增长，年青一代会越来越感觉到'纹面'和不穿裤的不美丽，现在如果给小孩'纹面'，势必造成他们长大后精神非常痛苦和后悔。"因此，规定中明确提出废除"纹面"的风俗习惯，但强调对群众的思想教育，使群众明确"纹面"的害处是旧社会遗留下来的恶果，意识到这种风俗有改革的必要；严禁文面婆继续从事文面活动，并根据文面婆本身的阶级成分采取区分对待的处理方法。这种将文面问题上升到阶级问题来处理的方式是时代的产物，而关于文面不美的界定和文明趋势的心理暗示，则是黎族社会文明进程中身体被规训，文明被意识形态化的体现，这很符合当时世界资本主义阵营和社会主义阵营的对立及社会主义制度必须与以往旧社会相区别的实际需要。

　　综上所述，我们可以看出文身作为黎族女性的传统习俗为历代化黎者所重视，成为被禁止的对象。他们都从中华文化中心角度出发，甚至站在意识形态领域的高度，将文身排除在文明分类系统之外，看成是挑战社会秩序的身体象征，这种对文身的负面理解化成了强大的思想武器，在蔑视这种风俗为野蛮陋习的同时，均企图以行政手段或同化方式消解这一习俗。时至今日，我们清楚黎族文身的风俗本来就是刻在身体上的一种民族符号和文明，"70 年前史图博、刘咸等人类学家所见到的文身妇女，已无处可寻。我们只能从他们留下的文字中去求索历史遗存的文化现象"。②

---

① 《海南黎族苗族自治州人民委员会关于几种落后的风俗习惯的改革和修改几项旧的不合理的规定的方案》，见中国社会科学院民族研究所、民族理论研究室编《海南黎族苗族自治州调查报告暨资料汇编》（内部资料），1982，第 103 页。

② 郭小东等：《失落的文明——史图博〈海南岛民族志〉研究》，武汉大学出版社，2013，第 82 页。

三 "文身"消亡背后的文明冲突与秩序

英国人类学家玛丽·道格拉斯在《洁净与危险》一书中指出："污秽就是位置不当的东西，这是一个十分具有启发性的研究进路。它暗示了两个情境，一系列有秩序的关系以及对此秩序的违背。污秽就绝不是一个单独的孤立事件，有污秽的地方必然存在一个系统，污秽是事物系统排序和分类的副产品，因为排序的过程就是抛弃不当要素的过程。"① 也就是说，无论是洁净还是污秽都是在一定的分类系统中实现的，分类系统的背后就是权力与文化，而文化的背后就是秩序。顺着这样的思路我们可以发现，当一些生物的行为举止或外貌超出了人们的习惯认识或说是超过了人们给定的形象之外，这些东西就是反常的，这些都与我们所指定的"正常"不相符，不在我们的"正常"分类系统之内，因此是反常状态，而这种反常可以通过污垢、无序、野蛮、落后等词表达出来。换言之，整个社会都处在分类系统中，这种分类是为了秩序，分类是为了让一些人离开或进入系统中以保证秩序，从而使社会大系统能正常运转。加拿大学者约翰·奥尼尔曾言"当我们思考人类共同体中的秩序与无序的实质，有关政治态身体的意象就会反复出现"，② 所以对秩序关注也让我们看到了身体的政治属性，身体在不同的文明背景下呈现着不同的文明意义，身体原则可以被理解成一个象征系统。

毫无疑问，当一种文明处于优势地位的时候，其他的文明就会被纳入该分类系统中进行考量，成为区别民族间自我与他者的重要依据，我们不仅以此来评判族内文明与否，还以此衡量其他族群。在黎族社会文明发展进程中，中华文明无疑扮演了重要的角色，在文明权力的话语下，置于中华文明分类系统之外的黎族文化中不能被我们认可的文明方式，就会被冠以野蛮、落后、粗俗的字眼，进而被鄙视或被强制同化，"文身"就遭遇到这样的命运。"就任何文化而言，族群的成员由于共同的背景，共享有某些信念价值风俗习惯及道德规范。他们由于文化特征的关系，认为自己

---

① 〔英〕玛丽·道格拉斯：《洁净与危险》，黄剑波等译，民族出版社，2008，第45页。

② 〔加〕约翰·奥尼尔：《身体五态——重塑关系形貌》，李康译，北京大学出版社，2010，第51页。

与众不同并有别于其他族群。"① 黎族的"文身"是通过身体展现出来的可视、可感的文明，但他们冲击了汉族文明分类系统中的秩序，受到了中华文化的蔑视。在这种情况下，"少数族群通过同化，接受了主流文化的行为模式与规范。它被整合到主流文化之中，直到不再是一个独立的文化单元为止"。②

透过"文身"这种习俗在社会文明进程中的命运，我们或许应该以此为缩影来反观整个黎族社会文明的进程。"文身"习俗衰亡的背后我们看到除了黎汉文明的冲突外，还有现代化思潮的影响，其中离不开权力与秩序。正如当年史图博所言："汉族文化今天正处在变化之中，它吸收着欧洲的文化财产，许多古老的东西在不知不觉中消失着。活跃的南方超过了保守的北方，海南岛很快就要逼近巨大的迅速的文明化运动。在没有全部失去尚可窥视其原始状态之前，今天必须写下这些东西，因为这是最后的时机了。"③ 那么，我们能否阻止黎族社会文明的进程，答案显然是否定的。通过"文身"的消亡我们看到了分类系统和文明秩序在其中扮演的重要角色，现代化成为一种发展的方向，即使像中华文明这样强大的文明也受到了西方文明的冲击，而黎族的传统文明更不会例外。实际上，任何一个民族在发展的过程中都面临着异质文明的冲击，而占有优势地位的文明一旦被社会分类系统所接受和采纳，处于劣势的文明所固有的文化习俗将被逐渐吞噬，黎族的文明就遭遇到这样的问题。当然，关于文明的社会发生和心理同样重要，德国学者诺贝特·埃利亚斯在其成名作《文明的进程：文明的社会发生和心理发生的研究》一书中指出："只有历史的经验才能明确地阐述'文明'这个词的真正含义。历史的经验向我们展示了羞愧和难堪这一感觉的变化在文明的过程中起着如何重要的作用。社会的好恶标准发生了变化，于是，由社会所培养起来的不快和恐惧也随之发生了变化。人的恐惧心理的社会起源是文明进程中的核心问题之一。"④ 正因为

---

① 〔美〕康拉德·菲利普·科塔克：《文化人类学：欣赏文化差异》（第 14 版），周云水译，中国人民大学出版社，2012，第 140 页。

② 〔美〕康拉德·菲利普·科塔克：《文化人类学：欣赏文化差异》（第 14 版），周云水译，第 157～158 页。

③ 〔德〕史图博：《海南岛民族志》，第 10 页。

④ 〔德〕诺贝特·埃利亚斯：《文明的进程：文明的社会发生和心理发生的研究》，王佩莉、袁志英译，上海译文出版社，2013，第 2 页。

如此，他认为："社会强制导致自我强制"。① 就黎族文明的发展进程而言，有些学者已经注意到："新的文明方式侵蚀着黎族文化的肌体，黎族的文化属性与特征，除了人体与语言和某些生活方式多少遗存外，绝大部分已经中国化。"② 所以，时至今日，黎族女性已不再文身，甚至也认为那是一种野蛮的体现。正如康纳顿所言："身体作为社会和政治意义的载体而受到关注。经常被讨论的是身体的象征体系或对于身体的态度或关于身体的话语。"③

如果说文化的同化是历史发展的一种趋势，但文明的多元性存在也是人类社会丰富的需要，实际上不存在绝对意义上的野蛮与文明、先进与落后，每一个文明都处在自身与他者对比的发展差序中。"几乎每一件事都是以'文明'或'不文明'的方式进行的。所以，要用几句话囊括'文明'所有的含义几乎是不可能的。"④ 或者说，形形色色的人类行为和成就构成了文明本身，这也让我们看到了文明可能的多元性与时代性。我们必须要正视在现代文明的冲击之下保护人类共同文明的问题，不应该简单地用野蛮和落后来区分，当一种文明在现代化的潮流或权力的操控下逐渐消失的时候，也是人类社会丰富性的丧失。虽然，文明的产生是与野蛮相对的，但是并不一定文明化就是好的，而非文明化就是坏的，文明概念的提出虽然提供了一个判断社会的标准，但并非所有的社会都应纳入这个标准。正如亨廷顿所认为的，文明是多元的，文明是包容的，"文明是一个最广泛的文化实体。各个乡村、地区、种族群体、民族、宗教群体都在文化异质性的不同层次上具有独特的文化"。⑤ 在亨廷顿看来："文明本身的传播与多元文明的存在并不矛盾。"⑥ 正如美国著名人类学家康拉德·科塔

---

① 〔德〕诺贝特·埃利亚斯：《文明的进程：文明的社会发生和心理发生的研究》，王佩莉、袁志英译，第443页。

② 郭小东等：《失落的文明——史图博〈海南岛民族志〉研究》，武汉大学出版社，2013，第33页。

③ 〔美〕保罗·康纳顿：《社会如何记忆》，纳日碧力戈译，上海人民出版社，2000，第217页。

④ 〔德〕诺贝特·埃利亚斯：《文明的进程：文明的社会发生和心理发生的研究》，王佩莉、袁志英译，第1页。

⑤ 〔美〕塞缪尔·亨廷顿：《文明的冲突与世界秩序的重建》（修订版），周琪等译，新华出版社，2010，第21页。

⑥ 〔美〕塞缪尔·亨廷顿：《文明的冲突与世界秩序的重建》（修订版），周琪等译，第36页。

克所言：“多元社会的族群互相形成对比，在经济上彼此依赖。文化多元主义是将一个民族国家的文化多样性视为良好和值得欣赏的观点。文化多元的社会使个体社会化，不仅让其融入主流文化，也让其保持本族群的特色。”① 针对黎族文化，以上这些观点依然适用，希望我们还有机会去弥补，让即将失落的文明找到其最后可以依附的身体记忆，在历史的影像和文化考察研究中直面海南岛黎族文化的沉沦，担负起守护的责任。

（作者单位：海南大学马克思主义学院）

---

① 〔美〕康拉德·菲利普·科塔克：《文化人类学：欣赏文化差异》（第 14 版），周云水译，第 167 页。

沟通与嬗递

——由屯昌看海南古代汉黎民族的族群互动

李安斌　卢俊霖

一　引言：来自五指山麓的叙事者

屯昌县位于海南岛中部偏北（北纬 19°08′~19°37′，东经 109°45′~110°15′），地处五指山北麓、南渡江南岸。东与定安县、琼海市接壤，南与琼中黎族苗族自治县相依，西北以南渡江为界与澄迈县毗邻。① 县境南北长 55 公里，东西宽 52 公里，总面积达 1231.5 平方公里。屯昌地处琼北台地进入五指山区的咽喉地带，其辖境古为琼山、定安、澄迈三县的边界地段。县城屯昌镇坐落于该县中心，居于海榆中线 86 公里处，是海南省纵贯南北、横越东西的交通枢纽。

特殊的地理位置与地缘因素，赋予了屯昌特殊的历史意义——古代海南汉黎文化的接口。最早登陆海南岛的族群是黎族，虽然时隔一万余年，三亚的落笔洞中至今仍然存留着这批晚期智人的遗迹。由于海南岛偏远的地理位置和古代封建王朝薄弱的海洋意识，秦代以前，海南岛属于"《禹贡》不入，《职方》不书"（唐胄语）的蛮荒之地。短命的秦朝并不短视，是时的海南虽仍为南越外徼，但已和中原族群发生了经济往来，"越处近海，多犀象、玳瑁、珠玑、银、铜、果、布之凑，中国往商贾者多取富

---

① 屯昌与定安的行政区域界线长度为 93.8 公里，与琼海的界线为 53 公里，与琼中的界线为 78.6 公里，与澄迈的界线为 81.1 公里。详见海南省屯昌县地方志编纂委员会编《屯昌县志》，方志出版社，2007，第 1~5 页。

焉，则秦有至者矣"①。汉代是最早立郡海南的中央王朝，汉武帝元封元年
（前110）设立朱崖、儋耳二郡。其后，海南岛迭经废置、复归，长期游离
于中央政治的边缘地带，是为早期的流放地。中央政府对海南岛的经略也
仅仅是环海设立州县，以确保海上交通的通畅。明代以前，海南岛的经济
发展是伴随汉族移民而展开的，这些移民群体多由"难民"构成，或是苦
于长年战乱的逃兵、难民，或是为生活所迫的商贩、贫农，移民海南寻求
稳定的生存空间。一方面，他们为海南岛经济上"质"的发展提供了先进
的生产工具技术和劳动力；另一方面，姗姗迟来的汉文化与土著海岛的黎
文化或抵触或交融，黎族不断退居五指山区，从而生成层次分明的"内黎
外汉"的汉黎文化带，而汉黎文化的过渡带则形成了所谓的"熟黎"文化
带。屯昌正处于"熟黎"文化带中。

　　因此，屯昌既是古代海南岛汉黎民族交流的发生地，也是"熟黎"文
化的发源地，以屯昌史为切口，观照古代海南岛民族间的互动，不仅可以
深入了解这一"熟黎"文化的运行机制，也是对以汉、黎为主流的海南历
史文化研究趣旨的补充。

二　族群身份的嬗递：黎族的"汉化"

　　就屯昌而言，其文化主体经历了从黎族到"熟黎"、再到汉族的演变，
而这一过程大致可以看作海南民族互动史的写照。

（一）初诞：山地视界中的黎族文化

　　明代以前，地处中部的屯昌地区并未受到汉族移民的开发，仍是以黎
族土著文化为主。经济上，他们往往择址于水草丰茂的山坡台地地区，靠
早期磨制石器渔猎维生，逐渐向农耕经济形式转变，而且开始出现了原始
的男女分工；政治上形成以血缘关系为纽带的社会基本组织形式——峒；
文化上由于黎族文化发展相对滞后，长期处在新石器文明阶段，再加上
"峒"的组织形式封闭，不易与汉文化接触。在这种偏远封闭的地域内，
造成了以边疆文化、山地文化为主的黎族原生文化中，强烈的自我意识、

---

① （明）唐胄：《正德琼台志》卷3《沿革考》，海南出版社，2006，第58页。

封闭的文化心态以及"小富即安"的生产个性。

首先是边疆文化。海南岛远踞南海，无论是从地理意义上、战略意义上、经济意义上，还是文化意义上，都是中国最典型的边疆代表。[①] 边疆是整个海南岛的文化属性，而且具有"双重边疆"性质。就与中央政府的关系来看，海南岛无疑处于地理意义上的边境，往往被作为流放地处置政治犯。对于汉族统治者而言，海南岛古代为黎族居址，成为"汉族中心论"的文化边疆。越是处于边缘的族群自我认同感就越强烈，民族意识也越凸显：

> 民族意识是每一个民族的成员对自我民族的认识，它有两层涵义，一是"我"的民族为何存在；二是"我"的民族如何存在。前者属于一个民族的价值观问题，后者则是同此民族价值观基本相适应民族的思维、心态、生活习惯、行为方式、审美情趣等。[②]

从历史层面看，黎族人民不断的反抗中央政府统治，似乎从未停止；从共时层面看，海南岛形成了独特的三重环状文化圈，即中部的黎族文化圈，过渡的"熟黎"文化圈，以及外围的汉族文化圈。虽然文化圈之间互动频繁，但是在清朝以前，即使是"熟黎"仍然保持自己相对独立的文化认同："黎人半能汉语，十百为群，变服入州县墟市，人莫辨焉。日将晚，或吹牛角为声，则纷纷集会，结队而归，始知其为黎也。"[③] 在经济上，"熟黎"虽然对汉族产生了强烈的依赖性，但是受到"汉化"的"熟黎"仍未脱离自己的族群认同，即使"能汉语"、变汉服，但他们依然保持自己的组织形式。强烈的民族意识，是边疆文化赋予的文化性格。

其次是山地文化。从出土文物的集中地来看，早期屯昌先民也多居住在山坡台地上，宋元以降的"熟黎"族群，也是保持倚"峒"而居的生活方式。峒内除了土壤肥沃，又多位于海岛放射状河流的源头。地理与水文的优越环境，形成屯昌地区以农耕为主、兼及渔猎的生产方式。正因此，屯昌地区形成了迥异于海南岛沿海居民的山地文化。山地文化最显著的特

---

① 闫广林：《海南岛文化根性研究》，社会科学文献出版社，2013，第 203～207 页。

② 萧景阳：《黎族现代民族意识略论》，《广东民族学院学报》1991 年第 1 期。

③ （宋）周去非著，杨武泉校注《岭外代答校注》卷 2《外国门下·海外黎蛮》，中华书局，1999，第 71～72 页。

点是"封闭性"和"独立性"。山地文化的封闭性特点，一方面，强化了
黎族社团的凝聚力和向心力，这种本身以"血缘"为纽带的"家峒同构"
关系，在山地的环境中得到了毫无异议的认可；另一方面，黎族社团的
"封闭性"阻碍了与汉族文化的充分交流，在汉黎之间的经济交往中，我
们更多地看到的是，黎族族群以一个被动的姿态参与汉黎的商贸活动。

屯昌地区山地文化最典型的表现就是"小富即安"的生产个性。优越
的自然环境，使得当地人意识不到自身生产方式的落后，他们只需要付出
少量的劳动便能得到丰厚的回报，逐渐地养成了所谓的"惰耕"情绪。明
人王士衡曾就屯昌南吕峒的耕作方式为例，谈到"熟黎"耕田不施粪肥、
"只见人懒、不闻土懒"的惰耕现状：

> 今我附近乡人，全不知耘为何事，间有知之者亦仅耘得一遍，田
> 间野草反多于苗。苏松去处，终年备办粪土，家积人粪如惜金玉。春
> 间夏间，常常浇灌其田。民苗一亩，纳粮一斗八升，且曰："苏松熟，
> 天下足"。今本处全然不复以粪为事，其视人粪轻弃如土。夫农卤莽
> 而种之，天亦卤莽而报之。①

这一批评有其合理性，明代以前屯昌地区的"熟黎"，耕作方式确实
如此简单。当然，把这种原因直接归咎为"只见人懒、不闻土懒"，则是
批评者带有自身的主观情绪。其实，我们更应该联系屯昌地区山地文化的
性格来看待这种"惰耕"现象。从优越的自然气候中我们可以看到，屯昌
地区即使仅凭简单的耕种已经可以满足自身内部需求，其"惰耕"根本原
因是缺乏一个比较的对象。没有比较就没有心理落差，也就不能直接感知
汉族生产方式的优越性。那么，导致这种缺乏比较的重要因素，就是山地
文化导致的封闭状态。

（二）异化：交界语境中的"熟黎"文化

封闭隔离只是一个相对状态，从考古发掘的古代货币、② 隋代古城遗

---

① （明）王士衡：《劝谕乡里种麦文》，引自（明）唐胄《正德琼台志》卷8《土产上》，第
156 页。
② 海南省屯昌县地方志编纂委员会：《屯昌县志》，方志出版社，2007，第 35 页。

址等,① 都可以看出，汉黎文化间的互动才是历史的唯一事实。伴随历代汉族的移民，沿海州县饱和开发而扩张边界，不断压缩黎人的生存空间，导致黎人社团三级分化，即"同化"的编户，"异化"的"熟黎"以及"边缘化"的生黎：

> 一部分黎人接受汉文化的影响与州县的管理，成为编户，另一部分则退居台地、山地，坚守原有的生活方式与文化传统。这部分黎人与汉人、与州县之间交往已多，已经在各个方面产生了一些变化，开始有限度地接受州县的管理，成为"熟黎"。那些居地偏远、不与州县往来的黎人，成为"生黎"。②

明代的屯昌地区是"熟黎"集中的地段，被称为"熟黎"的黎族人，和其他三类"熟黎"——湖广、福建以及各州县的流民，破产的闽商、脱籍的军人——有个共同点，都是受汉族主流文化排斥的人群。一方面他们被政府定义为奸民，被汉人以"外族"眼光审视；另一方面他们又不能完全融入黎族社会，长期与汉人政权保持"若即若离"的政治关系，又与黎族社团保持若有若无的血缘联系。社会组织上，"熟黎"既被编入政府户籍又相对保持着黎族族群特有的社会组织形式——峒；经济上，"熟黎"族群一方面保持着自己原有的农耕生产方式，另一方面在岛内贸易不断深化的过程中，承担起中间贸易的重要角色，并借此迅速发展，今屯昌县所辖乡镇最初几乎全是因集市贸易而形成圩；语言上，"熟黎"族群"半能汉语",③ 而"生黎"不能，这种语言认同的背后，实际上体现出的是文化认同。

掺入了汉族文化基因的"熟黎"文化，最大的特点是农商文化。屯昌地处琼北台地进入五指山区的过渡地段，自身地理区位优越，但掣肘于山地文化的影响，屯昌地区长时间的满足于"家的自给自足"到"村的自给自足"，再到"峒的自给自足"三重自足的自然经济模式，商品经济迟迟不见产生。明清时期，汉族移民的大量涌入，才促成了岛内的社会分工，

---

① 丘刚：《海南古遗址》，南方出版社、海南出版社，2008，第156页。
② 唐启翠：《族群利益与边界政治——海南"熟黎"研究》，《海南大学学报》（人文社会科学版）2011年第5期。
③ （宋）周去非著，杨武泉校注《岭外代答校注》卷2《外国门下·海外黎语》，第71页。

商品经济才开始产生。然而，屯昌地区"熟黎"的商业文化和西方扩张式的商业文化不同，西方的商业文明造就了西方社会平等、创新两大性格。商品经济靠市场竞争，这种竞争的理想状态是非权力的，因而产生了平等思想；赢得竞争的主要手段是靠商品的创新，所谓"物以稀为贵"，砥砺就了创新的个性。屯昌地区"熟黎"的商业文化则不同，谈不上商品创新问题，因为他们的商贸活动主要基于汉黎间的互通有无。但是，这种商业的往来对于山地文化下的屯昌境内族群影响甚大，使他们成为黎族族群中第一批开眼看"世界"的族群。直到清末民初，汉黎之间的各种交流仍然需要依靠"熟黎"群完成：

> 自南丰入黎地必改雇黎夫。据洪君范卿云，黎中路多峻岭，黎夫不能任重，肩与须雇四夫乃能抬。每担只能挑三十斤。入黎米可就地买食，水亦可饮，无须用沙漏，此沙桶可无须带行。原来行李二挑，可改作三挑：备钱随路发夫作一挑；备蔬菜油盐自食，及咸鱼于叶用以赏黎总营哨官当作一挑；又从人太单，须添勇四名，又局派通黎语者一名。当另雇一夫挑从人行李。从之。共托雇黎夫十名。[①]

这种商业文化不带有西方语境中商业文化特有的侵略式特征，也谈不上创新精神，他们关注的是从封闭的山地环境中走出去，去学习借鉴先进的文明方式，因而是农商文化。

（三）同化：汉化的完成与儒家文化的渗透

"熟黎"族群的产生，其本身标志着黎族伴随着汉黎族群互动而"汉化"的结果，屯昌地区"熟黎"汉化的完成是在清朝。

如果用"相遇"二字来描述明代屯昌地区的黎汉互动的话，那么，终清一代，"沟通"则是贯穿整个时代黎汉关系的主题词。虽然清政府以少数民族身份入主中原，这多少为民族关系的处理造成了一种较为微妙的氛围，但是，整个清代屯昌地区历史发展的主线还是以汉黎关系为主的，民族大融合仍然是时代的主题。在海南，随着汉民族的移民扩张，汉族边境

---

① （清）胡传：《游历琼州黎峒行程日记》，引自符晓乔《海南岛民族志》，中国科学院广东民族研究所编印，1964，第351页。

向内延伸，使屯昌地区的民族融合呈现出时代新貌。光绪年间编纂的《定安县志》卷1《舆地志》中，有这样的记载：

> 南闾岭，亦名三尖领（"领"当为"岭"的讹误，应作"岭"——引者注），在城西南一百八十里。《旧志》作二百里。高千余丈《旧志》。由马岭往南横穿枫木洋三十余里，突起大峰峦，连绵三十里《旧志》作十余里，跨闾一、闾二、南远三图。上有棋盘石、巨人脚迹石。有四角井，饮之却病。《旧志》云熟黎环居其下，此乃元、明以前所云，今皆平民所居《采访册》。《旧志》又谓此处设有营汛，疑即太平汛之误抑或吴公征黎时暂设，亦未可知。①

《光绪定安县志》修纂于光绪二年（1876），成书于光绪三年，循袭前代体例，增补自咸丰四年（1854）到光绪四年（1878）共25年间的史料史实。此处专门指出，道光初年南吕地区"今皆平民所居"而非"熟黎环居"的民族状况，说明屯昌地区的汉化在清代中叶业已完成。所引《旧志》，即指咸丰朝以前的县志，可惜如今保留较为完整的只有康熙年间修纂的县志。现存方志中，年代稍前的《道光琼州府志》关于南吕岭则叙述为：

> 南闾岭，在城西南二百里，一名三尖岭。高千余丈，连绵十余里，熟黎环居其下。《大清一统志》②

然而，材料注明，该处采用《大清一统志》的说法。一统志的编修始见于元代，疆域至到是一代国力强盛的象征。清朝的一统志所知有三：雍正朝初修本、乾隆朝续修本以及嘉庆朝重修本。三个本子对此处说法如出一辙，后两本应直接沿用前雍正本的说法。说明在康熙、雍正朝时，此处还是"熟黎"所居，到光绪朝时，"熟黎"已几乎全部汉化。

政治上，"熟黎"族群接受中央政府的统治，归化为民；经济上，屯昌地区黎汉贸易的空前繁荣，由于屯昌地处汉黎区过渡地带的优势区位，大量墟市在需求中不断产生又在竞争中不断优化，如今屯昌县下辖的各村

① （清）吴应廉修，王映斗纂《光绪定安县志》卷1《舆地志》，海南出版社，2004，第53页。
② （清）明谊修，张岳崧撰《道光琼州府志》卷4《舆地志》，海南出版社，2006，第126页。

镇也是在这些大大小小的墟市上发展而成的，黎汉贸易的扩大最直接的影响就是促使了屯昌地区士绅阶层的壮大；文化上，在乡绅士子的推动下，屯昌地区社学、义学勃然而兴，儒学事业蔚然成风，"光螺民亦诵诗读书，上叨国典。思河多佃户，服王化，不生事"。① 换句话说，"熟黎"汉化的最终完成，其根本原因在于儒家文化的渗透。

三　民族融合的机制：沟通四维

从纵向上看，汉黎族群互动的结果是族群身份的嬗递，就以屯昌为代表的海南，可描述为：黎族→"熟黎"→汉族的演变模式。从横向上看，则表现为政治、军事、经济、文化四个维度的互动模式。

（一）行政安抚与族群矛盾的调解

和前代各朝统治者相比，朱明政府对"熟黎"地区的统治一改前朝统治者的血腥弹压，而采用政治手段来取代军事手段。各州县将边界的"熟黎"地区划入版籍之内：

> 琼山　西南到本县西黎都岭平峒四百里。
> 澄迈　南跨黎峒，南至临高县南黎都一百一十里，西南到本县西黎都一百八十里。
> 定安　南跨黎峒，南至本县思河光螺峒三百里，西南到本县思河光螺峒三百里。②

古代舆图中所使用的"至"、"到"、"跨"等词语。"四至"通常指东、南、西、北四个方向所管辖的范围；"八到"则往往囊括东南、西南、东北、西北等方位；"跨"则是指将区域内归化的"熟黎"纳入政府的管辖范围，但与"熟黎"相邻的生黎不受政府管理，也不必纳粮赋税。从表层上看，舆图"至"、"到"反映出政府对"熟黎"采取的是一种较为积极主动的行政管理手段；其实，在深层结构中，政府管理的加强实际上是

---

① （清）吴应廉修，王映斗纂《光绪定安县志》卷9《黎岐志》，第739～740页。
② （明）唐胄：《正德琼台志》卷4《疆域》，第68～70页。

一种汉黎联系加强的结果，也是黎族人不断汉化的表现，同时，通过行政措施的黏合加深了汉黎间的密切关系。

其次是在赋税徭役上给予归化的黎族族群最大的政治优惠："其熟黎则令随产纳税，一切差徭悉与蠲免；生黎归化者，免其产税三年。"①

此外，中央统治者还亲自敕谕安抚，劝告黎族部落归化。永乐四年（1406），朱棣对屯昌地区南岐村发布了一道安抚敕谕：

> 皇帝敕谕琼山县南岐村黎首陈忠等：恁每都是好百姓，比先只为军卫有司官吏不才，苦害恁上头，恁每害怕了，不肯出来。如今听得朝廷差人来招谕，便都一心向化，出来朝见，都赏赐了回去。今后恁村峒人民都不要供应差拨，便安心乐业，享太平的福。但是军卫有司官吏军民人等非法生事，扰害恁的，便将这敕谕直到京城来说，我将大法度治他。故谕。②

敕谕中提及一种最常见的政治手段，以惩办官吏转移黎族群众的矛盾。黎族人民起义往往因为长期积压的社会矛盾，再加上特定事件作为导火索一触而发。明末清初的顾炎武曾于《肇域志》一书中指出："黎易治，往时之乱，多有司激之耳。"③惩办违法官吏，使这种积压的不满情绪通过另一种途径发泄，以减少大规模冲突。

从版籍规划到税收优惠，再到行政告谕，中央政府一系列积极的行政措施为黎族"汉化"、民族融合提供了宽松的互动氛围。

（二）军事屯兵与族群分布的调配

同行政手段相比，军事弹压的方式属于消极手段，然而，与军事打击相辅的"屯兵"，或可视作中央政府的组织性移民，则成为汉族移民的重要方式。据现有资料，屯昌县最早的屯兵行为发生于明永乐二年（1404）：

> 永乐二年，立三屯，曰南流，曰清宁，曰石峡（今属屯昌县新兴

---

① 唐启翠：《明清〈实录〉中的海南》，海南出版社，2006，第14页。
② （明）蔡光前等纂修《万历琼州府志》卷8《永乐四年复安抚黎人敕谕》，海南出版社，2003，第419页。
③ （清）顾炎武：《肇域志》，上海古籍出版社，2004，第2230页。

镇——引者注），属海南卫。每军征米十二石上仓。正统丁巳（1437），革去石峡一屯，拨田归民，照民田起科。后承田者每混作官田，以避差徭。[①]

在短短 30 年的时间，石硖屯即被革除。所以说，真正意义上的屯兵，实际上应该在明弘治十五年（1502）：

> 永乐初，设土舍四所，共辖黎兵二百名，遇有调拨，随征进，专为前锋。无事则派守各营，听候营官调度。
>
> 弘治十五年，佥事方良永委千户王升领军余民壮，于本县黎村哨守，随带旗军各营，听候营官调度。[②]

"黎村哨守"也可看出统治者屯兵策略的功能性转变。以前的屯兵点往往选择在贴近州县治所的交通要道上，其一是作为防御工事，守备州县；其二也有勘定地界的性质，具有"黎黎汉汉"的防备心态。

王升所率领的"民壮"即为黎兵，而所谓"旗军"则是明代卫所制度下的正规职业军人。明代有军户户出一丁，赴预先指定的卫所去当兵。旗军在营里负责两种工作，一是防御操备，称为操守旗军，一是屯田，称为屯种旗军。这种旗军制度在明代有一个特点，即世袭。所以，卫所制度在确立之初就必须考虑自身的延绵性，方法有二：一是屯田，以保障军人生计；二是以家庭为单位，把妻、子等家属迁于卫所合聚，以保证军籍延绵。这是有妻有子的情况，无妻无子的情况下则大多采用就地联姻的方式，这在客观上促进了黎汉联姻的发展。从历史上看，这一类似"和亲"的行为无疑是"化解"民族矛盾最有效的方式之一。

屯军黎村因军事而起，目的是为了哨守黎村，而由体制带来的联姻行为，使得军事行动得到最大化收益。

（三）边境贸易与族群利益的调剂

明清时期，汉族成倍数移民海南，生产力的发展，社会分工的加深，

---

① （清）吴应廉修，王映斗纂《光绪定安县志》卷3《经政志》，第 293 页。
② （清）吴应廉修，王映斗纂《光绪定安县志》卷3《经政志》，第 294 页。

再加上海上贸易的收缩，种种契机叠加起来，使得"熟黎"区域内的贸易日渐兴盛：

> 乐会县南北二峒皆系熟黎。自县城一百余里至北峒，所辖六村，加六、中平、河溢、南昌、加福、三更每村设黎甲一名。三更村与定安县黎峒接界，黎人贸易皆在定安南间市、岭门墟诸处。①

与此同时，汉黎间贸易也走向了一个新的阶段。当时汉黎贸易的沟通，主要依靠一个特殊的群体——"熟黎"。原因之一是汉黎间的语言不通，其二是黎路不熟。"熟黎"熟悉黎语和汉语、深谙黎路就容易占得商机，到了明清时期，开始出现了一批深入黎地贸易的"行脚商"、"货郎担"：

> 黎人资食于田，取馔于山。其富视牛之多寡，不以金银为宝，唯外客贩赍绒线布匹入黎，男妇争以香藤等物彼此交易，广潮黠民常因此致富云。
>
> 不惜香藤不惜牛，广纱潮布换来收。熟黎渐觉衣冠美，好上钱粮入县州。②

这批行商大致包括三类，早期从事中转贸易的"熟黎"商人、深谙黎语黎路的汉族商人以及依靠"熟黎"带路的汉族商人。随着贸易交流的发展扩大，次数增多，货郎担式的贩卖模式再也无法适应不断增加的贸易需求，于是拥有专门店铺的坐商在黎区应运而生。有学者统计：

> 明中叶以前，岛上有圩市123处，明末增加到179处，以琼山、定安、文昌较多，儋州、万州、会同次之，其它州县很少，它们的分布都有向岛腹地推移之势。到清中叶，岛上圩市增加到310处，比明末增长了73%。圩市间的距离缩短了，分布更加稠密。③

---

① （清）明谊修，张岳崧撰《道光琼州府志》卷21《海黎志》，第851页。
② 符桂花编《清代黎族风俗图（汉英对照）》，海南出版社，2007，第188页。
③ 司徒尚纪：《海南开发》，广东省地图出版社，1992，第47页。

　　从行脚商到坐商的转变，特别是坐商由沿海向内陆扩展，集中地体现出商品交换从临时性、分散性、小规模向固定性、集中性、大规模演变。然而，坐商的出现不仅仅只是一种经济方式的进步，它还有更深刻的社会意义，这体现出了汉黎间商品贸易主动性由汉族向黎族的让渡。在此之前，"生黎"不与汉人往来，汉黎间的商品交换靠"熟黎"做中转贸易，或者汉族商人由"熟黎"带路，深入黎区进行商品交换。而坐商产生以后，汉黎之间的商品可以通过固定的商业点直接交换，"生黎"的贸易主动性进一步加强，客观上对"生黎"产生了一种"走出去"的牵引，同时也就促进了黎族"汉化"的渐次发生。

　　军事与贸易的合力，还带来了真正意义上的沟通——交通大发展。

　　张之洞经略海南的一项重大举措即是开辟中部交通。整个明朝喧嚣尘世的"开辟中部交通"，由于诸多原因一再搁置，而这一设想最终在清末得以落实。由于这次的开路行动是在一次平黎的军事行动之后实施的，所以有部分研究者将这两件事做因果联系，认为黎路的开通是因为冯子材征黎行动的辅助工程。实际上，据学者考证，早在冯子材开路之前早已因商贸的往来而初具雏形，张之洞、冯子材所谓的开路工程，只不过将这些初备形态的道路官方化、标准化而已：

　　　　前清光绪间冯子材渡琼平黎，尤以开通十字路著名，世人遽闻其说，不知实情，一若黎境之中，峻岭重叠，无路可通，而彼等之开辟，为千古未有之大工程者，实则黎境通路甚多，虽非宽广马路，而通行尚无可阻。黎客之入内贸易者无处无之，可以证明。即彼等之所谓开路者，亦不过从该路经过一次，令黎人略斩路旁草莽而已。①

　　随着商品经济的发展和墟市数量的增多，黎汉互市日益兴旺。商品交换的进一步扩大，迫切要求修建山区道路与之相适应，以利于经贸的发展和民众的往来，也便于州县的管治。这也正印证了当初海瑞的断言："若琼则内之黎岐与州县百姓，鸡犬相闻，鱼盐米货相通。其间虽多峻岭丛林，彼之出入来往，自有坦夷道路。"②

---

① （民国）彭程万、殷汝骊：《调查琼崖实业报告书》，第 14~15 页。
② （明）海瑞：《平黎疏》，载陈义钟编校《海瑞集》上册，中华书局，1962，第 6 页。

道路连接极大地加深了屯昌等地区和地方政府的对接联系，也为黎族的"汉化"扫清了交通障碍。

（四）文化互通与族群关系的调和

汉黎之间的商贸往来最初只是经济上的交流，是一个较弱的经济体和一个强大的经济体之间的对话，这只能使黎族走近汉族而非走进汉族。所以说，即使"熟黎"族群"半能汉语，十百为群，变服入州县墟市，人莫辨焉"，即使如此，汉人也并不认同他们是汉人，而是用"熟黎"一词示以区别。所以，真正意义上使屯昌的"熟黎"全然"汉化"，是附着在经济活动背后的文化互动。

儒家文化是封建王朝的正统文化，儒家文化向黎族族群的渗透，表现在三个方面：首先是汉族流寓士大夫的"过化"，如王义方、苏轼等遭贬士大夫兴起的"民办教育"；其次是宋仁宗以来的官办教育，特别是至元二十九年（1292）湖广行省长官的阔里吉思推行"黎学"以来的民族教育；最后是清朝，屯昌地区自发的"官民互办"教育。社会经济的发展，造就了屯昌士绅阶层的崛起。在汉黎贸易过程中，熟黎阶层获利极大，在汉族传统等级观念"士农工商"的影响下，他们开始转向对政治的诉求。在他们的推动下，一系列社学、义学在屯昌地区纷纷成立，有攀桂社学、蕴龙社学、南离社学、福田社学、步云社学、毓麟社学、丰睦义学、炳文义学、焕文义学、育才社学等。①

大大小小的社学最突出的特点是其民办性质，都是靠当地民众捐资建立。这些捐资者有两大共通点：一是有一定的资产；二是接受过儒家的教育，他们大多数是监生、廪生，再不济也是处士。所有的社学都依靠特定的耕田输税维系运行，绅民捐助田产后租赁给佃户，然后依靠收取田租来支发包括兴修校舍、延请教师所需要的种种费用，一些贫寒子弟也可以入学，不需要缴纳资费。所以这些社学、义学又具有公益性质。社学义学的捐资，主旨在于"助学"，在科举考试过程中，还有应试者赴试所需的盘缠和参考所需缴纳的费用等各项开支，所以在清代又出现了制度化的、旨在"助考"而非"助学"的宾兴款。助考性质的宾兴活动早在宋代就具

---

① （清）吴应廉修，王映斗纂《光绪定安县志》卷2《建置志》，第179~182页。

备，当时主要来源于义庄资助。到了清代，宾兴款项被制度化，来源也多样化，既有官方资助，也有民间捐赠，包括书院出资、增税、官员捐助、乡绅捐助、罚项、摊派、将他款改作宾兴款、租金、利息等多种来源。①其中，屯昌县的宾兴款以田租为主，并且，现存文献中，整个海南最早的宾兴田所捐赠的对象，就包括今天屯昌地区的士子：

> 南薰庄田八丁半，在文峰图。共田一百六十四丘，插秧一万三千八百三十把。红斗村场一角，佃丁居住。苗米八斗，在西一图一甲输纳。道光十三年，举人陈赞元、生员胡谟邀绅民捐银九百两，置为宾兴项……每年田租公举绅士一人管理。除纳粮外，贮为乡试、会试、廷试之资。②

在乡绅士子的推动下，屯昌地区的儒学事业蔚然成风，为屯昌地区进一步汉化产生了深远影响。

儒家文化属于精英层，大众民俗的文化共享也为汉黎族群的互动营造了契机。大陆地区宗教的传播以及汉黎民间民俗的文化互动，使屯昌地区汉黎文化出现了融合的趋势并逐步向多元化方向发展。中南民族学院海南岛黎族社会调查组曾对海南地区的民间信仰做了大量田野调查，调查分析出海南岛汉族道教文化向岛内黎族地区的传播大致因循的五条线路，其中之一则经由屯昌岭门传播至五指山地区：

> 汉族道教的路径大致是：一由感昌和儋州传入（白沙县的南溪、番响、东方的西方等）；二由屯昌岭门（如白沙县细水乡）；三由崖县（乐东县之福汶）；四由万宁（琼中县之堑对）；五由陵水（这点材料尚缺，但按推测是这样，因为有些地方如陵水县北光乡等地因传入的时间太久，群众说不出来源）。③

作为中国唯一的本土原始宗教，道教以"道"为最高教义，以"神仙信仰"为核心内容，追求自然和谐、社会安定。这与处于较为落后的生产

---

① 详见周兴涛《也论清代宾兴》，《中国地方志》2008 年第 6 期。
② （清）吴应廉修，王映斗纂《光绪定安县志》卷 2《建置志》，第 164～167 页。南薰庄在今天屯昌与定安边界地带，而文峰图的部分地区则是今屯昌境内的马湾坡、蒙头、下鸭、大石、猫尾埇、鸡近等村。
③ 中南民族学院本书编辑组编《海南岛黎族社会调查》，广西民族出版社，1992，第 98 页。

方式和社会状况的海南内陆黎族人民在精神生活、宗教意识和信仰心理方面具有相当的吻合性。同时道教教义本身具有很强的开放性和包容性，其在传播过程很容易和黎族本土的原始巫术等结合起来。汉族宗教在传播中与黎族本土宗教结合共生，而非相互侵蚀、排斥，这是"熟黎"文化这种"杂糅"文化的典型特征之一。

以军坡节为例。屯昌地区的军坡节信仰，既不同于黎区的祖先崇拜，也不同于汉区的冼夫人崇拜，他们认为冼夫人只是当地的一位祖先，和其他黎族的祖先"公"处于平等地位。这和汉区解释"公"是冼夫人手下的将领或者是归顺冼夫人的黎族头领大不一样。在这一解释中，外来英雄冼夫人和本土英雄处于一种"平级"关系而非"上下"级。信仰糅合原因有三：

一是汉、黎民间宗教本身的包容性。黎族、汉族的民间宗教，属于多神教，这为多神共存于同一节日提供可能。

二是作为载体的民俗文化提供信仰糅合的载体，原本是汉黎民族各自的节日，由于时间上的重叠为两种信仰的缝合提供契机，民俗信仰作为民族共同记忆，对族群行为本身具有"化石化"影响。

三是屯昌地区特殊的文化位置。屯昌地处黎汉交接处，黎汉话语权力几呈均势。对于黎族文化来说，汉文化是高势能文化，"熟黎"族群的汉语、汉服并最终的汉化，即可说明此点。然而，在"同化"的过程中，也有冲突对立，如今的军坡节信仰中没有高下之分，或可看做黎族本族意识的孑遗，并由于"熟黎"文化的边缘性质，这一孑遗始终保留。

四　结语

从屯昌史的发展与文化主体身份的嬗变可以看出，汉黎族群互动的结果，并不是单一的某种文化的消失，受另一种文化同化。

从过程来看，所谓黎族的"汉化"过程中还生成了新的文化，即"熟黎"这一过渡态的中介文化。"熟黎"文化是一种杂糅式的文化，既不同于黎族本身的山地文化与边疆文化，也不同于汉族封建传统的儒家文化。"熟黎"族群保持着自己"跨文化"的组织、经济、生产生活方式，体现出双重认同。

　　从结果来看，所谓黎族的"汉化"也并非全部被汉文化"同化"，在作为民族共同记忆的民俗信仰中，原始的信仰对象并没有被外文化"解构"，而是作为文化抗争的孑遗保留下来，特别是在如今的屯昌地区，由于汉、黎族群呈均势的话语权力，使得信仰对象在同一民俗中共存共享。

（作者单位：海南大学人文传播学院）

黎族先民的居住智慧[*]

——以东方市俄查老村船形屋为例

夏代云

海南岛现存的黎族船形屋保存了海南黎族古代民居的建筑技艺和风格，也是黎族先民重要的文化符号之一，"黎族船形屋营造技艺"于 2008 年被列入第二批国家级非物质文化遗产保护名录。

从建筑哲学的视角看，建筑的结构决定建筑的功能，同时也体现出丰富的民族文化，海南民居建筑体现了当地的地理气候特征、黎族的生产经济方式、宗教信仰、家庭伦理、生命观念、生态环境意识等。从民族学和人类学的视角看，实地调研是增进对于社会现实、民众生活和民俗文化的理解，获取第一手资料的最佳方式。

一 村址

俄查老村坐落于海南岛西部的山间峡谷中，隶属于海南省东方市江边乡，距乡政府所在地西南面约 2 公里，距离 314 省道约 1 公里。2009 年起实行房屋改造，历时两年，整村房屋改造完毕，2011 年春节前全村人搬迁到新村。新村按以前的村名命名为俄查村，村民通俗而亲切地称以前的村址为"老村"，称自家以前住的茅草屋为"老屋"或"老房子"，称现居的村址为"新村"。俄查村是一个历史较为悠久的大村，明朝时已有明确

* 本文系海南大学中西部计划学科重点领域建设项目《国学与海南历史》（编号：ZXBJH-XK028）和海南省社科重点专项项目"海南地方史丛书"之子项目《东方史》〔编号 hnsk（zd）d012〕的研究成果。

记载，称"莪茶"村，属感恩县王峒管辖。[①] 全村人都姓符，操黎族的美孚方言，共 3 个村民小组，140 户，人口 552 人，耕地面积 932.2 亩，其中水田 260.19 亩，旱田 115.51 亩，坡地 556.5 亩。房屋改造时，顺着老村的东方，沿着蜿蜒的山势，在山坡上建起一排排崭新的砖瓦房和钢筋水泥结构的房子，新村的村尾与老村的村头仅隔 100 米左右。俄查新村的村委会等机构的办公室位于一栋二层楼内，楼房背依村后东南—西北走向的山脉，正门朝向东北，隔着开阔的水稻田与对面山峰相望。村里居民住宅的正门均依山势的蜿蜒而朝向东北、北方或西北方向，与对面蜿蜒的山脉相望。村里七条水泥道路基本上沿着山坡近似平行地分布，由山腰上最后一排房屋的旁边向下，一直通到山脚，均与山脚的水泥主干道连接起来。主干道前面便是菜地和水稻田。靠近主干道的民房的院子的最外沿，大多长着一排茂盛青翠的露兜草。

沿着新村的主干道往西走，公路沿着山势渐渐折向西偏南的方向，不久便进入老村村口，水泥路在老村村口戛然而止。俄查老村的茅草屋基本上无人看管与维修，很多已经破败，尚未进行旅游开发，基本上处于自然遗弃状态。"俄查"是黎语的音译，在黎语里，"俄"的意思是"山"，"查"的意思是"夹在两个之间"，"俄查"意即夹在两山之间的峡谷。事实上，俄查老村就坐落在两列西南—东北走向山脉之间的山间谷地中，两山之间有一大片平地，全部是水稻田。由此看来，"俄查"这个地名在其本意上仍然适合于新村。稻田间有一条小溪蜿蜒流过，黎语称之为"顿邦"，在黎语中，"顿"的意思是溪流，邦的意思是"房子"，两个音合起来的意思是"房子前的小溪"，引申为"我们家门口的小溪"。这种地理条件对于黎族先民聚族而居是颇为优越的，因此，很早以前黎族先民就在此居住生活，并渐渐发展为一个大村。村里的房屋聚集在一起，紧靠谷地东南边的山坡边缘，位于山脚矮而平坦的山坡上，隔着西边和北边的水稻田与对面蜿蜒的山脉相望。村址地势高于稻田，并以谷仓所居的地势为最高，最外缘的一排谷仓已经有往山坡攀爬的趋势。

俄查老村和新村的选址基本上体现了黎族"三靠一爽"的理念。"三

---

① 符兴恩：《黎族·美孚方言》，银河出版社，2007，第 40 页。

靠"，一是靠近耕地，便于生产劳作，也便于在其周围的小丘陵或山坡种植旱稻和杂粮。二是靠近河川或溪流，便于利用水源灌溉农田及生活用水，并可以捕捞鱼类改善生活。三是靠近山岭及森林，便于获取日常燃料及建筑用材，并可以狩猎以满足族人物质上的需求和男人精神上的需求。"一爽"是指地势要高爽，但不占用耕地，这样可以防湿、防潮，避免房屋遭到雨水的破坏，地形有了坡度，可利用雨水将地表的脏杂物冲到村外或洼地田里去，改善村内卫生，减少人畜生病。[①]

二 谷仓

粮食的生产、分配和储藏在黎族古代社会中占有非常重要的地位。村口左边的矮矮山坡上有两排谷仓，紧靠山脚有一条小路，小路右边是住宅。看来，这条小路是把谷仓与住宅分离开来的重要防火空间，当住宅不慎失火时，火焰在短时间内是烧不到谷仓的，这样就可以保障火灾时粮食的安全。

谷仓悬架在几根木桩上，坐东朝西，四面墙壁，穹隆形拱顶，没有窗户，唯一的门开在朝西稍微偏南的山墙上。屋顶的茅草排在前后山墙出梢很长，且两侧檐墙的茅草排下垂较低，用以防雨。远望谷仓，给人以船舱的感觉。

谷仓的地板下面用木桩架起来，悬空约50厘米高，可达到防鼠、防潮的作用。每一根木桩下面各垫有一块较为平整的石块，这样，可以防止雨水浸淫木桩。小猪仔和鸡可以走到谷仓下栖息。但是，骨架长成的大猪无法钻到谷仓底下，不过，这也有利于保护谷仓下部的木柱。

谷仓门开在朝西稍微偏南的山墙的中间，用较薄的原木木板做成，门框高约118厘米，宽约80厘米，厚度约10厘米。谷仓门下面正中央处伸出一根原木木板，面平，宽约45厘米，长约60厘米，厚约10厘米，距离地面约53厘米高，看上去很结实，踩上去很牢靠，便于出入谷仓。取放稻谷时可以把箩筐或簸箕先放在这块木板上，十分方便。

谷仓主体是指茅草屋顶下的部分，方形地板，四面墙，穹隆形拱顶。

---

① 王学萍主编《中国黎族》，民族出版社，2004，第263页。

架空的地板为长方形，檐墙约 3.5 米长，山墙约 3.2 米宽。两侧檐墙高约
1 米，山墙最高处距离地板约为 2.4 米到 2.5 米高。四面墙和穹窿形拱顶
都是木骨泥墙，由于手工糊墙时产生的差异，墙体厚度约为 9 厘米到 10 厘
米不等。由于木骨泥墙的不精确造型，所以从谷仓的门口一眼望去，谷仓
下部好似一个棱角圆滑的正方体，上部是穹窿形拱顶。谷仓主体没有窗户
和通气口，仅留一张小木门以供出入，木门关起来，基本上也是严丝合
缝。如此，整个仓密封性相当好，可防鼠害、防潮，稻谷和其他杂粮均可
得以妥善保存。

　　谷仓主体拱顶的上方约高出 50 厘米，再次悬空覆盖宽大弯垂的穹窿形
茅草屋盖，覆盖着密密的茅草排（用竹篾片把长长的茅草夹编而成整齐紧
密的草排）。前后山墙的茅草排出梢很长，两侧檐墙的茅草排外伸很长，
下垂很低，距离地面约 1.3 米。远望去，茅草屋盖就像大鸟张开长长的两
翼，又像古时候的船篷，保护着下面谷仓主体，可有效防止雨水洒淋谷仓
的墙体和拱顶，保持谷仓干燥。另外，如果村里住宅发生火灾，万一火焰
蔓延到谷仓，首先烧着的是茅草屋顶，由于屋顶与仓顶之间有一定间隔，
而且，仓体的六个面全部用泥巴和稻草糊成，一时间难以燃烧。谷仓在村
中的位置和建筑结构，可以有效地防潮、防雨、防鼠害、防虫害和防火
灾，妥善地保管粮食。

　　谷仓的木骨泥墙可及时吸收稻谷散发的潮气。另外，谷仓门朝向西南
方或西方。一般来说，在林木茂密的山区，晴天中午和下午的空气比较干
燥，打开木门，风和西斜的阳光可直达室内，及时祛除潮气，防止稻谷发
霉。谷仓前也留有一块平地，以晾晒稻谷。以前黎族在晒坪边上立有晾晒
山栏稻把的原木排架，美孚方言称之为"桂"，从各家"桂"的规模就可
推知其贫富程度。[①] 如今，从现场看来，已经看不到"桂"。从谷仓内部的
残留物来看，村民存放在谷仓里的不仅有稻谷，还有其他杂粮，甚至有植
物的种子，也有鱼篓和簸箕等闲置不用的工具。各家各户已搬到新村居
住，改用其他器皿盛放粮食，因此，老村的很多谷仓已弃置不用，有的谷
仓用来存放杂物。

---

① 符兴恩：《黎族·美孚方言》，第 268 页。

三 住宅

谷仓建在矮山坡上部，住宅建在山坡下部，地势比谷仓稍低。站在谷仓所在的矮山坡上，面向分隔谷仓和住宅的小路，一眼望去，住宅茅草屋顶尽收眼底，茅草屋一排一排的，十分整齐，四面墙壁，纵向檐墙低矮，屋顶覆盖拱形茅草屋盖，像一艘艘停在地面上的拱篷船。最原始的船形屋是没有檐墙的，后来才发展成这种有矮矮檐墙的茅草屋。黎族学者王学萍在《中国黎族》中将这种纵向有矮小檐墙的船形屋称为"半船形屋"。[①]黎族学者符兴恩也称之为"半船形泥墙茅草房"或"半船形屋"。[②]

从外部看来，与谷仓相比，住宅的宽度和进深都要大很多，底部没有悬空结构，房屋前后山墙都设有门。住宅前门的朝向与谷仓门的朝向不一致，住宅前门背依山势的走向而朝向西北方，面向开阔的山谷，后门朝向东南方的山体。住宅的大多数茅草屋顶已经破败不堪，保存相对较好的屋顶也多是陈年的茅草排，没有翻新。有些年深月久、缺乏维修的住宅已经倾斜坍塌，茅草屋顶已经腐烂。整体看来，住宅的屋顶保存情况比谷仓的要差很多，尽管谷仓的屋顶也是陈年的茅草排。

俄查老村的半船形住宅屋是纵向式结构，平面呈长方形，坐东南朝西北。房屋长一般为 10 米左右，宽一般为 4 米左右，檐墙一般约 1.2 米高。墙壁全部是木骨泥墙，没有窗户。屋顶为穹窿形拱坡，覆盖着茅草排，脊顶上平行绑缚两排竹竿，压住茅草排，以免大风掀翻草排。前后山墙的茅草屋顶出梢很长，两侧檐墙位置的茅草下垂很低，一般距离房基地面几十厘米到一米不等，视草排尾部的保存程度而不同。

房基地比房屋的四围墙壁略大一圈，而且比周边地面高出约 30 厘米，两侧边沿对齐下垂的茅草排尾梢。这高出的房基地一部分为人为填筑，人们挑土把屋子内部的地面稍稍垫高一层，而且很多房屋的后间地面比前间地面高出约 10 厘米。另外，雨水长期冲刷茅草屋顶遮盖不到的地面，导致地表泥土流失，从而地面渐渐变低。久而久之，房基地就比周边地面要

---

① 王学萍主编《中国黎族》，第 275 页。
② 符兴恩：《黎族·美孚方言》，第 257 页。

高，大约 30 厘米。这从茅草屋檐下方泥土的不规整也可以看出来，茅草屋檐上的雨水滴下来后，不断打击地面的泥土和沙砾，有的地方被剥蚀得多一些，有的地方被剥蚀得少一些，所以，房基地的一圈就呈现出凹凸不平的形貌。

廊。住宅的前后山墙外面都有廊。廊顶由茅草屋顶在山墙方向的出梢构成，达到遮挡雨水的效果。廊的最前面往往立一根或两根带叉的小树枝，以撑茅草屋顶的出梢部分。后廊在后门外面，母墙一侧搁置有当柴火用的木棍和树枝，往后还有一截台地，用于晾晒东西。屋子后面的这一截台地面向东南方，是太阳光最先照到的地方。前后山墙用粗壮的原木做墙桩，中央的墙桩最高，两侧渐渐降低，一直降到与两侧檐墙齐平（有些房屋的檐墙比山墙的两端稍微矮一点，一般约 10 厘米）。如此，前后山墙的下部呈长方形，上部呈弧形或拱形。屋子两侧是矮而直的檐墙。很多住宅的两侧檐墙继续伸展到前廊和后廊，形成廊墙。如此，前后廊两侧的防雨防风功能得到增强。

"母墙"和"公墙"。俄查老村大多数住宅的前门朝向西北，开在前山墙上，一般开在前山墙中央支柱的左侧（以人站在前门里面、面朝前廊为标准，即以房屋的坐东南朝西北为基准）。由于门开在前墙左侧，因此门框右侧的墙壁就比左侧的墙壁宽得多，美孚方言黎族称右侧较宽的墙为"母墙"，称左侧较窄的墙为"公墙"。前山墙中央的顶端留有一处不太规则的洞口，墙壁与屋顶之间也留有一定的空隙，以通风和采光。如此，前间内部的通风和采光都得到一定改善，可以稍稍弥补没有窗户的缺陷。

门。整座住宅分为前后两间，前间是小孩卧室，后间为父母卧室兼厨房。前门的门轴安在门框的右侧，门朝里开。因此，人站在前廊向里推门时，是用左手向左推。前间和后间之间有与山墙方向平行的横向隔墙，隔墙的高度一般齐中央横梁，这样既有利于通风和透光，也便于开设中门，而且使前间和后间在一定程度上拥有各自的私密性。有些住宅为了进一步增加私密性，甚至把横梁上部也封闭起来，有的用木骨泥墙，有的用竹篾编织成的席子。前门、后门和中门分别开在前后山墙和中央隔墙上，均开在左侧（以房屋坐东南朝西北为基准，便是靠西一侧），三门基本呈一线，有利于通风和采光。进入前门，直望过去，房屋中央是一堵隔墙，墙上对着前门的位置开有中门；透过中门再望过去，较为阴暗的后间尽头便是后门。后门外是热带耀眼的阳光，但是由于房屋较矮，门也不高，门外的绿草和泥巴地面也吸收了大量光热，所以在屋内看去，阳光并不刺眼，感受不到强烈紫外线对眼睛的照射。看来，低矮的房屋在热带晴朗的白天有利于保护眼睛。

前间。孩子住的前间比父母住的后间稍微小点，一般 19～20 平方米大小。由于门开在前墙左侧，因此房里右侧空间较大，左侧空间较小。左侧一般放一些简单的生产工具，锄头和砍刀插在墙壁与屋顶的空隙里，藤萝等较轻的物件吊在屋顶的檩条或椽子上。地面挨墙放一些杂物。右侧空间较大，靠着隔墙的位置有一张竹木床，木板做床架，出现了卯榫结构，用藤条绑缚而成的竹排做成床板，睡觉时还铺上露兜草席。床铺上方顺着檐墙用竹木等材料搭有一个搁物架，黎族老百姓通常把一些不常用的物件搁在这个架子上。平时黎族老百姓在前间的空地编织藤萝和露兜草席、纺线织布等，前间剩余的狭小空间得到极大利用。

后间。中门开在隔墙的左侧，正对前门。中门的门轴也与前门一样，安在门框的右侧，向左推开中门，进入后间。后间空间比前间略大，一般23～27 平方米大小。与前间一样，左侧空间较小，右侧空间较大。左侧靠近中门的角落是水缸，水缸下一般筑有一个浅沿的四方台基，水缸放在台基上，檐墙底下挖有一个小洞，可让废水流出屋外。水缸比较大。水缸过去，有一张宽大厚实的长凳，上面摆放着砧板、锅、碗、瓢、盆、刷子、锅铲、勺等炊具，筷子插在筷笼里，有的筷笼是用竹筒做的，用藤条挂在屋柱或屋顶的椽子上。再往后是一段空地，这是全家人席地就餐的地方。再过去就是后门，后门一般往屋子里拉，门轴多安在门框的右侧，后门被拉开后，就停留在母墙一侧，如此设计，使得狭窄的公墙角落采光和通风都很好，可以得到更好地利用。许多住宅在后门外再装一个矮矮的原木栅栏门，往外推，门轴安在公墙一侧，与后门的门轴相对。后门向左往里拉开，栅栏门向右往外推开，无论是否拿着或端着物件，进出都十分方便，特别是便于拿取存放在后廊母墙一侧的树枝柴火等进入后间。这道栅栏门用以把猪和鸡挡在门外。

后间的右侧位于母墙，空间很大。靠近后门处有一张大床，这是父母睡的床。床上挂着蚊帐，放着简单而单薄的被褥。床前不远处是黎族著名的"三石灶"，由三块长条形的天然石头组成品字形，石头的一截埋入地里。锅子搁在石头上，然后在锅子底下塞柴火蒸煮。其中靠近檐墙的那两块石头的位置是固定的，不可随便移动，靠近屋子中央的一块石头可随锅子的大小而移动位置。一般来说，从前方可移动的石头之间的空隙塞入柴火，烧过后的灰烬从不可移动的两块石头旁的空隙处扒拉出来，累计多了，就用簸箕运到屋外丢弃。在黎族社会里，灶深具神秘性，不可随便拆掉，即便举家搬迁，也不可把灶拆掉，搬迁后，若偶然回到原住地，也不可随意侮辱灶，如不可用脚踢灶，不可用牛鞭或木棍击打灶，不可拆除灶，不可把灶石随意扔弃等。黎族人一般把需要熏烤以保持干燥、防止虫害的大小物品悬挂在灶的上方，如将做种子的长豆角等束团后吊在灶的斜上方，有的房屋还在右侧屋顶下做一个搁物架。生火时，烟火可以起到保持室内干燥、防虫、抗蛀等作用。再往中墙，有一条原木板凳，比较宽厚，上面放带盖的藤萝，藤萝里放家里人的衣服和其他贵重物品，凳子下面放着各种存储瓮，如米瓮、酒瓮等。

四　船型住宅的内部建筑结构和营造技艺

美孚方言黎族称住宅船形屋为"榜贡"。"榜贡"的承重部分主要是立柱，四周的木骨泥墙并不承重。因此，立柱在房屋的结构和营造当中至关重要。以往，美孚方言黎族地区有丰富的天然建筑材料，各种树木、竹子、茅草、红藤、白藤、野麻皮、黏土等到处都有，稻草也很丰富，而且美孚黎建造"榜贡"时，对立柱的选材并无特别要求，不一定非得是格木，只要木头较直，树干没有较大树杈，顶端的树杈较为对称，相对能够抗虫、耐水、耐腐即可。因此盖房子十分便利。[①] 黎族住宅建造简单，均可自行构建，可以说每一个男人都是称职的建筑家。一家建房时，村里的亲朋好友都来帮忙。房子建好后，屋主杀猪备酒设宴，酬谢亲友帮忙，名曰饮"新屋酒"。[②] 按照美国建筑学与人类学专家阿摩斯·拉普卜特对民间建房传统的分类方法，黎族的船形屋属于原始性建筑，即社会中没有分化出房屋营造这个专业，家家都有建房的技术知识，房屋的形式陈陈相因，

① 符兴恩：《黎族·美孚方言》，第261页。
② 王学萍主编《中国黎族》，第269页。

忌讳变化，因此所有的房子在形式上都是相似的。①

立柱。黎族船形屋的承重结构中最重要的承重立柱有九根，均为剥去树皮、顶端开杈的原木，按前中后、左中右均匀对称地排列在一个长方形内。中央纵向排列的三根主柱最为粗壮和高大，美孚方言称为"戈额"，意为男人。两侧对着"戈额"的位置对称地各立三根稍矮的、顶端开杈的立柱，美孚方言称这六根稍矮的次柱为"戈定"，意为女人。

屋梁。与九根立柱一起承重的还有屋梁，分为主梁和次梁，均使用剥去树皮的原木。主梁（即脊檩，或大梁）位于屋脊，一般由两根长长的原木连接而成，连接处重叠约60厘米长，用藤条绑缚牢固。主梁搁在三根"戈额"顶端的开杈处，用红藤条或白藤条将之与"戈额"牢牢绑缚。次梁也叫边梁（即檐檩），也与主梁一样，牢牢地绑缚在"戈定"顶端的开杈处。

横梁。横梁也有三根，非常长，横向架设，分别与三根主柱交叉，并用藤条牢牢绑缚在主柱上，两尾端分别搁在两侧的边梁上，用藤编绑缚牢固。如此，可进一步稳固承重梁柱。

至此，整个屋子的核心骨架就做成了。接下来就是立墙桩、架屋顶的拱形网架、做门、糊墙、用茅草排铺屋顶了。

墙桩一般使用直径6厘米的圆木棍，用料很多。山墙的墙桩较高，接近屋顶。中央隔墙的墙桩视墙壁的高度而定。两侧的墙桩比次柱稍矮，浅埋在距离主柱和次柱约50厘米的位置。每隔40厘米左右浅埋一根墙桩。上端绑扎一长竹竿固定。然后用若干直径约4厘米的原木棍自下而上捆缚在墙桩上，每隔约10厘米捆扎一根，形成方形格子。

黎族船形屋的屋顶由网状屋顶架和茅草排构成。网状屋顶架在黎语中称为"伦邦"。②"伦邦"用料很多，从屋脊到两侧檐墙，一般使用直径5厘米的小树条，粗大的一端垂在檐墙外侧，与墙桩绑缚到一起，小树条柔软尾端指向屋脊，并与另一面坡伸过来的树条尾端交叉，用藤条牢牢绑扎到一起，并紧紧绑扎在主梁上。由于树条较为柔软，绑扎后，其形状呈顺滑的弧形，再将编好的茅草排自下而上绑扎到"伦邦"上。远远望去，屋

---

① 〔美〕阿摩斯·拉普卜特：《宅形与文化》，常青等译，中国建筑工业出版社，2007，第3页。

② 吉明江主编《东方黎族文化瑰宝》，海南出版社，2013，第190页。

顶犹如倒扣过来的船底。所以，学界称之为"船形屋"。屋顶盖好茅草排后，再用两根大竹子平行地压住，用藤条把竹子紧紧地绑缚在下面的脊梁上。这样可以防止风把草排掀起，达到防风防雨的作用。

柱子外沿的泥巴墙体是非承重墙。糊墙前，女人挑水，男人把黏性强的红土和着水，搅拌成泥浆，把稻草扔进泥浆，用脚踩踏、用双手揉搓成稻草泥巴糊糊，沿着墙桩堆成一堆一堆。然后，两人一组，内外配合，把稻草泥巴糊糊从下往上一层一层地压上去，并一次次地抹平表面，使墙体平整。最后，整平屋内地面，把地面泥巴也和成泥浆，拖拉平滑。十天半个月后，泥巴晒干，就成了结实的稻草泥巴墙。

这样建成的船形屋较为低矮、阴暗，面积也不大，美孚方言称之为"榜贡"。俄查老村的半船形住宅屋就是"榜贡"。

五　结语

俄查老村的谷仓和半船形屋体现了黎族先民营造房屋的古老技艺和居住智慧，这体现在对村址的选择、谷仓和住宅的空间隔离、住宅内的私密空间分隔、对材料的加工和利用等方面。由于材料取自天然，没有当今城市建筑材料的辐射问题。而且茅草屋损毁或遗弃后，泥巴、稻草、木头、竹棍、茅草、藤条、野麻等材料都经腐烂后回归大自然。再者，茅草屋的低矮、阴暗，向来被认为是其缺点，但是，这一切对于防止热带强烈的阳光和紫外线刺伤眼睛却起到极好的作用。住宅的"母墙"和"公墙"、"戈额"和"戈定"，是黎族先民对房屋不同部位的命名，这隐约体现了黎族崇尚男女和谐、夫妻携手、共筑家园的观念。

（作者单位：海南大学社会科学研究中心）

保亭黎族苗族自治县历史概述

欧阳洁

　　自汉武帝元封元年（前110）海南置郡以来的两千多年时间内，历代王朝对海南的经略是按照由滨海到内陆的内推模式进行的，海南的行政建置构建足以说明这一问题。西汉二郡十六县的设置便是这一模式的主要体现。唐代中后期，岛内一度达到"五郡二十二县"，基本上也是以沿海周边的汉人居住区为主要统治基础。元至元二十八年至三十年（1291～1293）在岛内开疆拓土，其结果便是"置定安、会同二县"，[①] 事实上是通过县制的方式将生黎区纳入王化的范畴。

　　明代开通黎路甚嚣尘上，一直处于设计、建言状态。长期居住在岛内中西部地区的黎族族群，一直游离于王化之外。即便在清康熙三十一年（1692），针对地方官员"于黎人地方筑建城垣，添设兵官之处"之建议，康熙答曰：

　　　　阅琼州舆图，周围皆服内州县，而黎人居中。如果此处应取，古人如何将周围取之，而在内弹丸之地，反弃而不取乎？不入版图必有深意。创立州县、建筑城垣，有累百姓。部议不准，良是。[②]

　　直至清光绪二十二年（1896），冯子材率兵入岛平定黎乱，"以利军事转输"，命黎人割除路旁林箐蔓草，才"粗具路形"。[③]

---

① （元）邢梦璜：《至元癸巳平黎碑记》，载（清）张岳崧《道光琼州府志》卷38《艺文》，台北成文出版社，1967，第875～876页。
② 《清圣祖康熙实录》卷155，中华书局1985年影印本，第713页。
③ 陈铭枢：《民国海南岛志》，神州国光社，1933，第260页。

相比较明清时期 500 多年间在黎区建置成就而言，民国时期取得了较大的进展。1935 年，"乐安县（即今之乐东黎族自治县）""保亭县（即今之保亭黎族苗族自治县）""白沙县（即今之白沙黎族自治县）"同时成立。[①] 行政建置的完善表明，国家对岛内民族地区治理力度的加强。

那么，在 80 年的行政建置历史中，保亭的社会、经济有着怎样的发展进程？这是本文探讨的主要内容。

一　保亭的基本概况

（一）保亭建置变迁

1. 宝停司

乾隆五十七年（1792）的《陵水县志》中，对"宝停"有两处记载：一是陵水县境 3 处墟市中的宝停市；二是基层社会组织中的"宝停司"，管辖生熟黎数量为 18 弓、14 弓（参见表 1）。

表 1　乾隆时期宝停司管辖范围一览表

生黎（18 弓，旧有 55 村）							熟黎（14 弓，旧有 47 村）						
宝停	指婆	指妈	昂沟	抱巴	福安	番窝	喃春	多昧	梯村	亩盛	喃温	江淡	琶喃
昂雅	台鳌	母招	那孝	指晏	亚堪	冲禄	全亲	喃耀	深田	奠板	歌训	打奥	大田
指嵩	母感	母岸	昂结										

资料来源：（清）瞿云魁：《乾隆陵水县志》卷 1《地舆志·都图》。

值得注意的是，宝停司管辖生、熟黎旧有"55 村"、"47 村"的记载，可以断定在乾隆五十七年之前，该建置便已存在，这可以说是"宝停"的最早来源。

2. 保亭县

这一记载与民国时期的保亭县究竟有无直接关联？《琼崖志略》就保亭县的组成做如是解释：

> 崖县（即今之三亚市）属之不打、六罗、首弓、三弓、抱罗峒、

[①]　许崇灏：《琼崖志略》，中正书局，1945，第 4 页。

同甲峒、水㶡峒。陵水县属之保亭、五弓、六弓、七弓、乌鸦峒、岭门团、白石团、五指山、七指山、分界岭、吊罗山。万宁县属之税司、南桥、西峒、北峒。乐会县属之竹根峒、太平峒、茹曹峒、合水团。定安县属之船埠、南引团、加冬团、母瑞山。另置一县，取今名。而以保亭为县治。[①]

自 1792 年始到 1935 年的 140 余年间，从"宝停"演绎成"保亭"，而且所管辖的地名也有着很大的变化，但是有一点可以肯定——二者皆从属于陵水县，由此可以观二者之间的关联。该县名的由来，是否与冯子材（因公累成太子少保，又称宫保）征黎时带兵驻此，建亭一座，后人称为"冯官保亭"，日久简称"保亭"的传说有关？不得而知。可以说，"宝停""保亭"实乃同一所指。

3. 新中国成立后的保亭变迁

1948 年 2 月保亭全面解放，4 月成立了保亭县民主政府，县政府驻地保城镇，隶属琼崖东区专员公署。同年 8 月，成立少数民族边海区地委和专署，保亭隶属该专署。1949 年 3 月，白沙、保亭、乐东三县成立琼崖少数民族自治区行政委员会，同年 7 月保亭县民主政府改为人民政府，隶属自治区行政委员会。1951 年 2 月，撤销琼崖少数民族自治区行政委员会，1952 年 7 月 1 日成立海南黎族苗族自治区，属海南黎族苗族自治区管辖。1955 年 10 月，海南黎族苗族自治区改称海南黎族苗族自治州，属自治州管辖。1958 年 12 月，海南黎族苗族自治州人民政府同海南行署合署办公；同年，保亭、陵水、崖县、国营兴隆华侨农场合并称崖县。1959 年 11 月恢复保亭县，隶属海南行政公署。1962 年 2 月，恢复海南黎族苗族自治州，保亭县隶属海南黎族苗族自治州。1987 年 11 月 20 日，国务院批准撤销保亭县，设立保亭黎族苗族自治县。1987 年 12 月，撤销海南黎族苗族自治州，同月，成立保亭黎族苗族自治县，隶属海南行政区。1988 年 4 月，隶属海南省。

（二）基本情况

1. 位置与气候

保亭位于海南岛南部、五指山南麓的内陆地区，东南西北分别与陵水、

---

① 许崇灏：《琼崖志略》，第 4 页。

三亚市、五指山市、乐东、琼中县相邻。地理坐标为东经 109°21′~109°48′、北纬 18°23′~18°53′。境内东西相距 49 公里，南北跨度 54 公里。总面积 1160.6 平方公里，占海南岛总面积的 3.42%，为海南省占地面积最小的县份。地势西北高、东南低，河谷阶地占 116 平方公里，属于山区农业县。

地处热带季风气候，全年日照约 2000 小时左右，平均年气温 20.7℃~24.5℃，年降水量为 1900 毫米。具有热量丰富、降水量充沛、蒸发量大、季风变化明显等特点。主要灾害性天气为：台风、冬春干旱、冬季低温霜冻、暴雨洪涝及山风。[①]

2. 主要民族与人口

一定人口数量是地方经济发展的重要保障。根据 1953 年第一次、1990 年第四次及 2010 年第六次人口普查统计数据，县总人口分别为：3.26 万、15.56 万及 14.67 万。黎族、汉族、苗族为本县主要族群，其人口在不同时段有极大变动（参见表 2）。

表 2　不同时段县内族群人口、占总人口比重

年　份	黎　族		汉　族		苗　族	
	人口	比重（%）	人口	比重（%）	人口	比重（%）
1953	25878	65.9	12291	31.3	1060	2.7
1990	84122	54.07	62728	40.32	5168	3.32
2010	89741	61.18	45382	30.93	6997	4.77

资料来源：保亭黎族苗族自治县地方志办公室编纂委员会：《保亭县志》，第 475~476 页；海南省统计局、海南省第六次人口普查办公室：《海南省 2010 年人口普查资料（上）》，中国统计出版社，2012，第 117~124 页。

从表 2 看，以 1990 年为界，前一时段是县域人口高速发展时期，后一时段，人口增速相对缓和。其中，汉族人口在后一时段还出现了不同程度的下降。这与 1950 年 5 月海南解放之后，国家发展橡胶垦殖政策有着极大的关联。"县境内创建 6 个省属国营农场"，即 20 世纪五六十年代，分别建立了新星农场、南茂农场、金江农场、三道农场、通什茶厂、七指岭农场，大量汉族人口移入，使得汉族人口剧增。

---

① 保亭黎族苗族自治县地方志办公室编纂委员会：《保亭县志》，南海出版公司，1997，第 3 页。

二　绿色保亭发展战略

保亭境内山清水灵，奇峰秀岭，天然石林、溶洞温泉、古树珍果等原始雨林资源丰富，它的雨林温泉和热带雨林气候让保亭黎族苗族自治县与众不同，"绿"是保亭黎族苗族自治县最珍视的色彩。保亭黎族苗族自治县森林覆盖率超过 80%，每立方米负氧离子数高达 8000 个以上，雨量充沛，年降水量达 1800～2300 毫米，高居全省第二，素有"人间仙境"、"绿色之肺"的美誉。从地理上看，保亭黎族苗族自治县是五指山的延伸，三亚的后花园，是海南绿色生态旅游和休闲度假的胜地，有"蓝色旅游看三亚，绿色旅游在保亭黎族苗族自治县"的美传。

保亭曾经是海南省穷乡僻壤、经济落后的代名词，是国家贫困县。随着改革开放，随着经济建设的推进，保亭发生了翻天覆地的变化。特别是近年来，依托雨林、温泉、南药和民俗文化四大资源，保亭紧守绿色发展底线，精心打造黎苗生态文化，先后被评为"国家卫生县城"、"国家园林县城"、"全国文明县城"、"中国最佳文化生态旅游目的地"、"最佳绿色旅游名县"和"最具民俗文化特色旅游目的地"，2013 年又以卓有成效的生态资源保护、宜居的生态文明环境、蓬勃的黎苗生态旅游文化，被评选为全省唯一入围的城市——"全球网民推荐的中国生态城市"，是"中国民间文化艺术之乡"。一年一度的保亭黎族苗族自治县黎苗风情传统民间盛会——中国海南七仙温泉嬉水节，更是扬名海内外，备受游客的热情追崇，被评为"中国十大著名节庆品牌"。

（一）传承古老的生态文化

保亭黎族苗族自治县是海南著名的黎族苗族自治县，拥有黎苗原住民近 10 万人，黎族有杞、哈、赛等方言，每个方言区的语言、生活习俗亦有所异，黎苗民俗风情独特，非物质文化遗产积淀深厚，黎族四项列入国家非物质文化遗产名录的"黎族钻木取火技艺"、"黎族传统棉纺染织绣技艺"、"黎族树皮布制作技艺"、"黎族传统竹木器乐"，以保亭黎族苗族自治县最具代表性。

世代深居在山中的黎苗族人，过着刀耕火种的生活，他们传统的居所就是茅草屋，分为"金字屋"和"船形屋"两种，主要以木头、竹块、葵叶为建筑材料。你看那横一间，竖一间，有以槟榔树为柱的，有以槟榔树为门的，建造奇特、形态各异、古朴典雅、别有情趣。黎族苗族人热情、善良，十分好客。他们有着自己浓郁奇特的酒文化，到黎家作客，主人以酒敬客为最佳，主客都有不喝醉倒在地不罢休的豪爽气概。一进大门，主人——黎族姑娘就唱着迎客歌，敬上一杯甘甜芳香的山兰酒。喝下这杯酒，就表示你接受了主人对你的热情欢迎。千万别忘了回赠槟榔等物给主人以为谢礼。这些独特的民俗风情彰显着民风的自然、朴素。

三　蓬勃发展的生态旅游

保亭黎族苗族自治县荣获"中国的最佳文化生态旅游目的地、最佳绿色旅游名县和最具民俗文化特色旅游目的地"三项荣誉。保亭黎族苗族自治县旅游景区在全县境内蓬勃发展，著名的有呀诺达雨林文化旅游区（国家5A级景区）、甘什岭槟榔谷原生态黎苗文化旅游区（国家4A级景区）、七仙岭温泉国家森林公园、什进村布隆赛乡村文化旅游区，以及即将开发的毛感仙安石林、仙龙溶洞生态旅游区、八村民俗文化生态旅游区等景区。君澜雨林酒店是我国唯一入选联合国环境总署发起的"全球生态度假村"联盟名录的酒店。一年一度的保亭黎族苗族自治县黎苗风情传统民间盛会，中国十大著名节庆品牌之一的"中国海南七仙温泉嬉水节"，更是扬名海内外。

境内七仙岭温泉国家森林公园是1998年经国务院和国家林业局联合批准的国家级森林公园。公园内有独具特色的温泉、奇峰、田园风光、民俗风情。温泉温度最高可达95℃，含有多种微量元素，温泉水属硅酸重碳酸钠型水，日出水量3800多升，是海南岛探明的出水量最大、温度最高的温泉，具有清净肌肤、美容、医疗保健等功效。七仙岭奇峰由七座峭立的花岗岩组成，突兀于山峰之上，远看挺拔隽雅。七仙岭又名七指岭，以七个形似手指的山峰而得名，七峰险峻、天然绝壁，是攀岩的好去处。现建有登山石板栈道2300米，共有3770级台阶；木质观光栈道850米。在石板栈道的终点有一处长约80米的攀岩石壁，设有辅助铁索，坡度约为75度。

七仙岭温泉国家森林公园是海南岛内仅有的几片保存较为完好的热带雨林之一。森林公园内古树参天、藤萝交织。目前已探明的各类珍奇植物500多种，野生动物500多种。在登山石板栈道约700米处有一片集中分布的桫椤群落，杆高9米多，桫椤被誉为"植物活化石"，是国家列为一级保护的古老孑遗植物，其古老可上溯到恐龙时代。漫步七仙岭原始热带雨林，可尽情欣赏动植物景观，饱吸原始热带雨林中高浓度的氧气和负氧离子，可起到保健作用。景区旅游资源十分丰富，地貌景观壮观生动，水文、植物、气候旅游资源俱全，还有众多的社会人文旅游资源等，是一处集奇峰、温泉、风情、田园、气候、森林为一体的大型生态旅游区。

嬉水节被评为"中国十大著名节庆品牌"。2011年12月10日晚，由中国民间文艺家协会、联合国教科文民间艺术国际组织IOV、农业节目、中国网络联合主办，CCTV《乡土》栏目承办的《乡土盛典》，七仙温泉嬉水节被评为最具人气民间节会。

每年农历七月初七，是海南保亭黎族苗族自治县黎苗族人民的盛大欢乐节日——嬉水节。原本是古代黎族的一种祭水的活动形式，后来逐渐演变为"嬉水节"。传说古时候，海南保亭黎族苗族自治县地区遍布温泉，黎民百姓劳作之余，用橘叶泡温泉沐浴能消除疲劳，医治百病。这事传到天宫，王母娘娘派了七仙女下凡，察看是否可以与天宫相媲美。七仙女下到保亭黎族苗族自治县，只见满目绿水青山，云雾缭绕，温泉升腾，鸟语花香，一派仙境，她们陶醉游玩于这片山水之间。这事被海上一位魔力高强的风神知道了，竟想占有这块地方作为栖身之地，但是他每次来这里都会带来狂风暴雨，淹没土地，损毁田园。七仙女为之动怒，与风神进行了一番殊死的斗争，打败了风神。为了守护这块美丽的土地，七仙女化为七座秀丽的山峰，这就是今天的七仙岭。由此，每到七月初七，七仙岭下的黎民百姓为纪念七仙女给他们带来的美好生活，而来到温泉湖中嬉水游玩，并载歌载舞献祭品，祈求风调雨顺，吉祥安康，久而久之就成了今天的嬉水节。

这个传说，充满了浪漫的艺术色彩，反映了黎民百姓对美好生活的追求与向往。这一天，男女老少，早早起来迎接从温泉那儿取来的"圣水"洒在人们的身上，祈求吉祥安康，消灾解难，然后杀猪宰羊，摆起酒宴集饮。同时唱着祭鬼的歌谣，跳起祭鬼的舞蹈。黎语叫"骏乘"，后来改为简易欢快老少皆宜的竹竿舞。等日上中竿，人们来到河边，向河里抛下祭品，表示对水鬼的尊敬，接着跳下河中玩水游戏，叫作"识鬼"，与鬼同乐，没有下河的人们则在岸上互相洒水，祈求水鬼保佑，以后不会再发生洪涝灾害。

保亭黎族苗族县这样寓神话传说、民俗风情于现代旅游业的景区越来越多，如今的保亭黎族苗族自治县真正成了海南的绿色花园。

四　紧守绿色发展底线

保亭黎族苗族自治县始终秉持自然法则，坚定地走人与自然和谐相处之路，在产业发展的过程中，注意选择不破坏、不污染环境的产业，县城的工业废水排放量为零。河水水质优良，一直保持在Ⅲ类水质以上。加强环境空气质量新标准监测能力的建设，加重森林覆盖面积比率，制止乱砍滥伐，保护好热带雨林。保亭黎族苗族自治县在经济发展方面突出绿色高端、生态优先，将保亭黎族苗族自治县打造成为"绿城"。

在保护环境方面下了很大功夫，为了建设生态县，实施天然林保护和造林绿化工程，加强重要生态功能区保护，保护珍稀物种资源，结合退耕还林占补平衡和专项培育等项目，通过在全县周边25坡度以上的山地定桩划界，将百姓原来种的作物慢慢实现退耕还山。同时，保亭黎族苗族自治县积极建立并完善森林生态效益补偿机制。通过生态补偿机制充分调动起农民护林的积极性，使生态林成为农民发展经济的"绿色银行"。

良好的生态环境和独具特色的黎苗文化，让慕名而来的游客流连忘返，保亭黎族苗族自治县的生态游为全县增添了一抹新"绿"。

（作者单位：海南大学社科中心）

五指山史研究概述[*]

常如瑜

一　区域界定

五指山是海南岛的中心腹地，它的区划几经变动，行政建制沿革复杂多样，对五指山地域的界定是研究五指山历史的前提。五指山经济发展独具特色，少数民族与汉族交流频繁。该地区的社会文化在不同的历史时期呈现出鲜明的个性特征，它的社会传统和民族习俗是海南岛文化变迁与历史发展的重要组成部分。

1. 地理坐标

本书所研究的五指山历史主要集中在今五指山市范围，以五指山市所辖区域的历史变迁为主。地理位置约为东经 109°19′～109°44′、北纬 18°38′～19°02′。四周为四个少数民族自治县，自东向西分别是琼中、白沙、乐东、保亭。

但是，传统上的五指山地区包含范围要远远大于今天的五指山市，甚至包括琼中黎母山等地，因此，本书在研究过程中，这些地区的历史也应纳入五指山史的研究范围之内。一如《道光广东通志》所说："各书皆以黎母山即五指山，而《广东舆图》以黎母山即光螺岭，与五指山为二，不知黎母连跨数邑，所包甚广，光螺、五指皆在其内，故皆可称黎母，不得

---

* 本文属于海南省社会科学 2014 年专项重点课题《海南省地方史研究》（20 卷本）子项目《五指山史》，项目编号：HNSK（ZD）D04；教育部中西部综合能力提升计划海南文化传承与区域问题研究基地项目；海南大学历史文化研究基地重大项目阶段性成果。

以黎母、五指分为二山也。"①

今天的五指山市原名通什市，首府位于通什镇，以"翡翠山城"著称。下辖四镇三乡，分别为通什镇、南圣镇、毛阳镇、番阳镇与畅好乡、毛道乡、水满乡，面积约1169平方公里。该地区属热带气候，语言以黎语、闽语为主，人口12万左右。

五指山是海南平均海拔最高的地区，长年景色秀丽、空气宜人。五指山主峰达1867.1米，1000米以上的山峰有34座。地貌呈现周边高、中间低的盆地地貌。该市地形以山地、丘陵为主，间有部分盆地。海拔在500米至1000米之间，市区平均海拔300余米。五指山属于热带海洋性季风气候，长年高温潮湿，昼夜温差较大，年平均气温在20度以上，空气洁净，空气中负氧离子含量1万/每立方厘米，被誉为"南国夏宫"。②

因其地理位置和气候条件，五指山在中国名山大川中很早便享誉盛名。明代丘濬曾有《五指山》诗一首赞其佳境：

> 五峰如指翠相连，撑起炎荒半壁天。
>
> 夜盥银河摘星斗，朝探碧落弄云烟。
>
> 雨馀玉笋空中现，月出明珠掌上悬。
>
> 岂是巨灵伸一臂，遥从海外数中原。③

五指山既是历代文人墨客赞誉的对象，也是当地少数民族膜拜尊崇的圣地，很多黎族的传说故事都同五指山有关。五指山是海南秀美自然景观的代表，它将海南分为南、北两个自然带。五指山以北地区受大陆气候的影响较大，五指山以南则呈现热带地区的一般特征。

五指山是一个物产资源丰富的地区，富含各种矿藏，高岭土、石墨矿等矿产资源较为丰富。五指山的水力资源尤其突出，海南省的许多河流都发源于五指山，这些河流从五指山奔涌而下，最终流入大海，造就了海南岛丰富多样的热带景观。海南三大河之一的万泉河（南支乐会水为主干流）便发源于五指山林背村南岭。作为地区的文化符号，万泉河和五指山已经成为海南

---

① （清）阮元总裁，陈昌齐总纂《道光广东通志·琼州府·山川略》，海南出版社，2006，第325页。

② 部分资料请参见海南省五指山市地方志编纂委员会编《通什市志》，方志出版社，2009。

③ 《丘濬集》，周伟民、唐玲玲点校，海南出版社，2006，第3864页。

的象征和骄傲，也为这一地区赢得了国内外盛名。此外，五指山地区温泉水量大、温度高、泉眼数量多，矿泉资源也很丰富。

五指山的自然景观独具特色，是中国少有的热带山地景观带。热带动植物种类在全国位列前茅。珍稀野生动植物资源鹿、熊、猿等数量可观。五指山拥有完整的生态系统，近代以来，由于人口数量增加，海南的植被和原始环境受到一定的影响，森林覆盖率下降很多，天然林比率减速更是惊人；但是，五指山仍旧是中国目前拥有完整原始自然景观的地区之一，旅游资源极为丰富。

2. 区域变迁

五指山是在漫长的历史过程中才逐渐形成一个相对独立的区域单元，甚至在清代的一些典籍中，黎母山和五指山等地还被混为一谈，如《岭海见闻》中称"五指山者，黎母山也"。[①] 因此，对五指山区域变迁史的考察，不只限于五指山一地，而应将研究范围扩大到周边地区，以更好地厘清五指山的发展史。

五指山的区域变迁体现了海南作为移民大省的基本特征，即变化复杂多样，结构极不稳定。汉人不断涌入、黎人向山区腹地转移，人口从西北向东南流动，这是海南移民和区域变迁的主要趋势。

从海南地方史大的范围来看，五指山的建制是在较晚的时代。但是，五指山的开发却有悠久的历史，五指山地区的黎族形成了独特的山区黎族文化，它不同于平原、沿海地区的黎族，更多地保留了黎族的民族风貌和社会习俗。

随着汉人的迁入，部分黎族人的活动空间被压缩，不得不进入五指山的腹地，对于这些长年道路不通、与世隔绝的地区来说，他们的进入给该地区的民族传统和文化习俗造成了较大影响。五指山最初并不是一个独立的行政建制，被多个行政区域所分割。

对五指山区域变迁的研究，是解释五指山建制发展、文化成因以及社会风俗的基础，目前学界对五指山区域变迁史的研究并未深入展开。五指山对海南移民反映较为迟滞，却大量保留了海南移民的历史轨迹，对五指山区域变迁的研究有助于还原和理解海南移民史乃至海南文化史。

---

① （清）钱以垲、张庆长：《岭海见闻、黎岐纪闻》，广东高等教育出版社，1992，第56页。

二 建制沿革

五指山的行政建制沿革复杂、历史时期多变，历代王朝对五指山的开发程度差别很大。自汉代海南设郡直到明清以前，五指山的开发都十分有限。为五指山的建制画出"坐标"，应是研究五指山历史和文化的肇始。

1. 建制沿革

汉武帝元封元年（前110），海南岛始设珠崖、儋耳二郡，五指山属于珠崖郡。这一时期，黎族是五指山地区的主要人口，但是，随着中央王朝对海南管辖地域的扩大，黎族中的一部分开始逐渐转为具有汉族特征的"熟黎"，并同汉族进行深入的文化交流。一般认为，五指山同其他黎族地区类似，以"峒"为社会组织的基本单元。历史上，五指山行政区划变动较大，但是，"峒"这一社会单元却相对稳定。元帝初元三年（前46年）罢郡之后，海南直到隋代一直处于脱离中央管辖的"自治"阶段。三国魏晋时期，吴国曾出兵海南，但是并未建立有效管理，中央势力只到广东等地。

隋大业六年（610），隋炀帝在海南设郡，五指山属临振郡管辖。唐龙朔二年（662），唐高宗设立万安州，也部分管辖五指山等地。宋代基本延续唐代建制，在海南设立四州，五指山分属于不同地区管辖。宋王朝还曾设镇州以管辖中部山区的黎族，只是这一建制很快被裁撤。宋代虽有部分郡县管辖五指山等地，但是这一时期的五指山仍旧处在较原始和落后的状况，同北部地区的汉族和黎族社会相比，五指山黎族各峒同汉族的联系相对较少。元代基本延续宋代旧制，增设定安县，五指山基本属于定安县管辖，部分归吉阳军管辖。

明清时期，广东地方官员对五指山的管理更加深入。从明代开始，海南逐渐将一府三州十县的行政格局稳定下来，其间虽有变化，但是这一建制一直延续到清代末年。五指山仍旧属于定安县管辖。这一时期黎族对汉族政权的反抗比较剧烈，仅明代就有大、小冲突数十起，行政建制同招抚、征讨等治黎方略息息相关。地方建制成为双刃剑：一方面，地方行政机构成为黎族和汉族之间文化交流的重要桥梁；另一方面，地方管理制度也成为黎汉矛盾的焦点。清代则延续明代建制，主要分崖州、儋州、万州三部分，分别位居海南北部、西部和东南部，五指山仍属于定安。清代最重要的事件是张之洞在五指山开辟十字路，并令冯子材设立抚黎局等机构，这也是中央王朝对五指山经略的重要转折。

近代时期，五指山先后由国民政府、日本侵略军以及共产党琼崖武装管理。民国初期，国民党政府废除传统的州府建制，先于民国元年（1912）设立崖县（今三亚市）、定安县、陵水县三个县级行政区，五指山各乡镇分属于这三个县管理。后又于民国 24 年（1935）3 月，设立琼崖绥靖公署，分为白沙、保亭以及乐安三县，五指山再次分属于三个县管辖。民国 25 年 12 月，广东省第九区行政督察专员公署成立，后被划归为琼崖绥靖公署，五指山受该公署管辖。抗战时期，五指山地区成为海南岛的抗日根据地，国民党和共产党武装分别在这里建立了抗日政府，坚持抗战。内战时期，五指山又成为共产党琼崖武装的最主要的革命根据地——五指山革命根据地，由于五指山当时分属于白沙、保亭和乐东三个地方管辖，因此也被称为白保乐根据地。该根据地的建立和扩大为渡海作战奠定了基础。

当代五指山的行政建制经历过多次变迁，历史线索较为清晰。其中，少数民族区域自治阶段的行政建制变化最为复杂，1949 年 3 月琼崖区党委根据中央建设少数民族区域自治区的意见，设立琼崖少数民族自治区行政委员会，将白沙、保亭、乐东等几个县全都纳入行政委员会的管理之下，成为海南第一个具有民族自治特色的行政建制。1951 年 1 月，海南军政委员会撤销琼崖少数民族自治区行政委员会，设立海南黎族苗族自治区人民政府（筹）。

1955 年 10 月，海南黎族苗族自治区第一届人民代表大会第二次会议在通什镇召开，海南黎族苗族自治区正式更名为海南黎族苗族自治州，自治区人民政府遂更改为自治州人民委员会。

1986 年，随着改革开放的深入，海南黎族苗族自治州设立通什市。当时的自治州包括保亭县的通什镇、畅好、红山、毛道、南圣区，琼中县的五指山、毛阳区，乐东县的番阳区，通什市为黎族苗族自治州州府所在地。① 后因海南岛经济特区的设立，黎族苗族自治州于 1987 年 12 月撤销，

① 参见《国务院关于同意广东省设立通什市给广东省人民政府的批复》，1986 年 6 月 12 日，国函【1986】80 号。原文为："你省一九八六年四月二十六日《关于设置通什市建制问题的请示》收悉。同意设立通什市（县级），以保亭县的通什镇以及畅好、红山、毛道、南圣区，琼中县的五指山、毛阳区，乐东县的番阳区等八个区、镇的行政区域，为通什市的行政区域。通什市由海南黎族苗族自治州领导。"

仅保留通什市建制。

有学者将"通什"（Tong za）这一名称解释为树林间的田地，或山谷之间成片的田地。"通什"即按照黎语翻译的海南话，读音为 hhong da，又名冲山。有学者认为，"通"即树林的意思，"什"则是田地。也有学者将冲山解释为黎语的"山高水寒"之意。按照汉字的字面意思，"什"与"十"通，"通什"则又有"四通八达"的意味。五指山地处黎族中心腹地，是海南中部地区的核心，也是少数民族地区的交通枢纽，它俯瞰周边六个黎族、苗族自治县，是黎族、苗族的文化聚集地，也被黎族人视作其文明的起始地之一。

2001 年 7 月，五指山市正式成立，下辖通什镇、南圣镇、毛阳镇、番阳镇、水满乡、畅好乡和毛道乡等七个乡镇。

2. 历史时期

五指山的历史可以划分为三个阶段，每个阶段又包括几个不同的历史时期。这三个阶段分别是古代五指山、近代五指山以及当代五指山。

古代五指山是指汉代以来中央王朝对五指山的经略，汉代之前的五指山尚处于原始时期，部分考古发掘证明这里在汉代以前已经有人居住，并且进行一定的生产活动。但是，这一时期的五指山交通不便、人口稀少，同周边地区的交流比较罕见，处在相对封闭的地位。汉代以后，随着中央王朝势力的进入，海南以行政建制的方式进入庙堂的视野，五指山也随之成为中国传统社会文化的一个组成部分。魏晋南北朝的几次战乱打破了传统的中原文化格局，大批移民向南迁徙，海南受其影响成为移民的重要落脚点，移民的到来为五指山的开发和民族文化的融合带来了前所未有的影响。

唐、宋时期，海南开始走向繁荣，五指山的部分生黎转变为熟黎，开始接受中原文化，并逐渐改变原有的生产和生活方式。明清一代，海南文化达到鼎盛，中央王朝对五指山的开发也达到前所未有的程度。清朝雍正十三年（1735），海南道潘思榘率兵进入五指山腹地黎族地区，安抚黎众。光绪十五年（1889），两广总督张之洞在五指山开通 12 条道路。晚清时期，五指山的风土人情也在文化上受到更多的关注，陆续有西方人类学家和探险者光临此地，五指山也被世人所熟知。

近代五指山指民国时期中央政府对五指山的管辖和治理。民国时期的海南是海南文化史上的里程碑，这一时期海南人才辈出，是继明代之后海南文化史上的又一高峰，其中，华侨对海南的贡献最为突出。五指山也随着整个海南岛的开发进入一个新的历史时期。抗战时期，海南被日本占领，五指山随即成为日本在海南掠夺资源的主要地区。日本非常重视五指山地区的开发，这也在客观上促进了五指山的发展。同时，五指山也成为中国军民对抗日军的重要战场，残留在海南岛的国民党军队和冯白驹率领的共产党军队以五指山为根据地，借助这里的天然地形对抗日本侵略者，一直坚持到抗日战争胜利之后。抗日战争结束后，国民政府重新接管海南岛，专门制定《开发海南岛草案》，以促进海南的开发和战后海南的发展。

当代五指山主要指 1949 年以后中华人民共和国政府对五指山的管理，这一时期主要分为几个阶段：首先是少数民族区域自治阶段，这一时期的五指山地区包含的范围最大。其次是通什市时期，通什作为海南地区的重要行政建制，其地位曾经同海口相当，通什与海口两地分别代表海南岛的南北两个核心区域，这两个行政建制分别管理汉族和黎族两个相互影响、又相互区别的地区。最后是五指山市时期，五指山市的成立是"五指山"这一地名首次以行政建制的方式出现，地方特色鲜明，很具诗意。

三　社会、经济与人口移民

社会文化、经济发展以及人口变迁等问题是研究五指山的核心，该地区各个历史时期几乎都是由这些元素构成的。五指山虽然深处海南内陆地区，但是它的社会文化和经济发展在很大程度上都受到移民的影响，这一地区沿袭了海南作为移民省份的基本特质。

1. 社会文化

作为一个以移民为主的地区，海南的社会文化构成极其复杂，不同地区的移民既保留了各自的风俗习惯，同时又受到其他移民文化习俗的影响，逐渐形成一种独特的文化形式。

移民文化是海南文化的主要方面，移民情结渗透在海南人集体心灵深处。海南人的生产和生活从古至今便同移民紧密联系在一起，移民文化是海南文化传统的主要方面。黎人在山区腹地，苗人在山脚，汉人在沿海的格局是在数千年海南移民历史的变迁中逐渐形成的。

具体到五指山这一地区而言，移民史同五指山的开发史是一致的。移民不断带来新的文化和社会风俗，也在潜移默化间改变着五指山原有的文化结构和社会组成。五指山的人口最初由山区周边向山区腹地推进，形成相对封闭、独特的五指山文化，再随着历史的演进，从山区腹地中走出来，向山外扩散，将封闭的五指山腹地文化重新融入海南文化圈中。历经数代治理和开发，现在的五指山市是在原黎族苗族自治区的基础上重新组建而成的。在历史的沉淀中，这里形成一种神秘、闲适、幽静的山区文化。

作为海南的腹地，五指山更多地保留了海南地区社会文化的原始风貌，尤其是生黎所在的地区更是区别于汉人的文化习惯，也不同于熟黎的文化。黎族是五指山区域变迁的根系，他们奠定了五指山的原始文化。从语言的角度来说，黎族语言主要分为哈方言、杞方言、润方言、美孚方言与赛方言等五大方言，五指山地区的黎族语言以杞方言为主。

黎族的文学艺术种类多样，史诗、歌谣、舞蹈、织锦、建筑等形式独具特色。《五指山传》是黎族神话史诗中最具代表性的作品，黎族没有文字，黎族史诗却能够创作、保存并流传至今，体现了持久的生命力和艺术感染力。除了史诗外，民歌也是五指山黎人的重要习俗，是黎族人生活中不可缺少的组成部分，它既是歌颂祭祀的依托，也是男女情感的载体，在相亲、婚配过程中扮演着不可替代的角色。黎族织锦则是享誉盛名的艺术形式，它是黎族人生命和智慧的结晶，甚至影响了中国传统织锦工艺的发展和流变，其精神内核来自黎人对自然和生命的体悟。

黎族民间信仰较为复杂，在多元文化传统和宗教信仰的影响下，五指山黎族拥有原始且极具个性的信仰模式。在众多文化元素中，道公是五指山黎族文化中的一个重要文化符号。道公在五指山黎族民间社会中扮演着非常重要的角色，他们的作息习惯、祭祀程序以及日常生活习惯都具有神秘色彩，象征这一地区独特的社会风俗。

除了黎族文化外，五指山还有明显的汉文化印记。清光绪十三年（1887），冯子材进入海南后，还将中原文化（以客家文化为主）传入五指山腹地。"冯公学馆"一度成为五指山的文化象征。

2. 经济发展

五指山地区的经济发展在整个海南经济发展中处于较落后的地位，但是，五指山的经济发展对于海南历代社会的稳定具有重要作用。黎族地区实行的"合亩制"政策，便是维护海南经济和社会稳定的一个重要生产模式。

传统五指山的经济生产以"合亩制"为主。"合亩制"是五指山经济发展的标志，它是指以家庭为单位的合作生产模式。"合亩"的本意便是大家联合起来从事生产劳动。合亩制在很大程度上具有公有制的性质，生产资料共有、共同劳动、统一分配劳动成果是合亩制最主要的内容。这一制度是五指山地区黎族（包括鹦哥岭等地）最为普遍的生产组织方式，它有效地保证了生产的组织和开展，并保证劳动成果的合理分配。在人口稀少、生产条件落后的地区，"合亩制"的种类多样，有兄弟亩、父子亩等，规模也各异，大至几十户为一亩，小到两三户一亩。血亲关系是合亩制的基础，是一种比较古老的组织形式。

进入现代之后，五指山的经济生产方式有所改变。农业以水稻、山稻为主，少数民族生产方式较为突出，农业生产种类增多，产品包括橡胶、槟榔、胡椒、甘蔗、茶叶等。五指山地区特产丰富，如水满茶、山兰酒、竹筒饭、椰丝糯米粑等，其中水满茶清香恬淡，入口甘醇。

热带经济作物是这里的主要经济支柱，五指山地区长年气候温和，适于热带植物生长，是中国少有的热带植物资源库，热带珍贵林木较多，五指山及周边地区有几处较为重要的热带珍稀植物林区。

工业方面，五指山的采矿业、电业、橡胶业比较发达，木材加工、食品医药也逐渐兴起。工业生产总体相对薄弱，发电、制药、水泥等产业初具规模。

在海南黎族苗族自治州时期，通什农垦对五指山经济的发展起到了比较重要的作用。橡胶、咖啡、椰子、香料等经济既是这里的特色，也是主要的经济支柱。农垦还促进了五指山交通、文教等事业的发展。

3. 人口变迁

海南人口变迁问题是研究海南的重要课题，也是海南地方文化研究的重点，海南人口移民主要由生态环境变迁、政治经济以及战争等因素决定。五指山地处海南核心腹地，人口的移动和变迁要比其他市县缓慢，但是，该地的人口变迁研究仍然是地方史研究的重点。

五指山是以黎族为主的少数民族聚居区，黎族人口占五指山人口的

65%以上，汉族人口占30%，苗族人口占5%左右。黎族被认为是最早聚居于此的人类，他们长年居住于五指山腹地，直到唐宋一代之后才为外界所了解，并在明清之后逐渐融入中国传统文化之中。五指山的生黎同汉族之间的交流相对比较晚，熟黎则很早便与汉人有所往来，唐宋时期，汉人进入五指山的数量也有较大增长。

从秦汉时代起，大陆向海南的移民就没有停止过，最初只是少数人口流动，唐宋之后，开始出现大规模的人口移动，明清时人口达到高潮，当代海南人口仍然在逐渐增加。移民的原因有很多种，最普遍的应当是战争移民、贬官移民以及生产移民，士兵、贬官及其家属，以及农民、商贾是移民潮的主体。

对于五指山地区的人口变迁来说，大规模的人口迁徙带来了社会结构的改变，受到汉人的影响，原住民黎族人开始向五指山腹地迁移，生黎逐渐减少，熟黎不断增加，黎汉之间的关系更加密切。明代时，苗族进入海南，平黎结束后，苗兵及其家属在海南定居下来，部分苗族分散于五指山地区。此后，五指山地区的人口便主要由黎族、汉族以及苗族组成。

四　民族民俗

五指山是海南少数民族聚集之地，这一地区的文化和社会变迁深受民族民俗的影响，堪称海南少数民族文化的"地理中心"。黎族和苗族组成了五指山少数民族的主体，他们同汉族一起创造了令人惊叹的山区文化。

1. 黎族和苗族

五指山的少数民族以黎族为主，黎族一般被认为是这里较早的居民（史前期人类遗存尚未见确切的考古证明）。传统观点认为五指山黎族主要分为两种，即生黎和熟黎，生黎居住在五指山腹地，熟黎则环居山脚。五指山也因此成为黎族划分的地域标志。

海南人口的最初来源有多种说法，一种观点认为最早的海南人来自海外移民，另一种观点则认为海南人来自大陆两广地区的少数民族。前者主要是指东南亚地区的移民，如马来西亚、印度尼西亚等地，因此有人认为，黎族并非这里的原住民，亦是从海外迁移而来。后者则是指百越族、壮族、瑶族、畲族等，说法不一，有学者认为黎族作为百越族的一支从雷州半岛迁徙至海南。各种说法并没有定论，学术界普遍接受的是黎族从属于百越族一支，由两广迁来。黎族作为原住民的说法虽然没有得到证实，但是他们在海南生存的年代可以追溯到新石器时代或是更早时期。这些外来人口同黎族都有非常密切的关联。DNA 检测、考古发掘以及语言习惯等相关证据证明，海南黎族同这些移民有着非常相近的血缘关系和生活传统。在社会组织方面，黎族有一个相当长的母系氏族时代，女性拥有较高的社会地位，甚至在一些清代典籍中，如《黎岐纪闻》等，黎族女性的地位仍然较为崇高。

苗族则是后来迁徙至此，有学者认为，苗族是在明代因中央政府征兵平黎迁至海南的。唐宋以后，随着汉族的大批涌入，汉族与黎族之间的文化交流日渐增长，相应地，民族之间的矛盾也有所扩大。历代王朝对黎族地区采取的多是羁縻之策，即尽可能安抚，以达到和平共处的目的。但是，明代海南黎族和汉族之间的矛盾较为尖锐，黎族与汉族之间的冲突次数最多、规模最大，中央政府为镇压黎族，从广西等地召集苗兵入琼对黎族进行征讨。苗兵及其家属成为苗族人的主要构成因素，此外，不排除还有部分苗族人在更早的历史时期因逃荒避祸等原因迁入海南，继而向山区迁徙。

至今，苗族在五指山地区的人口数量仍旧保持在五千人左右，是这一地区独具特色的民族构成，他们的人数在五指山总人口中所占比率并不高，但是，他们的文化习俗却是五指山社会文化中不可或缺的一部分。苗族与黎族之间的关系也非常密切，在文化上互相影响。

2. 民族关系

民族问题和民族关系是海南地方文化研究的重要方面，作为边疆省份，民族问题始终是历代王朝经略治理的重中之重。从海南全省的民族构成来看，五指山地区的民族结构最为复杂，又因为它地处山区，研究薄弱，许多历史问题都不可考，也成为研究五指山民族关系史的一个重要障碍。

自南越王赵佗占据海南之后，汉人与黎人等少数民族的关系始终是这一地区经济、文化和社会发展的重要方面。无论是设郡、罢郡，还是历代王朝的治理，无一不牵涉汉族与黎族的关系。《汉书》卷 64《贾捐之传》记载：

初，武帝征南越，元封元年立儋耳、珠厓郡，皆在南方海中洲
居，广袤可千里，合十六县，户二万三千余。其民暴恶，自以阻绝，
数犯吏禁，吏亦酷之，率数年一反，杀吏，汉辄发兵击定之。自初为
郡至昭帝始元元年，二十余年间，凡六反叛。至其五年，罢儋耳郡并
属珠厓。至宣帝神爵三年，珠厓三县复反。反后七年，甘露元年，九
县反，辄发兵击定之。元帝初元元年，珠厓又反，发兵击之。诸县更
叛，连年不定。①

　　海南的民族问题始终是中央王朝最为头疼、也是最为关注的问题，在
民族问题中，黎族与汉族的关系又是最为核心的问题。建郡与罢郡的历史
表明，海南民族和民族关系是海南政治生活中的一个重要内容，如何处理
民族关系是历朝历代中央和地方管理者首要解决的问题。

　　中央王朝最初在海南建制是为了管理当地民众，并将少数民族文化纳
入中华文化传统之中，后来罢郡则是由当地民族冲突造成的，例如汉代儋
耳郡的置罢，元代时"黎兵万户府"等建制的设立与废除等。地方官的专
横跋扈导致少数民族地区冲突不断、难以管理，是造成罢郡的主要原因。
黎族土官的设立，则是中央针对地方治理难题进行的重要尝试。因此，民
族问题是五指山等黎族地区的主要问题之一，从根本上影响该地区的人口
结构、社会经济发展、文化风俗以及区域形成。

　　此外，黎族汉化和汉族黎化现象是五指山民族融合的重要表现形式。
黎族汉化主要是指黎族人在汉族的影响下逐渐改变原有传统和生活习俗、
接受并认同汉族文化的现象；汉族黎化则是指部分汉人因逃荒、避难等深
入黎族地区，改变原有生活习惯，融入当地黎族文化圈的现象。这两种现
象都表明，五指山地区的民族关系复杂且历史悠久，是研究五指山历史的
重要依据。

　　五指山的黎族人、汉人以及苗族人之间时常发生争端，但是，三个民
族之间在交流与冲突之间不断寻求平衡。黎人与汉人的争端最为剧烈，汉
人从踏上海南岛的第一天起便与当地黎族人产生相互影响，先后有路博
德、冼夫人等著名历史人物通过对海南各地的征战与安抚，成为汉族与当

① 《汉书》卷64《贾捐之传》，中华书局，1962，第2830页。

地少数民族之间沟通的桥梁，尤其是冼夫人对黎族和汉族之间的交流具有历史性的贡献。

苗族移民最初是作为黎族的征讨者来到海南岛的，苗兵在山区同黎族进行了多次战争。今天的五指山苗族主要是苗兵及其家属的后裔。在漫长的历史时期内，逐渐定居下来的苗族与黎族关系得到缓和，两个民族在五指山共同生活、共同经营开发，这也是中国民族关系上的独特现象。

3. 宗教民俗

少数民族的宗教信仰是该地区重要的文化特征之一，五指山地区黎族的宗教信仰同海南其他地区的黎族信仰十分相近，是自然崇拜、祖先崇拜以及道教等宗教的综合体。五指山的黎族身处海南岛自然环境最原始、最神秘的地区，自然崇拜在黎族民间信仰中占据首要地位，山鬼、地鬼、雷公鬼以及动植物图腾都是崇拜对象，它们反映了黎族与自然的密切关系。祖先崇拜和道教在很多方面有所重叠，祖先崇拜较为原始，道教则进入的相对较晚。黎族原始宗教仪式内容大量借鉴道教宗仪，再经过当地文化的吸收和改变，形成了以道公、高公等元素为主体的祭祀仪式，祖先鬼则成为仪式的中心，驱邪、祈福全都围绕祖先鬼展开。

在黎族和苗族的民间传说、歌谣、史诗中，关于五指山的记述非常丰富。五指山不仅为生活在这里的黎族和苗族提供了最基本的物质资料，也成为他们精神财富的源泉。在黎族文化中，五指山是神圣和崇高的，是自然力的象征，黎族人将五指山视为圣地。黎母山、五指山等地的三月三节，在黎族文化中具有非常重要的地位。黎族和苗族歌谣也是这一地区的特色，五指山的黎族山歌、情歌优美动听，内容不乏歌颂自然、祖先以及情人等。

五指山地区保留了较为丰富的海南原始文化遗迹，黎族和苗族的文化遗产是这一地区的重要文化内容。根据考古发现，五指山腹地保留了很多史前文化遗迹，这些遗迹证明五指山的开发可以上溯到很久远的历史时期，五指山地区的文化传承有厚重的历史支撑。

黎族社会习俗丰富，日积月累形成了复杂的文化内容，非物质文化遗产的种类和数量最能够证明这一地区社会风俗的多样性。五指山的非物质文化遗产名目繁多，黎族"三月三"节、黎族民歌、干栏式建筑、黎族传统棉纺织工艺、黎族文身、黎族树皮布、黎族舂米舞以及苗族招龙舞等都是海南省省级非物质文化遗产项目，这些项目在民俗学研究和历史研究中具有非常重要的价值。黎族的节庆、民歌、传统工艺是五指山社会习俗的主要方面。

干栏式建筑并非五指山地区独有的建筑类型，"屋如覆盆，上为栏以居人，下畜牛豕"。① 但是这里的干栏式建筑规模较大、相对集中，五指山市毛阳镇牙合村便被誉为的"黎族干栏建筑生态自然村"。黎族的干栏式建筑也具有其独特之处，这一建筑类型对于五指山的经济文化发展非常重要，是黎族得以在五指山生存繁衍上千年的原因之一。

人与自然的关系是五指山地区文化传统的一个重要组成部分。五指山受到自然气候的影响非常大，长年生活在五指山的人同自然之间建立了非常密切的关联。自然环境决定了这里的文化品质和社会习俗，也决定了五指山人的人文气息和生活情趣。

总之，五指山不单是一个边陲行政建制，还是一个具有深层文化内蕴的地区。对于人类学家、民俗学家而言，五指山充满神秘的魅力，它保留了更多的原始文化，几乎是一个"活"的历史学、人类学和民俗学词典。五指山黎族的生活习惯几乎是海南黎族中最原始、最古老的，它不同于其他地区的黎族，尤其不同于汉化黎族，为现代人类学者对海南古老历史进行研究提供了最直接的证据。五指山的熟黎则是这一地区文化的传承者，他们的生活习俗是在山区和沿海文化交流的基础上形成的，他们的习俗能够体现黎族传统和汉族文化之间的交融。

（作者单位：海南大学人文传播学院）

---

① （清）宋席珍续纂，莫家桐编《宣统定安县志（外一种）》卷9《黎岐志》，海南出版社，2004，第768页。

农垦文化

农垦与海南社会

闫广林　沈　琦

一路颠簸走来的海南农垦，深受抗美援朝、人民公社、"大跃进"、"文化大革命"以及改革开放等历次政治运动的影响，有诸多坎坷，甚至失误过错，但是前进与发展却是海南农垦永远的主旋律。恰恰是这一股力量使得海南农垦对于海南社会的诸多方面均有深刻的影响，在海南社会的发展中起着重要力量。

历史上的海南农垦，从1951年开始启动海南天然橡胶事业，到1990年已开发利用土地675万亩；从1958年开始获得利润，到1990年累计实现利润27.59亿元，有17年的年利润超过1亿元；从1964年开始向国家上缴利润，到1990年累计上缴利润23.4亿元。现在的海南农垦，有106万人口，92个农场，150多个场处级单位，800多名场处级干部，3300多名科级干部，41个独立核算的工商企业，近500所各类学校，94所医院，16个公安分局和109个派出所，总资产超过124亿元。发展成了一个以天然橡胶及热带作物为主，农工商综合经营、全面发展的社会经济系统，一个小社会。

我们更为关注的是，60年来的海南农垦不仅自身实现了跨越式的发展，而且以其国家队的政治身份，以其屯垦戍边的神圣使命，以其占全省1/4的土地和1/7的人口的雄厚实力，实现了今日全省1/10的国内生产总值和1/7的工农业总产值，提供着全省1/6的财政收入，其中农业税收占全省的一半以上。白沙、琼中等市县其财政收入的大头甚至80%以上来自国有农场。[①] 对海南经济建设做出了杰出的贡献，使边陲海南发生了重大

---

① 杨泽江、于光、戴业平、邱国虎、林玉权：《英明决策　富强南疆——海南农垦开发建设历程回顾与展望》，《中国农垦》2001年第1期。

变化。以至于可以夸张地说，一部海南农垦的历史，就是一部海南当代史，海南社会变迁的历史。

一　海南社会历史

海南岛是一个历史悠久的南海岛屿，原与中国大陆相连，后由于地壳断裂才与大陆分离而得名"海南岛"。海南孤悬海外、远离大陆，直到汉武帝元封元年（前110）伏波将军路博德平南越后，才略地建珠崖、儋耳两郡，纳入中华帝国的版图。自从宋代开始，随着大量福建、广东、广西等地移民的到来，海南村落家族组织得以形成。尤其是以苏东坡为代表的大陆政治精英和文化精英相继被贬而来，使海南开始出现了持续性的建设浪潮，获得了令人叹为观止的成果。其间，海南不仅与大陆之间的经济贸易十分密切，而且成为海内外交通的枢纽，在东西海上贸易中占有重要地位。明代海南更是名贤辈出，有举人近600人，进士60多人，有近80人到朝廷、两广、中原任职，其中在中央皇朝任大学士、尚书、主事、御史的就近30人。鼎臣继出，名满神州，震惊中华大地。

但尽管如此，从历史发展的维度来看，边陲海南一直都是一个经济相当落后的海岛。

因为地理和历史的缘故，对于大陆中心主义的中国封建王朝来说，海南早就是一个统治的难题；而在皇权中心主义的意识形态里，海南则更属于边缘的边缘，历来不被重视甚至轻视，以至可有可无。

海南的这种历史命运，从西汉名臣贾捐之就已经开始。汉元帝年间，珠崖、儋耳经常造反动乱，朝廷想要发兵讨伐。但贾捐之作《弃珠崖议》上书劝谏，认为此非劳师远攻所能致也，况且海南多毒草虫蛇水土之害，"弃之不足惜，不击不损威"。于是，"上乃从之……珠崖由是罢"。[①] 三国时期的东吴大军征讨海南时的情形也是如此，当时虽然斩获有功，但还是"招抚其人，竟不从化"。到了中国封建社会空前繁荣和中国中央集权十分发达的唐代，"历历更革不胜计"的海南，在"皇朝声教久渐被，事体全有中华风"的同时，仍被大陆主流文化视为令人心惊的畏途。唐代宰相杨

---

① 《汉书》卷64《贾捐之传》，中华书局，1962，第2831～2835页。

炎被贬海南时，就曾借中国神话传说中阴曹地府的一个关隘"鬼门关"赋诗曰：

> 一去一万里，千知千不还。崖州何处在？生度鬼门关。

其畏惧、恐惧到了只能用描述死亡的语言来描述的心理经验，布满了关于海南的字里行间。这种心理甚至到了清代都不绝如缕，所以有人仍然坚持1000 多年前的贾捐之路线，主张罢弃海南：

> 得其地，不足益国家分毫之赋；得其人，不足当一物之用。①

清代海南岛的户口比从前增加了二三倍之多，因此其经济状态，绝不像明代那样余裕。时至嘉庆、道光以后，清朝也开始走向衰败。影响所及，一旦发生天灾，发生匪乱，海南就必然会突然现出危局。就是在这样的历史背景下，在欧风美雨尤其是南洋文化的浪潮中，和南部中国一起，海南首先进入半殖民化的历程。

1858 年《天津条约》签订后，海口成为对外通商口岸，一方面，几乎当时的世界列强如德国、西班牙、葡萄牙、荷兰、奥地利、匈牙利、意大利、丹麦、日本等国都在海口设立领事或领事馆。在市区人口不到5 万人的情况下，海口却设有这么多的领事或领事馆，可见列强各国对海口相当重视。尤其是 1876 年由洋人担任高级职务的"琼海洋关"或"新关"（后简称"琼海关"）的设立，使海南的大门被迫彻底打开，同时也进入了新的发展阶段。但另一方面，大批洋货和鸦片如潮水般的涌来，极大地破坏了海南的传统经济。如大量洋纱的引进，使海南久负盛名的棉纺织业受到巨大冲击，洋纱通行，自纺均废。资本这个"从头到脚、每个毛孔都滴着血和肮脏的东西"，与动荡不安的晚清和民国政治一起，深深地搅动着这个尚待振兴的落后岛屿，使之动荡不安，正如当时的一篇评论说：

> 在中国最南端，孤峙海外，夙称桃源福地的琼崖，原旧保留手工

---

① （清）何绛：《平黎立县议》，转引自许崇灏编著《琼崖志略》，正中书局，1947，第 5页。

业、农业的经济生产，宗法制度、部落思想的故态，戊戌变法以前，还是固步自封，不曾长进。最近二十余年来，一方面，得世界潮流澎湃，促成"辛亥革命"、"五四运动"的国民运动的热烈波浪，激荡欲望单纯、自食其力的琼崖人民，也索性地外出留学、经商、输入西方文明，遂渐渐变成动的、急求进步的国民性。别方面，又被外国帝国主义者和其驯顺走狗、强盗、军阀之继续掠夺宰割。至于邓逆本殷，益变本加厉，更形严重。结果，遂令琼崖形成苛税重捐，筹饷勒赎，奸淫抢掠，杀人放火，私铸伪银，强种鸦片的兵匪混乱的病态。所以掳人劫财，到处都有，不是土匪行凶，便是军阀作恶。①

1934 年 8 月 2 日至 9 月 8 日，当时还是中山大学农业院学生的林缵春，利用暑假的机会深入海南 4 县 52 村进行农村经济考察，撰写了本科毕业论文《琼崖农村调查》，并荣获农学院唯一的"金质奖章"。在这部翌年出版的相当珍贵的田野考察笔记中，林缵春发现：

> 文昌、乐会、琼东、儋县四县五十二村 4030 农户中，自耕农占 76.18%，佃农占 22.01%；四县十村中平均每家占有农田 5.40 亩，使用农田 5.8 亩，4030 农户中，负债者占 65.8%。农民生活之困苦与耕地之缺乏，于此可见。观乎全国内地平均每农户占有耕地 21 亩，实有天渊之别矣。以其孤悬海外，政治设施，每感鞭长莫及，故自有史以来，关于农村之救济，农村之建设，绝无仅有。农村组织之不良，农村金融之枯竭，农民生活之困苦，农民文化之落后，遂为各地所罕见。迨自日人占据本岛后，对于农村之摧残破坏，农民之缚束屠杀，次已破产之农村，更陷于深渊不拔之境！②

当然，1939 年 2 月 10 日日本侵略军占领海南后，在对海南的盐产、铁矿、水晶矿、锡矿进行了掠夺性开采的同时，在导致海南社会空前浩劫的同时，还授权日本商社投资经营海南的农林渔牧业，建立农场和附设的产品加工厂，开辟水利交通设施，以供军需。诚如斯言：

---

① 天柄：《勇敢的琼崖农民》，《新琼崖评论》1925 年第 20 期。
② 林缵春：《海南岛之产业》，琼崖农业研究会，1946，第 214～215 页。

日人占领本岛后，其开发计划，即以农业为中心，便设农业开发公司于全岛各部，而其农业公司，复以工商设备，相为配合，俾获形成新型有力之机构。故在经营六年之间，业已卓著成绩，其在石碌田独之矿产，环岛之渔业，东方之水电，均经先后着手，规模颇巨，此后如能善为运用，均不难次第发展，而为本岛实业树不拔之基也。①

但此后的中国，刚结束八年抗战，又全力陷入内战之中，根本没有精力顾及远在边疆的海南开发。据 1948 年 1 月广州工商辅导处对海南岛经济事业的调查报告：

> 自政府接管以来，各种产业以种种关系，大都在于停顿状态中，所谓经济活动之价值，除土产品绝少数工业恢复生产外，一般观之，几等于零。
>
> 惟自光复二年以来，仍处凌乱状态，除各部会接收承办者，姑不具论外，有因缺乏流动资金，不能运用灵活；有因地方不靖，大部资产已损坏，不能恢复；有因成品产销不灵，时作时辍；有因动力供应不足，无以继续生产。②

到 1950 年，海南还没有恢复到抗日战争前的开发水平，几乎没有一条永久性的水利设施。海南经济的冷落萧条，由此可见。

二 土地的开发

海南历史上的土地问题，从未因为资源紧张而引发农民起义，反而因为大陆移民的不断到来而得到陆续开发，海南社会 2000 多年的历史就是土地开发的历史。

海南土地资源丰富，开发历史也很悠久。但一直到 20 世纪 50 年代农垦大军浩浩荡荡地汇聚在这里进行大面积屯垦之前，效果并不理想，利用率相当低下，甚至相当落后。其原因在于海南与两广大陆之间，横着北部

---

① 陈植编著《海南岛新志》，商务印书馆，1949，第 170 页。
② 夏军：《民国时期海南岛经济规划开发述略》，《民国档案》2001 年第 1 期。

湾和琼州海峡。自古以来，尽管有海上交通之便，但大陆人进入本岛总是一件艰难险恶的事，即所谓"惮于涉险"、"过海必祷"，直到海上交通比较发达的明代，海洋仍被视作危途。至岛内部，山高林密，瘴疠袭人，不易通过。历史上除了环岛道路外，贯通五指山区的十字路始终没有打通，导致多数地区鸡犬相闻、不相往来。

这种山高水险的地理形势，使海南的土地开发长期局限在沿海一带，地区间很不平衡，全岛的土地开发率不高。而且环绕整个五指山边缘地区多为生黎熟黎所居，黎汉矛盾冲突往往经常发生而且有时异常尖锐，此起彼伏地延续了两千多年，到清代光绪年间，还有乐东黎人暴动，县城内汉人全遭残杀。导致"土沃烟稠，与在外民乡无异……外人不能恒入，故诸獠得以负固为患"。① 治黎或黎治一直是历代统治者的一个统治难题。

如此一来，大陆移民难以进入黎族山区，五指山地区的土地开发力量便消耗在民族冲突之中了。更何况历代封建王朝对海南岛的治理，虽然因为政权的大小强弱不同而态度有别，但一个基本事实是，元明以前基本上都采取了放任自流政策，并无拓殖意图，甚至成为贬谪政敌和犯人的地方，成为"夷"、"蛮"、"蕃"之地。元明以后的海南，虽然封建王朝加大了军垦和民垦的力度，但海南作为化外之地的政治身份相沿成习，并未发生根本改变。

第二次鸦片战争后，海口成为开放口岸，华侨力量引人注目。影响所及，朝野上下才真正意识到海南开发的意义。孙中山联合在京琼籍人士陈发檀等35名国会议员、社会名流联名上书国会，提出琼州改省申议，并亲拟《琼州改设行省理由书》，便是标志。但风云变幻之下，日寇侵略之中，一切皆成泡影，土地开发率依然相当低下。平常耕地及荒地面积占本岛全面积的40%，耕地面积占全面积的13.48%。② 所以抗战胜利后，被任命为海南岛接收大员的著名林学家陈植，通过接收进行实地调查研究后，编著《海南岛资源之开发》、《海南岛新志》两书，并得出结论说：

> 本岛除都市外，尚滞留于原始农业时代，工商业更无论矣。然本
> 岛已耕之地，仅及全面积百分之十五，且地居热带区内，及就农业而

---

① （清）屈大均：《广东新语》卷7《人语·黎人》，中华书局，1985，第23页。
② 陈植编著《海南岛新志》，商务印书馆，1949，第96页。

论，殊有从事开发之价值，如由农业开发以奠定全岛民生基础，然后致其富力，以求工矿业之发展，则自左右逢源，得心应手矣。[①]

总而言之，由于历史的原因，直到新中国成立时，除了离海边约 30 公里内较为平坦肥沃地带之外，其余地区尤其是中部山区，基本尚未开发。就是在这样一个极其落后的土地开发的历史背景下，海南农垦迈开了中国橡胶垦殖的步伐，创造了海南土地开发史上的一个恢宏的新时代。

除了农村土地并入和其他部门土地划入之外，海南农垦生产所需土地，主要是由政府划拨的荒山荒地。政府划拨是农垦土地来源的主要方式。据统计：

1950 年，建立了第一批 5 个（坡塘、南太、南桥、美文、木排）国营橡胶垦殖场。1952 年 1 月，华南垦殖局海南分局成立，在原有 5 个国营橡胶垦殖场的基础上，建立第一批 39 个国营垦殖农场。到 1960 年，共划拨土地 960 万亩，是农垦建场、划拨土地最多的时期。其中 1958 ~ 1960 年建场 31 个，划拨土地 660 万亩，平均每年划拨 220 万亩，可谓突飞猛进。

1952 年以来，政府给海南农垦共划拨土地 1416 万余亩，虽经多年多种原因的调整，至 1990 年，海南农垦仍保持有土地 1282. 64 万亩，约占海南陆地面积的四分之一。[②]

关键的问题在于，海南农垦 92 个农场（研究所）所使用的约占海南陆地面积四分之一的土地，分布在琼中、儋州、白沙等 18 个市县，遍布海南全岛，不仅大大提高了海南的土地使用率，并且在相当大的程度上改造了海南的土地使用质量，使荒山野岭变成了一片片胶林和一个个功能齐全的生产生活基地——农场。

海南岛的地理特征非成鲜明：中部高耸，四周低平，由山地、丘陵、台地、阶地组成环形层状地貌。低山丘陵区尤其是山地间所形成的许多盆地及其水、土和气候条件，较为有利于橡胶等热带作物的生长。

因此地理优势，海南农垦从 20 世纪 50 年代一开始创业，就将一个个农场和研究所安置在丘陵和盆地。其中，地处海拔 400 米以下的山区丘陵

①　陈植编著《海南岛新志》，第 170 页。
②　海南省地方史志办公室编《海南省志》第 7 卷《农垦志》第 2 章"土地、人口"，海南摄影美术出版社，1996，第 64 页。

和盆地丘陵的农场和研究所就有 50 多个，土地面积多达 755 万亩，占海南农垦土地总面积的 58.9%。这些山区丘陵和盆地丘陵的植被，多为次生杂木林、灌木林、稀树灌木林、稀树草地和草原地，而山地植被也多为原生林、半破坏原生林、针阔叶混交林、阔叶林及高山矮林，虽原始自然，却荒芜朴野。若不是农垦大军艰苦地开垦开拓，这里应该是瘴气弥漫、蛇蝎横行的禁区了。

当时的艰难和奋斗，有如回忆所言：

> 奋战荒原莽山，海南农垦人在垦荒斗争中经受了血与火的锻炼。垦荒大军是在荒无人烟的边远山野揭开征战的序幕的。没有车辆，他们迈开了自己的铁脚板；没有道路，他们用砍刀劈出一条条新径；没有房子，他们割来茅草，在荒山野岭上盖起了一幢幢茅屋。

> 垦荒大军为建立新的农场，必须劈平山竹开出新林段。砍藤竹并不是轻松的活儿，砍刀挥去常被竹网弹回。后来垦荒队员想出先钻进底层砍断根杆后用火烧的点子。姑娘们自告奋勇首先钻进竹丛，男青年则擂鼓助威。

> 住在野外的垦荒队员生活条件更加艰难，他们常常与蛇蝎为伍，一觉醒来许多人身上的衣裳是血红的一片。垦荒队员把蚊子戏称为"飞机"，山蚂蟥戏称为"坦克"。他们感慨地说："天上飞机飞，地上坦克追，虽说是和平建设时代，可血没有少流！"言语中，洋溢着革命的乐观主义精神。[①]

在这种"敢教日月换新天"的革命乐观主义精神的鼓舞下，至 1957 年，海南橡胶种植面积由新中国成立前的 3.6 万亩发展到 71.1 万亩，增加了 19 倍多。至 1990 年，海南农垦累计开垦荒地 974.6 万亩次，开发效率极为显著。

一般来说，土地与社会经济活动紧密相连，土地资源开发的结构和布局，决定着一个地区的社会经济结构的组成方式。大片宜林荒地的开发，不仅给海南带来了经济结构的改变，增加经济效益，同时也带来社会就业

---

① 杨泽江、于光、戴业平、邱国虎、林玉权：《英明决策　富强南疆——海南农垦开发建设历程回顾与展望》，《中国农垦》2001 年第 1 期。

结构的变化，使原来以猎为生、以农为生的山民和农民转化为以林为主的农垦职工，使海南岛的社会经济结构发生了重大变化。

三　人口的贡献

自汉代以来，海南岛一直有大陆人口迁入，宋明两代达到高潮，人口增长很快。到清朝康熙年间，海南岛东北部地区因为人口繁衍，已有人满欲耕无地的现象。到光绪年间，外货的不断输入极大地冲击了海南的传统产业，迫使大批农民破产，手工业中失业人数急剧上升，劳动力资源相对过剩，许多居民不得不漂泊海外。民国时期，大陆战争连绵不断，适逢英国在新加坡三巴旺拓展军港，迫切需要大批劳工和家庭帮佣，导致海南人的一次出国大潮，人口动荡不平。

据陈植《海南岛新志》记载，1928 年海南人口达 214.5 万，1936 年为 220 万。1939 年日寇侵占海南岛后，海南人口从 1940 年的 245.83 万降到 1945 年的 240.03 万。从 1946 年开始，战争连绵不断，加上天灾，海南人口又有所下降，1949 年达到 228 万，回落到晚清的水平。

人，是生产力中最活跃，最积极的因素，社会经济的发展离不开人力资源质量与数量的提高。只要观察一下世界史就会发现，大国的兴衰和人口的变化息息相关。自拿破仑以后，法国基本上没有独立地打赢过一场主要的战争，也没有产生超强的国际影响力。所以如此的一个原因就是在过去 200 年中，法国的人口只增加了两倍。而与此同时的美国，用了 200 多年的时间，从一个蛮荒之地崛起为当今的世界超级大国，最关键的一个因素就是它的人口增长了 50 多倍。

海南农垦对与海南社会的革命性的改造，亦复如此。

1950 年，海南人口发展进入了新的时期，人口迁徙发生了重大变化，即由以前的自发性迁徙转变为有组织有计划的迁徙。20 世纪 50 年代的"橡胶热"，60 年代的"垦荒热"，70 年代的"育种热"，80 年代初的"开放热"，1988 年之后的"建省热"，先后形成了 5 次人口迁入热潮。其中多与海南天然橡胶事业密切相关。

60 年来，随着生产建设的发展，海南农垦队伍不断扩大，50 年代仅数万人，60 年代增至 10 多万人，70 年代达到 30 余万人，80 年代以后保持 40 余万人。加上职工家属，海南农垦先后为海南社会输入了 100 多万人，输入速度空前绝后，以至于占海南人口总量的 1/8！使海南社会在获得了劳动力供应的同时，也开始形成消费市场以及科教文卫等社会事业，开始发生革命性的重要变化。

比人口数量更为重要的是人口质量、人口红利和全民所有制就业人口。

首先是人口质量。新中国成立之初，作为一个边陲岛屿，海南经济极其落后，文化教育也不发达，尤其是少数民族地区，文盲人口占总人口的比例高达 90% 以上，甚至结绳记事、刻木记年、口传身教地传播和传承生产知识。

20 世纪 50～70 年代，转业、复员的退役军人，来自全国各地的农民，"上山下乡"的知识青年，是海南农垦职工的三个主要来源。其中，规模较大的退役军人有三批：一是 1952 年林一师 7000 多名官兵参加海南农垦的开发建设；二是 1958 年至 1960 年接受部队转业干部 392 人，安置退役军人 5.13 万人，还有从牡丹江调来的转业干部 806 人；三是 1970 年安置退役军人 1.71 万人。三批合计将近 8 万人。[1] 除此之外，从 1964 年至 1975 年，广州生产建设兵团接收安置来自广州、湛江、佛山、梅县、韶关、汕头、海口等地区及其他省市的知识青年，为海南垦区集中吸纳了约 10 万人的新鲜血液。

人口质量也称人口素质，是人口经济学的一个重要范畴，通常是指在一定的社会生产力、一定的社会制度下，人们所具备的思想道德、科学文化和劳动技能以及身体素质的水平。由此可见，受过中等教育的城镇知识青年的人口素质自不待言；受过严格的军事训练的退役军人，组织纪律观念强，身体条件好，有"一不怕苦，二不怕死"的精神，有良好的组织纪律观念，其人口素质也属优良；即使从广东、广西招聘而来的农工，因为当时中国橡胶事业的神秘和神圣的地位，审查也一定严格，人口素质也应当属于优秀。他们对海南人口质量的贡献不言而喻。

其次是人口红利。所谓"人口红利"，是指一个国家的劳动年龄人口占总人口比重较大，抚养率比较低，为经济发展创造了有利的人口条件，整个国家的经济呈高储蓄、高投资和高增长的局面。

---

① 罗民介：《海南农垦社会研究》，海南出版社、南方出版社，2008，第 212 页。

海南农垦创建初期，职工中绝大多数是青壮年，家属小孩甚少。1955年以前，职工人数占总人口 95% 以上，此后家属小孩逐渐增加，1964 年以后，职工所占比例保持在 50% 左右。1990 年总人口中，职工占 49.2%，家属占 40.8%，离、退休人员占 9.5%，其他劳动者占 0.5%。其中，15~59 岁的青壮年占 69.9%。而到了 1988 年的海南，尽管已经成了中国最大的经济特区，尽管有十万大军创海南，但 15~64 岁劳动人口占海南总人口的比例仅仅达到 61.02%。同样显而易见的是，如果没有海南农垦的人口红利，海南人口的抚养率将会更高，人口负担将会更重，经济发展将会受到更严重的影响。

最后是全民所有制就业人口。中国的社会主义经济制度的基础是生产资料的社会主义公有制，即全民所有制和劳动群众集体所有制。全民所有制经济即国有经济，是国民经济中的主导力量。换言之，全民所有制就业人口在一个地区的比重，影响着这个地区的经济发展和文化建设。

据统计，1990 年海南劳动力人口中，农林牧渔等第一产业的人口，占总人口的 70.82%，工矿业和建筑业等第二产业的人口，仅占 6.8%，第三产业的人口既比较分散又多为集体所有制职工。而由于历史的原因，作为第一产业的农林牧渔诸行业中，唯有因中国橡胶事业而兴起的橡胶种植和加工业，才大量凝聚了全民所有制的力量。所以不难判断的是，海南全民所有制就业人口，主要集中在第一产业中的海南农垦国营农场中。

从解放初到 1990 年，海南全民所有制就业人口呈现跨越增长的趋势，从 1957 年的 13.06 万人增加到 1990 年的 95.19 万人。34 年间增加了 82.13 万人，是 1957 年职工总数的 7.29 倍。其中尤为突出的是人，1957 年到 1962 年，职工从 13.06 万增至 26.42 万，5 年增加了一倍；1965 年到 1975 年，职工从 33.02 万增至 60.42 万，10 年增加了将近一倍。[①] 如此高速增长的原因，一个是有 5 万复员退伍军人参加海南岛垦殖工作的国营农场大发展时期，一个是有 10 万知识青年屯垦戍边的生产建设兵团时期。

这两个时期充分表明，海南全民所有制就业人口的增长，与海南农垦的发展密切相关。换言之，作为全民所有制企业的海南农垦，作为先进的

---

① 海南省地方史志办公室编《海南省志》第 3 卷《人口志、方言志、宗教志》第 4 章 "海南人口构成"，南海出版公司，1994，第 63 页。

生产力的海南农垦，在海南社会主义建设中一直发挥着主力军和主导作用。舍此主力军的主导，当代海南社会的历史将会被重写。

四 生产关系的改造

从另一个角度来看，上述全民所有制就业人口就是一个身份政治问题，或生产关系问题。

在马克思政治经济学的概念里，生产方式是指社会生活所必需的物质资料的谋取方式，其中包括了生产力和生产关系，是两者共同完成社会生产过程的统一。其中，由生产资料和劳动力所构成的生产力，是生产方式的物质内容，生产过程中的生产力要素之间的关系就是生产关系。生产关系就是生产资料与劳动力的关系，就是代表生产资料的所有制与代表权力的所有权的关系。

和新中国成立以前的中国大陆一样，1950 年以前海南的生产资料所有制形式是小农经济的私有制，而且比大陆还要原始和落后。这突出地体现在关于耕地的占有和使用方面。

林缵春 30 年代的调查结果表明，海南 4 县 52 村占 76.2% 的自耕农中，平均每户所有水田不及 6 亩，占有农田 66 亩以上的，仅文昌县云楼村一户，占有 10 亩以下、3 亩至 4 亩左右的最为普通，而此时全国平均每一农户所占耕地已达 21 亩。他认为：

> 所以琼崖佃农的数量较少，自耕农的数量较多，并不是表示琼崖耕地分配均匀的好现象，而是暴露其耕地分布的分散和零碎，是很显明的了。一般每以自耕农为富农，至少为中农的辩护者，观乎此，可以彻然大悟了。[1]

也就是说，海南农村系由大多数小农构成，海南传统社会是个典型的小农经济社会。在这样的小农经济中，以出卖劳动力为生的长工雇农仅有 73 户，占 4 县 52 村 4030 农户的 1.82%，雇佣长工的仅有 68 户，占全数 1.7%。而他们之所以雇佣长工，也并不是由于土地太多，而是由于出洋的人数太多，

---

[1] 林缵春：《琼崖农村》，第 3~4 页。

否则就只有妇幼老少从事田间劳作了。"所以只能出卖自己劳动力的生产者——雇农,与那些生产手段的所有者——地主或富农,相为对立,而所发生的关系,在琼崖农村中,可以说是不大普遍而且不大重要……"①

如果要划分富农、中农、贫农、雇农等阶级成分,"则我们可以毫无怀疑地说一句,一般而论,琼崖农民几乎全是贫农了"。② 至于自有一定的劳动工具、生产资料和生活资料而租种土地的佃农,比例也相当低,4030农户中仅有 887 户,占总户数 22.01%,而且更能显示海南生产关系中的封建性质。林缵春继续分析说:

> 这个数目,若果从中国各地农家中佃农所占的比率上看来,则琼崖佃农数量,确是很少。有人说,佃农的众多,可以看出农民的失去耕地,经济的困难,日趋农村……即指示着农村经济的资本主义化。更有人这样说,凡是愈在资本主义化的程度较高的地方,佃农所占的比率愈觉加大。这两种论调,如果是正确的话,则琼崖农村经济不是资本主义的中心,而是封建经济的中心无疑了。③

海南解放后,经由土地改革运动和国营农场建设,传统的这种以自耕农为主的生产关系、以私有制为基础的小农经济迅速得到了社会主义改造,改造的结果就是消灭了剥削,建立了共同富裕的生产资料社会主义集体所有制和全民所有制。

首先是土地改革运动所催生的集体所有制。

土地改革运动是指新中国成立初期在新解放区开展的社会运动。这场运动的基本内容,是没收地主的土地分给无地少地的农民,把封建剥削的土地所有制改变为农民的土地所有制。与全国很多地方暴风骤雨式的土改不同,广东及海南在土地改革运动伊始并不剧烈、并无暴力,甚至有些温良恭俭让。所以如此温和的原因在于,如林缵春调查所示,海南的土地利用率比北方小得多,而自耕农的比例又比北方大得多,典型的地主基本上都是也耕作少量土地的小地主,很难把他们和非地主严格地划分开。这些

---

① 林缵春:《琼崖农村》,第 23 页。
② 林缵春:《琼崖农村》,第 6 页。
③ 林缵春:《琼崖农村》,第 26 页。

土地又多是族田或祖地，或海外从事农、工、商诸业的华侨将辛勤所得汇回家乡购置所得，与一般的封建地主剥削阶级有所区别，因此，和广东的几个试点地区一样，海南初期的土改采取了缓和政策。

但是，在被毛泽东指责为土改最慢的"乌龟"，受到中央的严厉批评之后，一场轰轰烈烈的农民运动便风卷南粤。1952年春，改组后的广东省土改委员会认为，海南基层组织鱼龙混杂，"敌我问题未解决"，于是调派了172名南下干部赴琼，接掌海南土改领导大权，在"依靠贫雇农、团结中农、中立富农、消灭地主阶级"的土改工作总路线的指导下，"和平土改"旋即变成了"暴力土改"。

至1953年7月28日，海南农村土改运动结束，全区有80%以上的地主土地被没收，公尝田也已全部征收。共没收、征收土地92.76万余亩。同时对这些土地进行了分配。约有80%贫雇农分到了土地，每个贫雇农分得土地1.7亩，贫雇农的土地占有比土改前增加了一倍。组织起来的农会会员占各乡总人口的40%。与此同时，又通过农业互助组、初级农业合作社和高级农业合作社的形式，完成了海南农业合作化，建立了集体所有制的生产关系，即社会主义劳动群众集体所有制。

其次是全民所有制。在计划经济的时代，集体所有制的公有化程度及其优越性明显低于全民所有制。全民所有制其实就是国家所有制，是社会主义公有制的高级形式，也是国民经济的主要形式。国营农场即是典型，诚如斯言：

> 国营农场是社会主义性质的农业企业，是新中国农业经济走向社会主义和共产主义发展的方向；它是在国有土地和生产手段的基础上有计划地实行大规模集体化、机械化的生产，采用先进的农业科学技术和最新的工作方式，不断地提高单位面积产量，降低生产成本，显示出先进的集体生产的优越性，并以农场本身实际经营的效果给予周围农业生产合作社、互助组及个体农民的直接帮助和指导，以启发引导我国分散落后的小农经济走向集体生产富裕幸福的道路。①

唯其如此，全民所有制这种形式体现在海南，就是1964年4月6日新华社的报道：新中国成立后，国家在海南岛的建设投资中，有1/3以上的

---

① 《中央农业部直属国营农场工作会议总结》（1952年9月10日）。

资金用于兴办国营农场，开发荒地，现已建立起来的几十个规模巨大的国营农场，其总产值占海南岛国民经济全部收入的一半以上。①

在中共中央关于国营农场的定位中，除了全民性、国家性、先进性之外，还有一项不可忽略的内容，即在机械技术和经营管理的示范下，帮助和引导周围的小农经济逐渐走向集体化，为将来的集体化生产准备条件。所以早在 1952 年国营农场创建之初，国家农业部的《国营机械农场农业经营规章》就明确规定：

> 国营农场的任务是：（一）以先进的农业生产方式和农业科学技术，显示出农业机械化、集体化生产的优越性，向农民示范，并具体帮助农民走上集体化的道路；（二）建设社会主义农业企业，增强社会主义经济领导作用。②

因此，农垦部副部长刘型 1959 年 1 月 9 日在广东省农垦工作会议上所总结的经验说，这次会议初步解决了以国营农场为基础的人民公社扩大全民所有制的成分的具体道路与方法。他认为，以国营农场为基础全民所有制的人民公社的迅速发展，加速了集体所有制向全民所有制的过渡。因为国营农场由国家投资而拥有较多的机械设备、技术人员和熟练工人，能够实行较大规模的多种经营。当吸收一部分合作社实行全民所有制后，就更加便于扩大多种经营，改进劳动组织，迅速地发展生产力，就给集体所有制的公社指出了一个方向，就可以起到更大的示范与影响作用。而进一步来看，全民所有制公社有责任也有义务为周围集体所有制公社培养干部、技术人员和熟练工人，进行技术指导，投入适当机具，帮助改进经营管理，使集体所有制公社能逐步向全民所有制过渡，以利于加入全民所有制公社，迅速地发展生产。③

1960 年 2 月 23 日，农垦部长王震在全国农垦会议开幕时的讲话中更明确地强调："目前国营农场之所以区别于人民公社，在于国营农场的所有制是社会主义的全民所有制，而人民公社还是社会主义的集体所有制。

---

① 海南省地方史志办公室编《海南省志》第 7 卷《农垦志》"大事记"，第 628 页。
② 农业部《国营机械农场农业经营规章》（1952 年 8 月 9 日）。
③ 刘型：《巩固全民所有制的人民公社，积极发展以橡胶为纲的热带作物生产》，《中国农垦》1959 年第 6 期。

人民公社的巩固和发展，人民公社内部公社所有制部分的逐步扩大，将使人民公社逐步由社会主义集体所有制过渡到社会主义全民所有制。因此，国营农场无论在现代化生产、在科学技术、在劳动生产力、在单位面积产量、在产品成本、在集体福利事业设施（居民点、学校、幼儿园、托儿所、卫生医疗、美化环境）等各个方面，都要对人民公社起示范作用，都要呈现出社会主义全民所有制更大的优越性。"①

所以，如何合并周围农村，使之从集体所有制的人民公社转变为全民所有制的国营农场，从拿工分的农民转变为拿工资的工人，从村里的人转变为国家的人，从自给自足转变国家商品供应，一直是计划经济时代海南农村的一种渴望，也是海南农垦一直面对的发展课题。但是，人民公社国营农场化或集体所有制向全民所有制转变的历程并不顺利，甚至成了海南农垦的"老大难"。

首先，1958年10月，海南垦区64个国营农场（站）分别与附近的农业合作社合并为48个全民所有制人民公社，仅6个月后，场社又逐渐分开，恢复各自原体制。1959年3月23日，广东省委批转省农垦厅《关于执行国营农场与原农业社分开建立不同所有制公社的若干意见的报告》。5月2日，海南区党委决定：以国营农场联合原农业社建立起的人民公社，分开建立不同所有制人民公社。

其次，"大跃进"之后，尽管要求仍然强烈，但中共中央、国务院先后制定了关于社队并入国营农场的有关政策，周围农村并入农场的审批越来越严格。1979年3月22日广东省农垦总局发出《关于农场并队问题的通知》，虽然说"为减少土地纠纷，对那些插花在农场范围内的公社、大队和生产队，社员自愿，原则上可并入农场"，但要求"应从严掌握"。在此政策背景下，1961年至1964年，因为要寻求实现垦区粮食自给新途径，才分别在地多人少的田洋地区，以农村转制形式建起桂林洋、三江、罗豆、金安、加来、岭门等6个国营谷物农场。1981年，为了落实国务院的海南岛问题座谈会精神，贯彻执行国务院〔1980〕202号文件，解决因为历史的原因而常常发生的场队冲突，红光、西达、南海、西培4个国营农场才分别与福山、仁兴、黄竹、宝岛4个人民公社实行场、社合并，才有

---

① 王震：《为实现农垦企业持续大跃进而奋斗》，《中国农垦》1960年第6期。

26 个国营农场共并入农村大队 74 个，自然村 514 个。

综上所述，在海南社会的生产关系从封建的私有制向社会主义公有制转型的过程中，经由土地改革运动而诞生的人民公社及其集体所有制，和因为中国橡胶事业而诞生的海南农垦，即全民所有制或国家所有制，都发挥了极其重要的历史作用，以至于形成二元化的社会结构。但二者之间的战略地位不尽相同。其中，全民所有制或国家所有制的海南农垦，以其人力、资金、信息、设备和技术诸多优势，对整个海南社会沿着社会主义方向发展起着重要的示范和领导作用。这种情况直到改革开放后，海南和全国一样，出现了国有经济、集体经济、个体经济、联营经济等混合所有制以及多种分配方式并存的格局之后才有所改变。

五　基础设施的完善

基础设施是指为社会生产和居民生活提供公共服务的物质工程设施，是用于保证国家或地区社会经济活动正常进行的公共服务系统，是社会赖以生存发展的一般物质条件。它不仅包括公路、铁路、机场通讯、水电煤气等公共设施，而且包括教育、科技、医疗卫生、体育、文化等社会事业即公共生活服务设施。无论如何，基础设施所提供的公共服务不可或缺；否则，其他商品与服务（主要指直接生产经营活动）便难以进行。

（一）公共服务设施

通常情况下，基础设施只有达到一定规模时才能提供服务或有效地提供服务，像公路、机场、港口、电信、水厂等行业，小规模的投资难以发挥作用。解放以前的海南便是如此。

虽然早在 1914 年，海南就有电力企业——海口华商有限公司，但到新中国成立前夕，海南总发电装机容量仅仅为 1.38 万千瓦，人均年用电量为 0.24 千瓦。虽然早在 1919 年，府城至海口的官道就被改造成了长达 3.5 公里的海南第一条公路，但此后由于财力不足和时局动荡，加上连年战乱的影响，海南的公路始终没能摆脱时建时停、时破时修的命运。乃至到了 1950 年，公路通车里程仅有 1045.37 公里，而且路面坑坑洼洼，桥涵破损，状况相当糟糕，不能保证畅通。其中的环岛公路西线，只能通达那大镇。而能够抗旱防洪、保障灌溉的水利设施也相当落后。所以说：

> 本岛农田，多属高原，水利未辟，旱灾时生。收获之丰歉，全视天时以为转移。[1]
>
> 本岛水利过去绝少设施，故土地之利用，受地形与气象要素——雨水之支配甚大。[2]

至于海南新中国成立前的邮政通讯事业，迭经战乱并数易其名之后，更是相当落后。当时，全岛仅有 9 个邮政局、2 个电信局（海口、榆林）、8 个电话站所，共有员工 190 人。较大的海口邮政局才有员工 57 人，海口电信局才有员工 82 人，县邮政局多为 4～5 人。邮政通信工具有万国牌汽车 1 辆，三轮摩托车 1 辆，自行车 2 辆。邮运以步行肩挑和委办车船为主。电信设备有破旧的各种型号的收报机 9 部、发报机 8 部、发电机 6 部、电话交换机 2 部。而且通信生产房屋全是租用。[3]

海南公共设施的这种落后状况，一方面因为与时俱进的缘故，一方面因为海南天然橡胶事业的展开而发生了巨大变化。

海南农垦创建的头两年，农场在"先生产，后生活"的方针指导下，集中力量开荒垦地、种植橡胶，其他基础设施建设都很简陋。1954 年开始兴建砖木结构的用房。随着生产的发展，1955 年以后，电站，交通、电讯建设也相继发展。从 1952 年到 1990 年，用于基本建设的投资累计 40.45 亿元。其中：

> 从 1992 年到 1990 年，累计修建公路 9690 公里。垦区 1990 年有公路 7860 公里，桥梁 1250 座，1.5 万米，涵洞 3400 多个，9800 米。
>
> 从 1952 年到 1990 年，建设电话通讯线路 1.4 万公里。到 1990 年末，保持通讯线路 9479 公里，有各型交换机 250 多台，电话单机 1.07 万部。

---

[1] 陈铭枢总纂，曾蹇主编《海南岛志》，第 39 页。
[2] 林缵春：《海南岛之产业》，第 154 页。
[3] 海南省地方史志办公室编《海南省志》第 9 卷《邮电志》"概述"，南海出版公司，1994，第 3～4 页。

从 1955 年开始用柴油发电机组发电，1957 年开始兴建水电站。到 1990 年，垦区有柴油发电机组 711 台，发电能力 7.61 万千瓦；水电站 121 座，装机容量 3.56 万千瓦；高压输电线路 4145.5 公里，变电设备 1843 台，15.4 万千伏安。

从 1954 年到 1990 年，兴建山塘水库 400 多宗，排灌站 190 多座，挖渠道 2600 多公里，整治农田 30 多万亩次。①

尤其值得关注的是，到 1990 年，海南垦区 38 年间累计修公路 9690 公里，保有国家等级公路 7860 公里，农场场部到各生产队都有公路相通，部分桥涵也从原来简易的土木结构，改建成永久性的石拱桥涵或钢筋混凝土桥涵，而当时的海南全岛通车里程为 12892 公里。换言之，农场内外交通网络初步形成，已成为海南交通的主体。

（二）生活服务设施

对海南社会影响更为深远的，是海南农垦在诸如医疗卫生、基础教育、科学技术等生活服务设施方面的建设。关于这方面的影响，依然可以通过历史比较而发现。

首先是医疗卫生。

历史上的海南，是个流行病多发的地区。而且直到民国时期，海南在医疗卫生方面还都相当落后，虽有教会医院，但封建迷信相当盛行。愚者不事医药，偏信巫觋，迎神祭鬼。甚至 1950 年以前，海南仅有海口、琼东嘉积、儋县那大三地建有西医医院 5 所，其他各县仅有卫生院或卫生所。至于卫生医疗管理机构，也相当涣散。诚如陈植教授调查所说：

> 本岛人民之无甚知识者，对于疾病，每疏于其预防治病也，转信赖祈祷、煎药、符水等法。卫生行政及其设备，亦欠完善。迨民国十一年，始在各县设立卫生局，十五年海口市亦有卫生科之设置。十七年各县始有卫生委员会之设立，以负保健、防疫及医药法规制度之责，惟论实际工作，并未积极展开也。②

---

① 海南省地方史志办公室编《海南省志》第 7 卷《农垦志》第 3 章"基本建设"，第 84 页。
② 陈植编著《海南岛新志》，第 132 页。

新中国成立之后迄今，海南农垦逐步建立了完整的医疗防疫体系，在海南医疗卫生和移风易俗方面，功不可没。

1952 年，华南垦殖局海南垦殖分局成立伊始，就设有卫生科，下设医政、药材、预防 3 个股。同年，解放军 146 师和 152 师两个师的后勤医院在海口编为林一师医院即后来的海南农垦第一医院。1954 年，原儋县那大垦殖所医疗所扩建为海南垦殖分局第二医院。1962 年 5 月，黑龙江省牡丹江农垦局 850 农场职工医院调拨搬迁海南农垦，在三亚组建了海南农垦局第三医院。1968 年，海南农垦在琼中县红毛镇再建农垦第四医院，又称广东省农垦后方医院。

到 1990 年，海南全省有卫生医疗机构 3167 间，医院 429 所，病床 21620 张，工作人员 36290 人。其中，海南农垦建立了自上而下的集防疫、医疗、保健为一体的比较完善的医疗卫生体系和局、场、队三级医疗保健网，有生产队卫生所 3234 个，农场职工医院 91 所，局属医院 4 所，病床 8721 张，卫技人员 1.08 万人，医疗用房 39.23 万平方米，而且分布在全岛各县的各个农场，堪称中坚。近年来每年门诊近 500 万人次，住院 12 万人次，为农村群众治病占 30% 左右；上述 4 所海南农垦直属医院，经过不断扩建、加强，技术力量和医疗设备均已基本具备海南省级医院的水平。

除此之外，到 1990 年，海南垦区还有局属防疫站 1 个、场属防疫站 17 个、防疫组 74 个，兼职防疫工作的生产队卫生所 3234 个，已形成比较完整的卫生防疫体系，基本上控制和消灭了丝虫病、麻风、白喉、乙脑等急慢性传染病和地方病。

这些数据充分表明，无论是普遍性之数量还是特殊性之质量方面，历史上的海南农垦对海南的医疗卫生事业乃至海南社会，都产生了相当重要的影响。

其次是基础教育。

尽管在"废科举、兴新学"的时代浪潮中，另有基督教传教士的努力，清光绪时期的海南已有新式教育和新式学校，但后来在兵荒马乱和贫穷积弱中，海南教育举步维艰、相当落后。到 1950 年，全岛仅有小学 2960 所，在校生 163436 人，平均每万人中仅有小学生 654 人；仅有中学 39 所，302 个班，在校生 12100 万人；仅有 5 所中等师范学校，在校生 1250 人。还有因为国民党当局大量人员南撤海南岛而迁来的水利、水产、农牧、农林等 6 所职业技术学校。至于能够培养高级专门人才的海南普通高等教育，不仅起步晚，而且规模小、数量少，仅有 1947 年成立的私立海南大学和 1949 年在琼台书院的基础上创立的海南师范学院。尤其是位于五指山区的黎族、苗族等少数民族，受教育的比例相当低，文盲相当普遍。

新中国成立后，随着国民经济的恢复和发展，海南教育事业揭开了新的篇章。到 1990 年，海南有小学 4693 所，在校生 965204 人；普通中学 552 所，在校学生 274461 人；高等学校 5 所，在校生 10000 多人；专任教师 62673 人。班级数、教师数、学生数均发生了革命性的变化，突破了历史最高纪录。其中，海南农垦功不可没。

海南农垦的教育体系几乎与海南天然橡胶事业同步诞生、同步发展。1954 年 3 月，海南农垦第一所学校——农垦加来师范学校创立。从 1958 年开始，各个农场相继开办中小学校。这些学校既分布在海口、三亚等中心城市，也遍布几乎所有海南偏远山区，而且学校与各农场形成紧密的依附关系。到 1990 年，从学前教育、基础教育到中等教育、职业技术教育的新型教育体系已经形成，而且主力作用相当显著：

> 有小学 1253 所，占海南小学的 26%，在校生 139200 人，占海南小学在校生总数的 15%；
> 有中学 117 所，占海南中学的 21%，在校生 48000 人，占海南中学在校生总数的 17%；
> 有小学教师和中学教师 13511 人，占海南专任教师的 21%。[①]

与此同时，海南垦区也出现了农垦中学、农垦实验中学、农垦加来高级中学等省内一流学校，各农场中小学校在各市县学校排名中，位置也不逊色。

除此普通教育之外，海南农垦还创办了海南农垦热带作物学校、海南农垦卫生学校和海南农垦通什师范学校等 5 所专业学校，进行专业教育。其中，对海南社会影响尤其重要的，是因中国橡胶事业而建的华南农学院海南分院即后来的华南热带作物学院。到 1990 年，学院共招收本、专科生

---

① 参见海南省地方史志办公室编《海南省志》第 11 卷《教育志》，南海出版公司，2010；《海南省志》第 7 卷《农垦志》。

4856 人，研究生 116 人，已经成为中国唯一的一所专门从事热带作物教学和研究的高等院校。

当然，由于海南农垦以橡胶种植为主的国营农场主要设置在山地和丘陵盆地，而这些山地和丘陵盆地基本上都是一些远离城镇的黎苗民族地区和琼崖革命老区，所以海南农垦对海南公共服务设施是和生活服务设施的最重要的贡献，就是对黎苗民族地区和革命老区的建设。

在对于黎苗地区的贡献方面，我们可以看到：

海南农垦有 25 个少数民族，而且绝大多数黎族、苗族是随农村并入农场。至 1990 年，海南农垦有黎族人口 7.29 万人，占海南农垦少数民族总人口的 71.6%，占海南省黎族总人口的 7.2%。苗族人口 9577 人，占海南农垦少数民族总人口的 9.4%，占海南省苗族人口的 18.4%。而且由于历史原因，海南少数民族地区经济比较落后，公共服务系统更是付之阙如。为此，海南农垦从 50 年代末开始，就不断采取并场带队的办法帮助扶持当地的少数民族发展经济。

并场，就是将与农场土地插花较多的农村并入农场，在农民自愿的前提下将农村并入农场，并入后有的全部转为全民所有制，有的保留集体所有制，有的多种经济成分并存。从 50 年代末至 1982 年，先后并入农场的黎、苗族村庄 421 个，人口 8 万多人，有 2.84 万人转为全民所有制职工。1989 年底，并场的少数民族村队种植橡胶面积达 11.2 万亩，当年产干胶 1773 吨，橡胶种植面积和年产量分别是并场前一年的 7 倍和 11.9 倍，当年劳动力平均收入近 2000 元。

带队，就是发挥国营农场各种优势，从政治、经济和科学技术等方面对毗邻的农村进行传、帮、带，扶持他们发展生产，发展经济，发展少数民族地区发展教育、文化、卫生等社会福利事业。仅 1981 年至 1989 年，海南农垦投入扶持民族地区从事开发性生产的资金达 803.4 万元，发展种植业、养殖业和加工业项目 65 个，以橡胶为主的经济作物种植面积达 26.4 万亩，在民族地区建立科技扶贫点 237 个。

在对于琼崖革命老区的贡献方面，我们可以看到：

海南是全国著名的红色革命根据地之一，坚持二十三年红旗不倒，为中国革命做出了重大贡献。闻名的六连岭、母瑞山等革命根据地均在农垦范围内。至 1990 年，在海南农垦所属的农场中，共有 276 个老区村庄，其中红色根据地村庄 163 个，抗日根据地村庄 113 个，总人口为 4.4 万人。这些老区村庄多处边远山区，由于历史原因，经济发展缓慢，饮水、用电、交通、教育、医疗和住房"六难"长期得不到很好解决。为改变老区落后面貌，海南农垦一直致力于基础设施的建设，尤其是改革开放以来，农垦老区新建学校 2.9 万平方米，建医疗卫生所 0.33 万平方米，架设输电线路 868.7 公里；建自来水工程 135 套。大力扶持老区建设，生产水平迅速发展，生活水平明显提高，实现家家住瓦房，户户有电灯，村村通汽车。

海南农垦在海南基础设施以及公共服务系统建设过程中的贡献，与上述诸方面可见一斑。所以海南民间曾赞叹不已："农垦大军开到哪里，哪里就有路、有桥、有水、有电、有学校、有医院。"

六　岛屿文化的重构

（一）从宗教本位到民族本位

海南农垦的文化精神，促进了海南意识形态从宗族本位主义向民族本位主义或国家本位主义的转变。

传统的海南是个移民社会。秦始皇统一中国后，设立南海郡，对海南实行间接的"遥领"式统治。到了西汉元封元年（前 110），汉武帝在海南设置了珠崖、儋耳两郡，对海南直接管理。中原汉族文化才实质性地流向海南民族文化。由于海南黎族与中原统治者之间的冲突，至汉元帝时不得不撤销了对海南的直接统治，之后的几百年里，直到梁武帝时期冼夫人率众黎归顺，朝廷才结束"遥领"，但其间大陆的移民从未间断。到了宋代，人数迅速增加到 10 万之众。到了明代，又增至 33 万人。清代末年至抗战前夕更达到了 230 多万人。移民来源遍及福建、广东、广西、湖南、湖北、江西、浙江等地，其中以闽南人尤其是闽南的莆田人为最。所以有"先祖迁自莆田"和"琼者莆之枝叶、莆者琼之本根"之说。

历代成批进入海南的大陆移民，多以同姓同宗迁徙而来，规模较大且人口较多者一村一姓，反之则一村多姓，结果形成了村落家族组织。村落家族首先是一种组织文化或制度文化。例如太公田。太公田是祭太公（祖先）而设的，所以田租通常是钱租以便于祭祀之需。族分大宗祠、小宗祠、房、派等。族中掌管族产的人，通常是辈数最高、年龄最长，或属清末做过廪生、监生、秀才等，太公田是海南传统土地所有制中非常重要的组成部分。对此，中国著名农村经济学家、社会学家和历史学家陈翰笙先生，20世纪30年代在一篇名为《广东的耕地所有与耕地使用》的论文中，曾经做过一个关于琼崖各县太公田占耕地的百分数的统计（参见表1）。

表1　琼崖各县太公田占耕地的百分数的统计表

琼山	文昌	乐会	琼东	定安	万宁	陵水	澄迈	临高	儋县	昌江	崖县
15%	20%	20%	15%	20%	缺	10%	15%	缺	5%	缺	缺

更重要的意义在于，村落家族文化不仅是一种组织文化或制度文化，而且是一种观念文化。这种村落家族组织修有族谱、建有祠堂、供有祖先，并承袭着祖籍地的家族传统，继续着传统的血缘性质，使用着亲切的家乡语言，拥有着共同的风俗习惯，从事着周而复始的农业生产。这些家族或宗族文化，在客观上使得社会成员产生并保持了祖先崇拜的传统，自觉和不自觉地在与祖先的关系中确定自己的辈分和等级；使得他们相当重视血缘和宗姓关系，但并不太重视其他的社会关系尤其是国家关系；使得他们固守于某一村落，宗族本位主义的意识形态性质昭然若揭。

传统海南的这种宗族本位主义的民间意识形态，虽然在近现代的历程中，经历了殖民主义、辛亥革命、军阀混战、日本侵略和国共内战等一个又一个重大事件的剧烈冲击，但最终却并没有受到根本性的颠覆。也就是说，使海南传统的以宗族本位主义为核心的民间意识形态得到颠覆或改造的，不是近现代史上的任何一个重大历史事件和社会革命，而是全国解放后经济基础发生了革命性变化的民族主义事业，尤其是因新中国橡胶事业之需而建立的与宗族主义不同的全民所有制的海南农垦。

民族主义是近现代中国一切先进的政治派别及思想发展的原动力，毛泽东也不例外，如果说反对帝国主义殖民统治是其民主革命时期民族主义的主要追求，那么，"独立自主、自力更生"便是社会主义时期的核心内容。所以在处理苏联和社会主义阵营的关系时，毛泽东始终贯彻了民族主义的思想。一方面，和社会主义阵营站在一边，和苏联结成强大的同盟关系，为新中国获得了强有力的安全保障和经济支持；但另一方面，毛泽东并没有因此而放弃民族主义立场。并且一直把摆脱半殖民地地位，建立民族国家，甚至超过美国当作中华民族复兴的目标。1956 年 8 月 30 日，毛泽东在中国共产党第八大预备会议上作《增强党的团结，继承党的传统》讲话说：

> 这是一种责任。你有那么多人，你有那么一块大地方，资源那么丰富，又听说搞了社会主义，据说是有优越性，结果你搞了五、六十年，还不能超过美国，你像个什么样子呢？那就要从地球上开除你的球籍！所以，超过美国，不仅有可能，而且完全有必要，完全应该。如果不是这样，那我们中华民族就对不起全世界各民族，我们对人类的贡献就不大。①

在如此的政治背景下，海南创建伊始，就具有了民族复兴的战略意义，并逐渐使海南的民间意识形态发生从宗族本位主义到民族本位主义的革命性的转变。1944 年 9 月 8 日毛泽东在《为人民服务》中说："我们都是来自五湖四海，为了一个共同的革命目标，走到一起来了。我们还要和全国大多数人民走这一条路。我们今天已经领导着有 9100 万人口的根据地，但是还不够，还要更大些，才能取得全民族的解放。"用这段著名的语录来概括海南农垦的历史，实在是再贴切不过了！

新中国成立不久，以解放军官兵为骨干，汇同翻身农民、归国华侨和一批大专院校毕业生，组成了海南农垦的基本建设队伍。后来又有来自 20 多省、市 20 多个民族的复员转业军人、各地农民、城镇知青、地方干部，加入海南农垦队伍，投身屯垦戍边事业。其间，除了毛泽东以外的几乎所有的历代党和国家主要领导人，都曾经来海南农垦视察和考察橡胶事业。毫无疑问，使他们得以凝聚在海南、专注在海南的共同目标，显然就是"独立自主、自力更生"的国家橡胶战略；就是要建立自己的橡胶生产基地，抵抗西方国家的"遏制计划"，解决当时国民经济建设急需；就是要满足国家长远发展需要，为中华民族复兴服务。即如当时的一场动员报告所说：

---

① 《毛泽东文集》第 7 卷，人民出版社，1999，第 89 页。

同志们！解放两年多来，在党中央和毛主席的英明领导下，国民经济恢复很快，国家将由新民主主义过渡到社会主义。可是旧中国留下的是一穷二白的烂摊子，要建设困难是不少的，特别是美帝国主义亡我之心不死，对我国进行经济封锁和橡胶禁运。面对这种情况怎么办？毛主席说："自己动手，丰衣足食。"我们要建设，就要按毛主席的指示去办。海南创建农垦局，主要目的就是要自己动手种橡胶。①

在国家的号召和组织的动员之下，各界大批有识之士和青壮劳动力，燃烧着爱国的激情，怀揣着奉献的梦想，到北纬 22 度站队（叶剑英语）。他们当时的心理，被下述回忆表达得相当真切：

我怎莫能不去海南岛呢？我是为橡胶树南下的。橡胶与钢铁、石油、煤炭是国家四大工业原料。要跟帝国主义的封锁禁运作斗争，任务紧迫、光荣。大家抢着报名，不批准还哭鼻子。虽说跟着拖拉机站搬家，名正言顺，谁也不会说我是逃兵，但我壮志未酬心不甘啊！海南生活艰苦，山蚂蟥见缝就钻，一张嘴蚊子就飞进了口，可是，咱们新中国第一代的植胶人，明知山有虎，偏向虎山行。②

传统海南社会中的那种狭隘得甚至会发展成为村落冲突的家族主义或宗族主义，与农垦人所表达的具有国际视野的民族主义或国家主义激情，其思想的立场和境界显然不同，属于两种性质的概念。

虽然中国古人早已用"民族"一词来指涉人群共同体，但是我们现在的"民族"概念系由日译西书的结果。虽然经验上的人们都理解民族是什么，但是理性中的学者却一直很艰难地定义"民族"。虽然关于"民族"的理解，原生论、建构论、客观派、主观派等，见仁见智，莫衷一是，但不可否认的是，民族是一个由诸如界限、主权、历史、祖先、文化等宣称或修辞而组成的想象共同体；这些宣称或修辞表达了与国家深刻联系的民族精神，所以在古代是天下意识，在现代是爱国情怀。海南农垦文化所冲

① 陈学圣：《回忆我和战友们战荒原采胶种的第一仗》，引自李朱全《海南天然橡胶事业》（上），第 347 页。

② 区晋汉、潘藕洁：《回忆橡胶育种的难忘岁月》，引自李朱全《海南天然橡胶事业》（上），第 359 页。

击的，就是传统海南小农经济式的狭隘的村落家族组织及其家族主义或宗族主义，而所代表的就是特殊时代背景下强烈的民族主义精神。海南农垦大军，其实就是中华民族复兴的时代宣言。

（二）从村营家族到团队文化

海南农垦的文化精神及其民族本位或国家本位的信仰追求，不仅强烈冲击了传统海南的宗族本位主义的意识形态，而且强烈冲击了海南传统上封闭、狭隘的岛屿文化。

岛屿文化的一个显著特征，便是地理的孤立性和思想的局限性。海南孤悬海外，远离大陆，原住民只能以封闭的岛屿内陆为生活天地，生活空间受到很大限制，创造财富的能力极其有限，社会文明水平也难以持续，与大陆文化不可同日而语。后来的移民又主要来自大陆文化之边缘的闽南地区，相当重视血缘和宗姓关系，但并不太重视其他的社会关系尤其是国家关系，甚至乡族势力相当盛行，彼此械斗时有发生。与此同时却又从未发生过影响中国命运的重大事件，产生过叱咤中国政坛的风云人物，长期缺乏闽南文化，同样缺乏大团队精神及其治国平天下的天下意识，以及卓越、辉煌、伟大的意义。与这种建立在村落家族组织基础上的乡族文化，大异其趣的是建立在国营农场基础上的团队文化。关于海南农垦的团队生活，美国哈佛大学东亚研究中心主任、著名社会学家傅高义介绍说：

> 与附近公社的个体安家户相比，国营农场保留了边陲前哨的军事作风。在农场建场初期，每天起床和上工仍吹军号，衣服和必需品是配给的。工人主要为男性，劳动时保持部队编制，并按军队纪律一切服从命令。人们住在类似兵营的宿舍里，营房有一个中心大厅，用作食堂，会场和娱乐活动的场所。国营农场，甚至连中国的工厂和大学，也都与军营一样，是一个完整的小社会。他们有自己的学校、医院或医务所、商店、市场和电影院。他们将自己的武器也妥为保存，一旦需要便准备保卫海岛。没有什么理由使工人离开农场，事实上他们很少会这样做。①

在这个小社会里，与传统村落家族组织迥然不同的共赴公难的大团队

---

① 傅高义：《先行一步：改革中的广东》，广东人民出版社，2008，第232页。

精神，体现在海南农垦的历史之中，尤其是初始阶段。

> 当时有不少营、连、排干部已到或已超过而立之年，干部队伍中，有的想转业，有的想探亲解决个人婚姻问题，老兵想复员回家……思想是比较波动的。采取立功运动像阵及时雨，经过动员教育，指战员们以大局为重，放弃个人暂时利益服从国家长远利益，绝对服从命令，党指向哪里就奔向哪里。全师指战员纷纷表示决心，不完成任务绝不下山，不立功获奖决不结婚。[①]

（三）从朴野勤直到牺牲奉献

海南农垦这种出于爱国主义的共赴公难的大团队精神，体现在生命个体上，就是热爱民族、忠于国家、无私奉献的公民意识，以集体主义为最高准则。集体主义指的是在共同体内，共同体的价值和利益要大于和高于个人的价值和利益，当两者发生矛盾时，个人要以共同体利益为重，个人利益要无条件地服从共同体利益。这是集体主义的内核和本质。全世界各个民族和各个国家，都有这种集体主义性质的民族主义或爱国主义精神。从中国的情况来说，由于近代以来的民族救亡和国家图强任务，这种精神传统尤其强大。所不同的是，西方人士通过宣誓入籍的形式，而中国人是用实践行动的方式，来确定他们的民族认同和国家认同。体现在海南农垦史之中，就是对海南社会具有重要影响的艰苦奋斗、百折不挠的精神。

农垦创业初期，环境艰苦，条件恶劣，绝大多数的垦荒点分散在偏僻荒凉、猿啼鹿鸣、渺无人烟的原始森林或山涧河谷或盐碱地上。山蚂蟥、黄蜂、毒蛇、猛兽、山洪、台风等时刻威胁着垦荒者的身体健康和生命安全。但是，海南农垦人凭着对新中国农垦事业的无限忠诚，就在行无路、住无房、睡无床、医缺药、食断粮的恶劣环境中，硬是沿着野鹿、黄凉、山猪在山中寻食的"兽"路，用砍刀劈出一条条新径，用双脚踩出羊肠小道来。他们砍树枝、割茅草、摘蕉叶、用泥巴建起茅寮和草棚，他们挖木茨、竹笋、野淮山当粮，吃野果、芭蕉树头、木瓜树和比黄连还苦的荔枝果核。台风一次一次地把茅寮、草棚刮倒，他们一次一次地以顽强的意志把它建起来，奋

---

① 谢福正：《忆林一师苦战百昼夜采胶种 70 万斤的壮举》，引自李朱全《海南天然橡胶事业》（上），第 330 页。

战荒原莽山,从未退缩。住在野外的垦荒队员生活条件更加艰难,他们常常与蛇蝎为伍,一觉醒来许多人身上的衣裳是血红的一片。他们感慨地说:"天上飞机飞,地上坦克追,虽说是和平建设时代,可血没有少流!"

尤为重要的,是关于革命英雄主义的叙事:

有一位战士采到了一袋胶种,当他兴冲冲地背粉包和胶种游水过河的时候,山洪暴发了,他怀着"胶种不能丢,人在胶种在"的理念,毅然丢掉背包,紧紧地抱住那袋胶种与洪水搏斗,为了保护胶种献出了年轻的生命。有一位营长被毒蛇咬伤了,战友们发现他的时候,昏迷不醒的营长手里还紧紧抓着一颗胶种,任谁也掰不开。有一位场长,身不离锄头、砍刀、四齿耙"三件宝",走到哪就在哪参加生产劳动,在荆棘丛生的土地上,留下了他吃苦在前、举刀砍芭的英姿;在热浪滚滚的垦荒地上,渗透着他连续作战、挥锄挖穴的滴滴汗水;在翠绿的胶园中,留下他双手握四齿耙整地,与工人同劳动的坚实脚印;在大会战的荒山野岭上,留下他披星戴月指挥垦荒者改天换地的高大形象。

这种艰苦奋斗的奉献精神,除了建成全国最大的天然橡胶生产基地,为确保国家战略物资的供应安全做出了重要的贡献之外,还使海南的民俗风情发生了革命性的改变。关于海南的民俗风情,陈铭枢和曾塞在《海南岛志》中如此写道:

> 海南人民性格,太率朴野勤直,然因地理位置,影响所及,往往因而不同。如琼山、文昌、澄迈、琼东、定安、乐会、万宁、陵水等县,以地偏岛之东北,接近大陆交通,风气开通较早,其民富冒险、务进取。南洋各岛多其足迹。如儋县、临高、昌江、感恩、崖县等县,地偏岛之西南,离中土较远,中梗五指山,黎汉错杂,交通既阻,教育亦遂落后,又自其大别言之。[①]

在作者看来,海南的民俗风情"朴野勤直","富冒险、务进取",属于尚未完全开化的边陲之地。与其同时的林缵春,在对海南4县52村进行了田野调查后所得出的结论,虽然在所谓"进取"上,与陈铭枢和曾塞略有区别,但在对海南民俗风情的总体判断上则大体相同:

---

① (民国)陈铭枢总纂,曾塞主编《海南岛志》,第78页。

地处偏僻，交通不便，而民风粗陋，生活简单，乃理所当然。世所谓箪食瓢饮，陋巷粗衣，烂漫天真，不求进取者，即此等县民底特征。[①]

总而言之，一直到 20 世纪 30 年代，在研究者和考察者的视野里，海南还是一个原始自然的岛屿，人们在这里简单生活，与中华民族和中华民国的关联度并不高，鲜有奉献牺牲的政治文化的意义。因此可以说，海南农垦为原本原始、自然、朴素的海南文化，注入了政治文化元素以及艰苦奋斗、百折不挠的牺牲精神，注入了先进的爱国主义精神。

在本书的最后，重申一个简单的道理或许并非不必要，即建立于民族主义基础之上的国家本位主义的意识形态以及爱国主义精神，对海南社会走出宗族本位主义的文化传统，展开社会主义文化建设，形成新的核心价值观，起到了相当重要的带领作用和促进作用。对海南历史文化的转型，功不可没。但与此同时，我们也应看到，过于强调和推崇民族存亡、国家利益与集体精神，在特殊的历史条件下，往往也会演变成为一种不无宗教色彩的"主义信仰"，从对与民族和国家的忠诚演变为对政治领袖的崇拜。"文化大革命"中的海南农垦主流文化亦即生产建设兵团文化，及其代表作品——长篇小说《胶林儿女》所呈现的文化精神便是如此。这篇小说通过军垦农场在 1962 年所进行的生产劳动热潮和所发生的激烈复杂阶级斗争，再次热情地歌颂了为建设海南、保卫海南而战斗的知识青年英雄儿女，歌颂了伟大的毛泽东思想：

东方红，太阳升……

一轮红日，在雄壮的歌声中，冉冉地从军垦战士热血沸腾的心中升起。面对南海，面对胶林，他们看清了军垦事业光辉的前程，更懂得了建设祖国、保卫祖国的伟大意义。刘绣云手握红旗，昂首挺胸，体会到一种巨大的幸福的感情。[②]

（作者单位：海南大学、海南师范大学）

---

① 林缵春：《琼崖农村》，第 15 页。
② 张枫：《胶林儿女》，广东人民出版社，1974，第 304～305 页。

图书在版编目（CIP）数据

海南历史文化. 第5卷/闫广林主编. —北京：社会科学文献
出版社，2015.8
ISBN 978 - 7 - 5097 - 7812 - 8

Ⅰ.①海…　Ⅱ.①闫…　Ⅲ.①文化史 – 海南省　Ⅳ.①K296.6

中国版本图书馆 CIP 数据核字（2015）第 159105 号

海南历史文化（第五卷）

主　　编／闫广林
副 主 编／刘复生　李长青

出 版 人／谢寿光
项目统筹／宋荣欣
责任编辑／宋　超

出　　版／社会科学文献出版社 · 近代史编辑室（010）59367256
　　　　　　地址：北京市北三环中路甲 29 号院华龙大厦　邮编：100029
　　　　　　网址：www. ssap. com. cn
发　　行／市场营销中心（010）59367081　59367090
　　　　　　读者服务中心（010）59367028
印　　装／三河市尚艺印装有限公司

规　　格／开　本：787mm × 1092mm　1/16
　　　　　　印　张：16.75　字　数：263 千字
版　　次／2015 年 8 月第 1 版　2015 年 8 月第 1 次印刷
书　　号／ISBN 978 - 7 - 5097 - 7812 - 8
定　　价／59.00 元